GROUP

中国建投｜远见成就未来

中国建投研究丛书·报告系列

JIC Institute of Investment Research Books · Report

中国投资发展报告

(2017)

主编 / 中国建银投资有限责任公司投资研究院

ANNUAL REPORT ON THE DEVELOPMENT OF CHINA'S INVESTMENT (2017)

社会科学文献出版社
SOCIAL SCIENCES ACADEMIC PRESS (CHINA)

总　序

一千多年前，维京海盗抢掠的足迹遍及整个欧洲。南临红海，西到北美，东至巴格达，所到之处无不让人闻风丧胆，所经之地无不血流成河。这个在欧洲大陆肆虐整整三个世纪的悍匪民族却在公元 1100 年偃旗息鼓，过起了恬然安定的和平生活。个中缘由一直在为后人猜测、追寻，对历史的敬畏与求索从未间歇。2007 年，维京一个山洞出土大笔财富，其中有当时俄罗斯、伊拉克、伊朗、印度、埃及等国的多种货币，货币发行时间相差半年，“维京之谜”似因这考古圈的重大发现而略窥一斑——他们的财富经营方式改变了，由掠夺走向交换；他们懂得了市场，学会了贸易，学会了资金的融通与衍生——而资金的融通与衍生改变了一个民族的文明。

投资，并非现代社会的属性；借贷早在公元前 1200 ~ 公元前 500 年的古代奴隶社会帝国的建立时期便已出现。从十字军东征到维京海盗从良，从宋代的交子到曾以高利贷为生的犹太人，从郁金香泡沫带给荷兰的痛殇到南海泡沫树立英国政府的诚信丰碑，历史撰写着金融发展的巨篇。随着现代科学的进步，资金的融通与衍生逐渐成为一国发展乃至世界发展的重要线索。这些事件背后的规律与启示、经验与教训值得孜孜探究与不辍研习，为个人、企业乃至国家的发展提供历久弥新的助力。

所幸更有一批乐于思考、心怀热忱的求知之士勤力于经济、金融、投资、管理等领域的研究。于经典理论，心怀敬畏，不惧求索；于实践探索，尊重规律，图求创新。此思索不停的精神、实践不息的勇气当为勉励，实践与思索的成果更应为有识之士批判借鉴、互勉共享。

调与金石谐，思逐风云上。《中国建投研究丛书》是中国建银投资有限责任公司组织内外部专家在瞻顾历史与瞻望未来的进程中，深入地体察和研究市场发展及经济、金融之本性、趋向和后果，结合自己的职业活动，精制而成。《丛书》企望提供对现代经济管理与金融投资多角度的认知、借鉴与参考。如果能够引起读者的兴趣，进而收获思想的启迪，即是编者的荣幸。

是为序。

张睦伦

2012 年 8 月

编辑说明

中国建银投资有限责任公司（以下简称“集团”）是一家综合性投资集团，投资覆盖金融服务、工业制造、文化消费、信息技术等行业，横跨多层次资本市场及境内外区域。集团下设的投资研究院（以下简称“建投研究院”）重点围绕国内外宏观经济发展趋势、新兴产业投资领域，组织开展理论与应用研究，促进学术交流，培养专业人才，提供优秀的研究成果，为投资研究和经济社会发展贡献才智。

《中国建投研究丛书》（简称《丛书》）收录建投研究院组织内外部专家的重要研究成果，根据系列化、规范化和品牌化运营的原则，按照研究成果的方向、定位、内容和形式等将《丛书》分为报告系列、论文系列、专著系列和案例系列。报告系列为行业年度综合性出版物，汇集集团各层次的研究团队对相关行业和领域发展态势的分析和预测，对外发表年度观点。论文系列为建投研究院组织业界知名专家围绕备受市场关注的热点或主题展开深度探讨，强调前沿性、专业性和理论性。专著系列为内外部专家针对某些细分行业或领域进行体系化的深度研究，强调系统性、思想性和市场深度。案例系列为建投研究院对国内外投资领域的案例的分析、总结和提炼，强调创新性和实用性。希望通过《丛书》的编写和出版，为政府相关部门、企业、研究机构以及社会各界读者提供参考。

本研究丛书仅代表作者本人或研究团队的独立观点，不代表中国建投集团的商业立场。文中不妥及错漏之处，欢迎广大读者批评指正。

前言

《中国投资发展报告》是中国建投集团向社会推出的年度系列化研究成果，是《中国建投研究丛书》报告系列的重要组成部分。《中国投资发展报告》已经连续出版6年，在投资界产生了较好反响，受到舆论及各方面的广泛好评。

2016年，全球经济呈现复杂和分化的走势，资本市场动荡起伏，政治社会问题凸显，安全局势频起波澜，英国“脱欧”、美国大选等事件超预期给市场带来了冲击，全球经济治理复杂性增强。我国经济呈“L型”走势，在供给侧改革和适当扩大总需求的政策组合下，经济保持平稳增长，结构调整取得新成效。在稳增长、调结构、防风险的同时，我国经济的主要矛盾仍很突出，债务规模持续攀升，资产泡沫风险继续累积，汇率贬值风险不断释放，债市、股市、商品市场波动加大，资本市场经历了复杂波动的一年。展望2017年，受美国经济政策、全球政治周期的影响，世界经济面临更多的不确定性，复杂和分化是贯穿全年的主要特征。我国经济处于新旧动能转换的关键时期，深化供给侧改革、防范金融风险被摆在突出位置，“三去一降一补”深入推进，“一带一路”等对外战略逐渐落地开花，国企改革加速、创新驱动发展等将引领经济提质增效，经济新动力不断孕育，投资的风险与机遇并存。中国建投投资研究院编写的《中国投资发展报告（2017）》将为投资者解读2016年的投资大事并展望2017年的投资方向。

《中国投资发展报告（2017）》从宏观经济、资产配置、投资行为、行业策略和境外投资等方面为投资者进行全方位梳理，并对我国资产管理、投资者偏好、重点产业和海外投资战略等方面的投资问题进行深入研究。报告分为7章：第一章回顾2016年全球和中国宏观经济形势，并对2017

年的经济发展趋势做了预测；第二章对货币超发背景下的大类资产走势进行分析预测，对资产配置提出了方向性建议；第三章对我国资产管理行业分化趋势进行深入研究，预测了未来资管行业的发展方向；第四章对我国投资者的规模、结构和发展趋势等问题进行深入探讨，并研究了其投资偏好；第五章分析了我国产业结构转型升级背景下的产业投资机遇，重点推荐绿色环保、健康养老、信息经济、文化消费、先进制造五大产业；第六章回顾了 2016 年我国海外投资的特点与面临的挑战，并对北美、欧洲、亚太 3 个地区的投资环境和策略做了对比研究；第七章对 2017 年货币政策、资产泡沫、人民币汇率、债转股等投资者关注的问题进行剖析，并提出了针对性的投资建议。

《中国投资发展报告（2017）》由建投研究院组织编写，同时邀请了国泰基金、中建投信托的有关专家参与本书的编写工作。我们对各位领导和专家的关心、指导和帮助表示衷心的感谢！

目　录

2016 年宏观经济形势分析与 2017 年展望

张璐璐

张璐璐，经济学博士，中国建投投资研究院研究员

投资提示

- 2016 年，全球金融市场经历剧烈震荡，英国“脱欧”、局部冲突升级、美国大选等“黑天鹅”事件频发。全球经济并未遭受严重冲击，世界经济进入低速平稳增长周期。

- 展望 2017 年，美国经济有望重回快速上升的通道，欧元区改善程度依然不佳，日本结构性问题致使通缩难有缓解，新兴经济体继续延续 2016 年的增长势头。2017 年，全球很可能呈现美国和新兴市场国家引领下的复苏格局，但增长动能依旧偏弱。

- 2016 年，经济的主基调是“稳增长”。在专项建设基金、年初信贷井喷等稳增长政策强力支持下，我国经济供给侧出现平稳运行态势，特别是工业生产出现小幅回升，可以较好地实现全年经济发展目标。

- 2017 年，我国经济仍面临下行压力，若防风险措施得当，改革政策落地并显效，则有望实现 6.6% 的增长。

一　2016 年全球宏观经济运行分析与 2017 年展望

（一）2016年基本面：全球经济动荡下行

2016 年，全球金融市场经历剧烈震荡，英国“脱欧”、局部冲突升级、美国大选等“黑天鹅”事件频发。但全球经济并未遭受严重冲击，世界经济进入低速平稳增长周期。各大机构对全球主要经济体 GDP 增速的预测见表 1。

表 1　各大机构对全球主要经济体 GDP 增速的预测

地区	IMF		World Bank		OECD	
	2017 年	2016 年	2017 年	2016 年	2017 年	2016 年
全　球	3.4%	3.1%	2.8%	2.4%	3.2%	2.9%
美　国	2.2%	1.6%	2.2%	1.9%	2.1%	1.4%
欧元区	1.5%	1.7%	1.6%	1.6%	1.4%	1.5%
中　国	6.2%	6.6%	6.6%	6.7%	6.2%	6.5%
日　本	0.6%	0.5%	0.5%	0.5%	0.7%	0.6%
新兴经济体	4.6%	4.2%	4.4%	3.5%	/	/

资料来源：IMF，World Bank，OECD，中信证券研究部。

1. 发达经济体增长减速

美国仍在修复向好的通道上，力度不及预期。2016 年前 3 个季度，美国 GDP 环比增速分别为 0.8%、1.4% 和 2.9%；同比增长分别为 1.6%、1.3% 和 1.5%。全年 GDP 增速有望在 1.6% 左右。经济的修复主要体现在生产扩张、进出口回暖与就业复苏。11 月美国 ISM 制造业 PMI 指数为 53.2%，较上月上升 1.3 个百分点，回升到年内最高值；工业产出同比下降 0.6%，降幅较上月缩小 0.2 个百分点。8 月以来，出口持续保持正增长势头，进口季调数据在 3 月达到谷底以来持续攀升，并终于在 10 月录得正值。此外，劳动力市场总体稳定。11 月新增非农就业 17.8 万人，比上月增加3.6万人，略低于18万人的预期；失业率为4.6%，创2007年8月以来最低水平；劳动参与率为62.7%，与上月相比微降0.1个百分点，全年就业情况持续改善。但美国经济增速显著低于其潜在经济增长率，增长依然乏力。2016年，阻滞经济的因素主要有两个方面：一方面，存货和私人固定资产投资对GDP环比拉动率为负，去库存和投资恶化是GDP增速放缓的重要原因之一；另一方面，消费增速有所放缓，2016年前3个季度个人消费支出对GDP的环比拉动率分别为1.1%、2.9%和1.5%，总体上比2015年同期有所放缓。在物价方面，核心PCE同比维持在1.6%~1.7%，PCE同比维持在1.0%左右，物价涨幅变动不大。美国GDP及分项贡献度见图1。

图1 美国GDP及分项贡献度

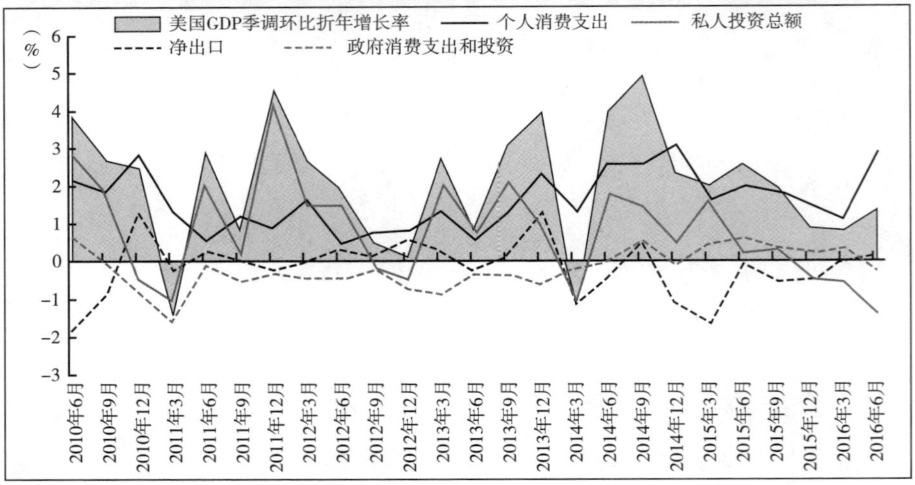

资料来源：Wind资讯。

欧洲经济弱势复苏，货币政策仍在观望。欧元区2016年前3个季度GDP季调环比折年增长率分别为2%、1.2%和1.4%，增速较2015年同期有所下滑。英国前3个季度GDP季调环比折年增长率分别为1.7%、2.7%和2.0%，增速较2015年同期有所提高。2016年欧元区经济复苏出现放缓，且英国“脱欧”打击尚未显现。生产端仍维持扩张趋势，欧元区2016年1~12

月制造业 PMI 指数始终处于荣枯线上方，均值较 2015 年上升 0.3 个百分点。消费增速下滑，2016 年 1～11 月零售销售指数由 2.1% 上升至 2.3%，均值为 1.9%，较 2015 年 1～11 月均值下滑 0.9 个百分点。出口增速下滑，2016 年 1～11 月欧元区出口同比增长由 -2.1% 上升至 6%，均值约为 0，低于 2015 年 1～11 月 5.4% 的均值。整体看，2016 年欧元区经济增速较 2015 年出现下滑，QE 政策效应减弱，负利率效果不显著，经济增长存在放缓迹象。通缩压力得到缓解。2016 年 1～12 月欧元区调和 CPI 同比增长由 0.3% 上升至 1.1%，均值为 0.24%，1～12 月核心调和 CPI 同比增长由 1% 下降至 0.9%，均值为 0.85%，但仍低于 2% 的增长目标。就业形势逐步恢复，目前，各主要国家失业率均出现回落，但危机国家仍保持高位。欧债危机后，欧央行开启了长达 6 年的宽松历程，虽然企业融资条件得到改善，但通缩压力、银行坏账、经济结构等问题依然困扰着欧洲。2016 年欧洲政治经济面临"民粹主义"和"逆全球化"等挑战，英国"脱欧"、意大利宪法公投等"黑天鹅"事件频发，银行业债务危机悬而未决。在 3 月议息会议上，欧洲央行全面下调三大利率，欧洲经济也从 3 季度开始呈现向好趋势。在 12 月议息会议上欧洲央行对 QE 实施了"延期缩量"的举措，可以视为欧洲央行开展的第三轮量化宽松，相当于以时间换空间。欧洲经济增速如图 2 所示。

图2　欧洲经济增速

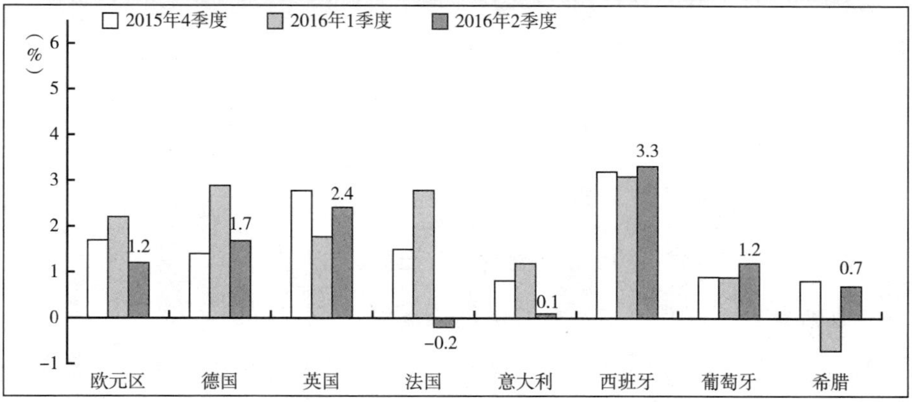

资料来源：Wind 资讯。

日本下行压力依然较大。2016 年前 3 个季度 GDP 季调环比折年增长率分别为 2. 8%、1. 8% 和 1. 3%，前 3 个季度 GDP 累计同比增长 0. 8%，低于 2015 年 1. 2% 的增速（见图 3）。私人消费、固定资本形成和存货的下降是 2016 年日本 GDP 增速不断下滑的主要原因。2016 年日本经济出现下滑，但 3 季度以来有所复苏。制造业由收缩转为扩张态势，2016 年 1 ~ 12 月制造业 PMI 指数呈现“V 型”走势，从 1 月份的 52. 3% 下降至 47. 7% 后，逐步攀升至 12 月的 52. 4%，均值为 50%，较 2015 年均值下降 1. 4 个百分点。消费下滑趋势得到缓解，2016 年 1 ~ 11 月商品销售同比增速由 -4. 3% 上升至 -0. 4%，均值为 -4. 1%，但较 2015 年 1 ~ 11 月均值下滑 2. 5 个百分点。对外贸易进一步恶化，2016 年 1 ~ 12 月出口同比增速由 -12. 9% 上升到 -0. 4%，全年出现负增长，均值为 -8. 5%，较 2015 年 1 ~ 11 月均值大幅下滑近 13 个百分点。1 ~ 11 月贸易差额有所好转，由 -6477 亿日元上升至 1507 亿日元。总体看，与 2015 年相比，2016 年日本经济出现一定程度下滑，但从 3 季度开始，日本经济出现复苏迹象。2016 年 1 ~ 11 月日本 CPI 同比增速由年初的 0 升至 0. 3 后落入负增长区间，通缩压力加大。从 3 季度末开始，CPI 同比增长由负转正，并升至 11 月的 0. 3%；1 ~ 11 月核心 CPI 不断恶化，同比增速由 0 下降至 -0. 5%（见图 4）。这表明，日本央行的大规模印钞计划未能提高通胀水平，通缩压力依然较大。2016 年虽然日本政府和央行采取了一系列刺激措施，但效果不尽如人意，日本经济并未显著好转，依然面临增长疲软和通缩压力。日本央行在 2016 年 9 月的议息会议上对 QQE 政策框架做了重大修改，将“控制收益率曲线”作为新政策框架的核心，同时取消所持日本国债平均期限 7 ~ 12 年的目标，引入通胀超调承诺，意在为日本央行加大宽松力度打开空间。

2. 新兴市场与发展中经济体企稳，但压力仍在

数据表明，2016 年主要新兴市场国家经济发展普遍承压。继 2016 年 10 月降息，11 月巴西央行再度降息 25bp，是 4 年内第二次降息，意在提振市场对巴西经济的信心；俄罗斯经济已逐渐适应了制裁和危机背景，但

图 3　日本经济增长乏力

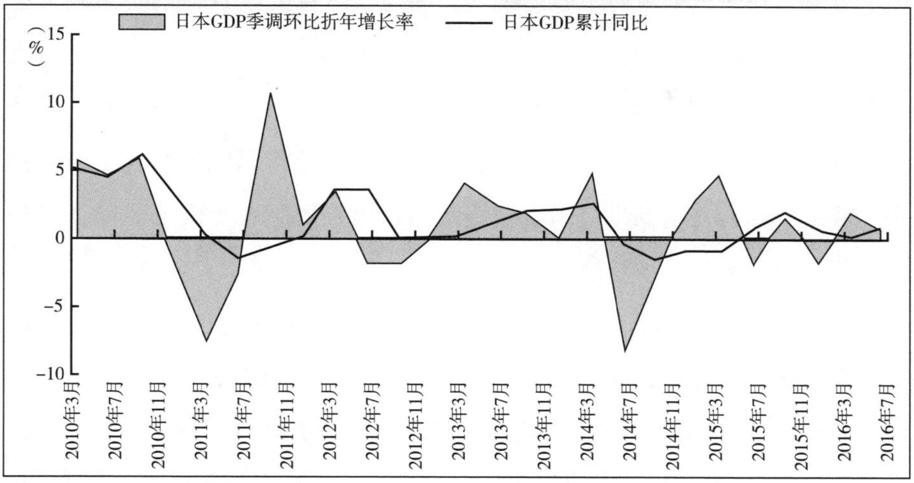

资料来源：Wind 资讯。

图 4　日本通缩略有缓解

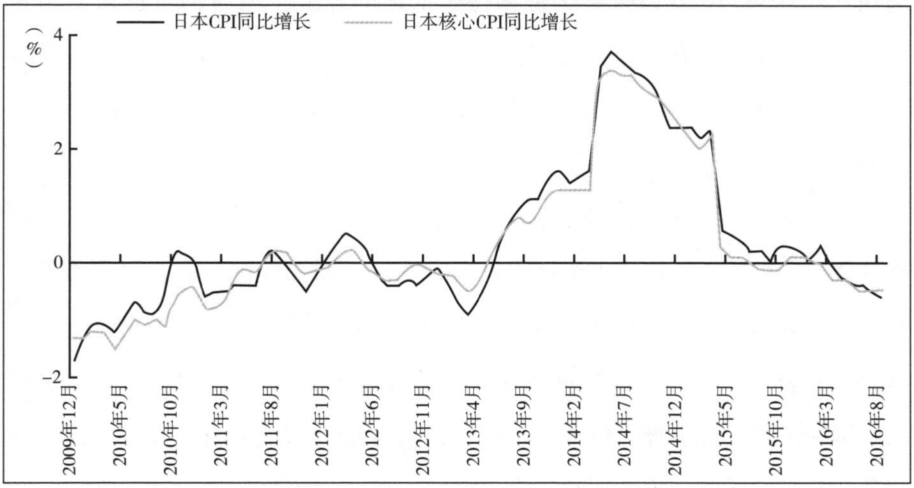

资料来源：Wind 资讯。

当前经济仅出现微弱增长趋势；南非深层次的结构改革依然遥遥无期，经济未出现明显好转迹象；印度“废钞”运动带来市场动荡，央行未如预期再度降息，经济持续低迷。2016 年 12 月 14 日，美联储宣布加息，新兴市场国家股市、汇市等均出现大幅波动。长期来看，美联储加息给新兴市场国家金融市场带来的风险不容忽视。美国与全球主要经济体的货币政策进一步分化，推动美元升值，国际资本将回流美国，新兴经济体有可能遭受短期内大量资本外流的冲击，汇率风险或上升，外债负担较重的新兴经济体爆发债务危机的可能性增加。此外，美元升值还将压低国际大宗商品价格，严重依赖大宗商品出口的新兴经济体将面临国际收支失衡风险，其外债偿债能力将遭到进一步削弱。

（1）巴西。巴西近几年陷入了史上最严重的经济衰退，表现为负增长、高通胀、高赤字、高债务比率。巴西央行预计2016年实际GDP增速为-3.3%，12月通货膨胀率降至6.3%，距离通胀目标仍然有一段不小的距离。巴西如今陷入困境的根本原因包括四个方面：高通胀、高利率、高税收共同抑制消费与投资；高福利政策为财政赤字埋下隐患；大宗商品价格下降暴露经济结构缺陷；腐败案引发的政治危机为巴西经济雪上加霜。2016年10月以来，为提振持续低迷的经济，巴西央行进入货币宽松周期，2016年10月和11月两次降息25bp，2017年1月大幅降息75bp，基准利率已降至13%。不过，在美联储将进一步加息的前景下，巴西未来降息的空间将会受到限制，经济恢复前景也将受到一定影响。

（2）俄罗斯。俄罗斯经济衰退态势依旧，但速度趋缓。2014年以来，乌克兰危机、俄罗斯收回克里米亚引发西方国家一系列经济制裁，更严重的是国际大宗商品特别是石油和天然气价格暴跌，俄罗斯经济陷入深度危机。根据IMF最新的预测，2016年俄罗斯经济将收缩0.8%。为应对西方国家制裁以及国际油价大幅下挫，俄罗斯政府执行了维持卢布汇率自由浮动、保国际储备的政策。同时，俄罗斯政府在国内各个领域大力推行进口替代政策，并采取优惠措施鼓励国内中小企业发展。2016年6月和9月，俄罗斯央行先后两次降息50bp，关键利率下降至10%，以遏制经济萎缩的势头。在一系列政策举措的推动下，俄罗斯宏观经济环境得以改善，汇率下跌和通货膨胀都止住了步伐。展望未来，缓慢复苏将是俄罗斯经济发展的基本态势。IMF预计俄罗斯经济 2017 年将增长 1.1%，2018 年将增长 1.2%。

（3）南非。南非经济陷入低增长。2016 年，南非再度成为非洲第一大经济体。尽管如此，南非仍然面临严重的经济衰退威胁。2016 年 1 季度南非 GDP 萎缩 0.14%，2 季度和 3 季度分别微增 0.7% 和 0.68%，预计全年增幅将在 0～0.5%，是 2009 年以来的最低值。相比之下，失业率高达 27%，是 2003 年以来的最高值。通胀率也节节攀升，2016 年 12 月达到 7.03%，为 2010 年以来的最高值。此外，南非货币兰特 2016 年全年跌幅达 25%，在新兴市场国家货币中下跌幅度位列前茅。面对经济疲弱、通胀高企的形势，2016 年南非央行在货币政策上选择按兵不动，维持利率在 7%。IMF 预测，南非 2017 年经济增长率为 0.8%，2018 年为 1.6%。

（4）印度。印度经济增长亮眼，但“废钞”运动将拖累增长。2016 年印度前 3 个季度 GDP 均保持高于 7% 的增速，在新兴经济体中可谓一枝独秀。不过，印度总理莫迪 2016 年 11 月宣布“废钞令”，其本意在于打击贪污腐败和黑钱交易，但实际上引发了流通现金短缺以及支付中断，从而对消费造成了严重负面冲击。受“废钞”运动拖累，印度 2016 年 GDP 增速预计将低于 7%（IMF 预计 2016 年印度 GDP 将增长 6.6%）。2016 年印度通胀率大幅回落。7 月以来通胀率持续走低，11 月通胀率已降至 2.59%。印度央行于 2016 年 4 月和 10 月先后两次降息 25bp，基准利率已降至 6.25%，以推动经济进一步增长。IMF 预计 2017 年印度经济增幅将重返 7.2%，2018 年印度经济增长率将达到 7.7%。

2013 年以来，发达经济体复苏步伐加快，新兴经济体增速放缓，巴西与俄罗斯出现较为严重的衰退。但 2016 年，形势发生逆转，发达国家经济明显减速，新兴市场逐步企稳。IMF 预计 2016 年发达经济体经济增长 1.6%，比 2015 年下降 0.5 个百分点；新兴市场与发展中国家增长 4.2%，比 2015 年增长 0.2 个百分点。新兴经济体处于筑底过程中，其增速的提升无法抵消发达经济体增速下降，因此全球经济总体保持低速增长状态。IMF 预计 2016 年全球经济增长 3.1%，比 2015 年下降 0.1 个百分点。

（二）2017年展望：全球经济环境趋紧

展望2017年，美国经济有望重回快速上升的通道，欧元区改善程度依然不佳，日本结构性问题致使通胀难有起色，新兴经济体继续延续2016年的增长势头。2017年，全球很可能呈现美国和新兴市场国家引领下的复苏格局，但增长动能依旧偏弱。

1. 美国和新兴经济体领衔，经济增长可望止跌回升

（1）美国领衔发达经济体

“特朗普式供给侧改革”与补库存将推升美国2017年经济增速。2017年美国GDP增速有望达到2.2%，补库存、扩大基建投资等因素有望成为主力。第一，美国的家庭部门和非金融部门资产负债表的修复接近完成，支撑充分就业下的信用扩张。美国家庭部门的资产负债率已经下降至1990年的水平，而非金融企业部门的资产负债率也下降至较低水平。总体来看，目前居民和企业部门杠杆率水平较低，具备未来持续信用扩张的基础。第二，补库存周期有序展开。2016年3季度以来，美国经济进入补库存周期，2017年补库存的趋势有望延续。一方面，从美国产能利用率数据和工业制成品的库存历史数据来看，美国的全部工业部门产能利用率已经处于1993年以来的第三低点，具有未来持续反弹的基础；另一方面，2015年2季度至2016年2季度美国库存一直在“去化”过程中，已经历了1年的去库存进程，未来存在持续补库存的动力。2017年补库存有望拉动GDP增速回升。第三，特朗普的扩大基建投资政策有望拉高GDP增速。特朗普的施政纲领核心是减税、扩大基础设施投资规模。减税有望拉动投资，扩大基础设施投资规模也有利于投资迎来正增长，特朗普的这些政策有望推高2017年美国GDP增速。此外，提高贸易壁垒、制造业回迁等措施也有利于美国经济增长。与此同时，与2007年相比，美国的劳动参与率仍然处于较低水平，尤其是男性劳动参与率低于女性劳动参与率水平，就业状况仍然有进一步改善的空间。如果美国经济增速进一步回升，那么美国的就业市场有望进一步改善。2017 年美国物价水平有望回升。首先，补库存和扩大基建投资规模等措施有利于扩大内需，而内需的回暖有利于扩大总需求，从而推动物价回升；其次，劳动力市场的改善会加快工资的上涨速度，从而促进消费需求扩大；最后，能源价格同比涨幅有望回升，石油、煤炭等能源价格回升和基数变低有望推动能源价格同比涨幅回升。预计 2017 年美联储将加息 1 ~ 2 次。从美国国内来看，2017 年美国的经济增速、物价、就业都朝有利于美联储加息的方向发展；从国际大环境来看，新兴市场国家将拉动全球 GDP 增速小幅回升，全球经济环境将有所改善；从特朗普的政策主张来看，减税、扩大基建规模、提高贸易壁垒和制造业回迁等政策均有利于美国经济复苏，这将会促进美联储进一步加息。

（2）新兴市场与发展中经济体有望延续增长趋势

新兴市场复苏趋势有望在 2017 年得到延续，主要有以下三方面原因。一是改革政策的落实将有效促进经济增长。近年来新兴市场国家正在加快改革步伐，政策的累积效应有望在 2017 年逐步显现，从而带来改革推动的经济增长。二是经济多元化及进口替代战略将进一步促进新兴市场与发展中国家的工业增长。三是国际投资者信心增强，国际资本有望加快流入。在经济处于严重衰退、总统遭受弹劾的情况下，巴西仍然成功举办了 2016 年奥运会；在遭受西方制裁以及油价暴跌的情况下，俄罗斯经济没有崩塌，外汇储备稳定回升。诸如此类的新兴市场表现将增强国际投资者的信心，吸引外资，推动经济增长。

巴西有望结束高通胀，货币政策可能进入持续降息周期，随着政策利率逐步回调，新政府将进一步限制政府公共支出，改善社会福利体系包括降低养老金，推动基础设施建设，鼓励外资，拓宽私有化的领域和范围等。2017 年，在较为稳定的政策预期下，巴西有望扭转过去两年经济萎缩的局面，转向经济小幅增长。

俄罗斯汇率贬值和高通胀有望逐步缓解，经济迎来回升。受国际石油价格下跌和国际金融制裁影响，俄罗斯经济在 2015 年出现明显的收缩和下滑，2016 年随着卢布汇率的逐步企稳和国际石油价格走势的逐步回暖，俄罗斯国内基本的物价和货币条件均出现明显改善。首先是国内物价水平趋于稳定，货币信贷条件持续改善，有助于刺激中长期投资的回升；其次是国际制裁的边际效应趋弱，国际资本外流显著趋缓；最后是得益于国际大宗商品价格企稳。2017 年俄罗斯经济增速有望进一步回升。

印度经济仍将继续领跑新兴市场国家，提升制造业的增长空间仍然是莫迪新政的核心所在。在“印度制造”和“数字印度”战略的持续推进下，借助于国内的劳动力优势，印度仍有望延续 2014 年以来的快速增长态势。随着莫迪政府再次放宽外资进入的领域，同时允许更多投资通过自动通道进入，外资管理的放松和外商直接投资的进入，加上国内逐步完善的基础设施建设等都有利于印度经济的持续高速增长。

2. 欧洲依然步履维艰

核心通胀由于工资增长疲弱未能得到较好支撑。由于国际油价在“冻产风”的影响下持续攀升，欧元区 CPI 从 2016 年年中起持续走强，目前已升至自 2014 年 7 月以来的新高，但核心通胀未有改观。2016 年 2 季度欧元区工资增速为 1.17%，降至 10 年来的最低水平。作为欧元区引擎的德国和经济相对较好的法国，工资增速均出现不同程度的下滑。究其原因，除了较低的产能利用率和企业利润增速以外，全球贸易持续萎缩、政治经济发展不确定性渐强、劳动生产率低迷和移民政策对劳动力市场的扰乱均是影响因素。2017 年，这些不利因素很难得到实质性扭转，更加重要的是，我们并没有看到这些因素有实质性好转的迹象，因此，欧元区的工资增速可能依旧处于下降通道，无益于促进消费，对核心通胀的贡献有限。

政治不确定性加大宏观经济风险。欧元区真正的负面冲击始于 2016 年

中期，也就是英国与欧盟开启长时间谈判之际。最新消息显示，英国极有可能于 2017 年 3 月开启谈判，英国的经济增长压力因谈判不确定性而有所上升。在未来 12～15 个月里，欧洲政治日程表十分紧张——意大利公投，2017 年的荷、法、德大选，政治不确定性将大大增强宏观经济风险。自英国宣布"脱欧"后，法国、荷兰、意大利等国都发出效仿之音。在欧元区经济复苏动能依旧疲弱、核心国与边缘国发展差距较大、"民粹主义"势力抬头的多重因素影响下，任何成员国"脱欧"都将对欧元区造成更严重的负面影响。德国联邦统计局数据显示，德国工业投资与政治不确定性的负相关程度显著大于欧洲平均水平，显然，2017 年大选的不确定性将对德国经济产生一定的负面影响，亦将阻碍欧元区的复苏进程。法国将在 2017 年 1 月、6 月和 9 月分别进行总统、立法会和参议院的选举，繁重的选举日程势必延缓其正在进行的结构性改革。总的来说，在英国"脱欧"的教训面前，欧洲市场将因为未来政治的不确定性而大幅调降风险偏好，抑制投资和消费倾向，对经济复苏的抑制期亦可能将更漫长。2017 年财政政策难统一、难积极。

3. 日本增长乏力持续

2017 年，日本仍将深受通缩影响，经济增长可能不甚理想。据市场预测，2017 年日本实际 GDP 将增长 0.6%，核心通胀目标或能达到 1%～1.5%，货币政策方面则将继续维持 -0.1% 的政策目标。利率不变，财政政策将可能更加激进，并维持 10 年期国债收益率目标在 0 上下。

内需可能稍有改善，但外需依然疲软。2016 年以来，日本就业复苏迹象明显，9 月失业率为 3%，是 1995 年以来最低水平，但是考虑到总人口出现负增长的背景，失业改善的效果可能并不显著。内需方面，对比 2015 年的情况，2016 年 9 月商业销售数据不及预期，且短期内难以看到由负转正的明显支撑。2016 年初至今，日本制造业 PMI 指数出现连续回升态势，但服务业 PMI 指数出现连续两个月回落的情况，这表明，日本的制造业并没有明显改善。但是，也需要看到，在各种政策刺激下，日本消费者信心指数不断走高，2016 年 9 月则创下了 3 年来新高；11 月日本 Sentix 投资信心指数年内首次从负转正。这些预期指数的改善也预示日本经济在一定程度上并非毫无回暖可能。预期的改善加上政策的加码，或能支撑日本核心通胀率向上。外需方面，1～11 月，日元对美元上涨 13%，日元汇率与日本经济表现并不相称。日元汇率持续处在高位，也将是未来日本出口继续疲软的重要影响因素。总的来说，短期内，出口疲弱将弱化消费和投资对经济的支撑，这也可能正是日本央行再次推迟实现通胀目标时间的原因之一。实施负利率政策，将基准利率下调至 -0.1% 以刺激经济，但短期来看效果并不好。财政政策方面，2015 年底批准的 2016 财年政府财政预算案，总预算金额达 96.7 万亿日元（约合 8000 亿美元），为历史最高水平。2016 年 8 月，日本内阁通过了一份 13.5 万亿日元的预算追加案作为安倍 28.1 万亿日元刺激计划的一部分，其中 7.5 万亿日元为未来两年左右的财政支出，另外 6 万亿日元为政府投资和贷款项目。7.5 万亿日元是该刺激计划的核心新增支出，但新增支出年限较长，市场对此颇为失望。目前，日本政府又开始推动 2016 财年第二轮追加预算，以期提振疲软的经济。考虑到日本超高的债务规模，财政的操作空间可能已经达到极限，但是其对经济的提振作用并不显著。目前来看，无论是货币政策还是财政政策都没有给日本经济带来明显改观。综合上述分析，结合日本央行行长在公开场合的言论，我们预计 2017 年日本货币政策的宽松方向有很大概率不会改变，负利率政策也有很大概率不会再进一步，未来日本可能更加注重货币政策和财政政策协调发力以刺激经济和改善预期。

人口和债务仍将制约日本经济长期发展。人口方面，根据日本总务省 2016 年 10 月 26 日发布的 2015 年人口普查结果，日本 2015 年总人口为 1.27 亿人，比 2010 年调查结果减少了 0.74%。工作人口方面，日本 18～64 岁适龄劳动人口比重在 1995 年达到顶峰之后（65.5%），近年来一直在下降。而根据联合国对老龄化社会（65 岁以上的老年人口比例达到 7%）和老龄社会（65 岁以上人口比例超过 14%）的定义，1970 年日本老龄人口比例刚好达到7.06%，也就是说进入老龄化国家的行列，而在1995年则已经超过了14%，只用25年就完成了过渡。债务方面，日本的政府债务余额占本国GDP比重在2014年已经达到246.6%的水平，在OECD国家中列首位，是美国（124.2%）的两倍。日本政府在组织财政收入过程中，非常依赖债务收入。近年来，债务收入比重虽有所下降，但仍处于35%以上的高位。对债务的过度依赖，挤占了财政的空间。从这点来说，受制于财政空间狭窄，安倍的财政刺激政策新意不多，从历史上来看，只做支出规模的调整很难从根本上改变长期低迷的日本经济。总的来看，人口和债务两个沉疴是制约日本经济实现长期增长的最大因素。

4. 全球经济复苏的风险与阻碍

全球债务高企阻碍经济复苏。近40年来，高负债一直困扰着世界经济发展。次贷危机爆发后，低利率和量化宽松的货币政策直接导致全球债务积聚攀升。根据IMF报告，截至2015年底，全球债务占GDP比重高达225%，全球性债务危机的风险依然存在，且过高的负债也将制约借款主体的投资和消费能力，从而抑制潜在经济增长能力。

全球通胀压力上升，金融动荡风险犹存。2017年全球通胀或呈上升趋势，主要源于能源和大宗商品价格的上涨，以及全球货币超发导致的资产价格上涨向生产与消费领域的传导。据研究测算，一旦CPI涨幅超过2%，GDP增速不低于2%，失业率在5%以下，国际原油价格持续保持在每桶50美元上下，美联储就很有可能加息。各国货币政策的分化与转向难以避免引起短期的金融市场动荡，不排除诱发“黑天鹅”事件，甚至债务危机。

不确定性走向影响全球经济格局。2017年，全球将关注三个不确定事件的持续影响。一是特朗普上任，其经济政治政策的不确定性极大；二是英国“脱欧”的实质性进程前途未卜，欧洲形势阴晴不定；三是全球经济仍动力不足、需求不振，保护主义、“民粹主义”盛行，孤立与“关门”论调不绝。

二　2016 年中国宏观经济运行分析与 2017 年展望

（一）2016年基本面：主打保增长

2016 年，尤其是上半年，经济的主基调是“稳增长”。年初制定的 2016 年 GDP 增速目标区间为 6.5% ~7%，但是 1 季度的 GDP 增速就已降至 6.7%，因而上半年的政策核心目标是稳增长，竭尽全力保住全年 6.5% 的经济增长底线（见图 5）。专项建设基金、年初信贷井喷等稳增长政策强力支持，供给侧改革效应初步显现，住房、汽车市场强力回暖，在政策推动的力保下，我国经济供给侧出现平稳运行态势，特别是工业生产出现小幅回升，可以较好地实现全年经济发展目标。

图 5　GDP 实际增速与目标

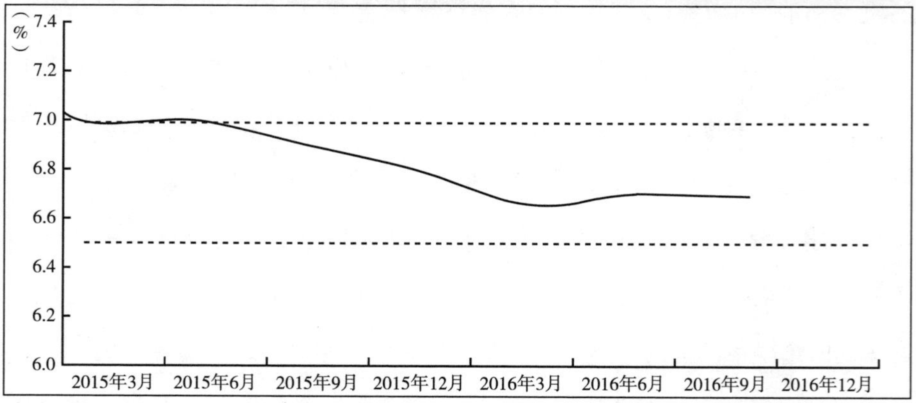

资料来源：Wind 资讯。

1. 政策发力，生产端趋于稳定

2016 年以来，我国供给侧结构性改革取得积极进展，我国工业生产企稳回升，前 3 个季度，规模以上工业生产增长 6%，工业增加值增速连续 7

个月保持在6%以上的水平（见图6）。其中，高新技术业和装备制造业分别增长 10.6% 和 9.1%。新产品高速增长，前 3 个季度，新能源汽车增长 83.7%，工业机器人增长 30.8%。从发电量与货运量等先行指标看，生产端好转的态势也比较明显。1~11 月，发电量累计同比增长 4.2%，增速同比提高 4.1 个百分点；货运量累计同比增长 4.8%，增速同比增长 0.6 个百分点。第三产业仍是拉动经济增长的主导产业。前 3 个季度，第三产业对经济增长的贡献率分别为 4.1%、37.4% 和 58.5%，分别拉动 GDP 提高 0.3 个百分点、2.5 个百分点和 3.9 个百分点。

图6 工业增加值增速

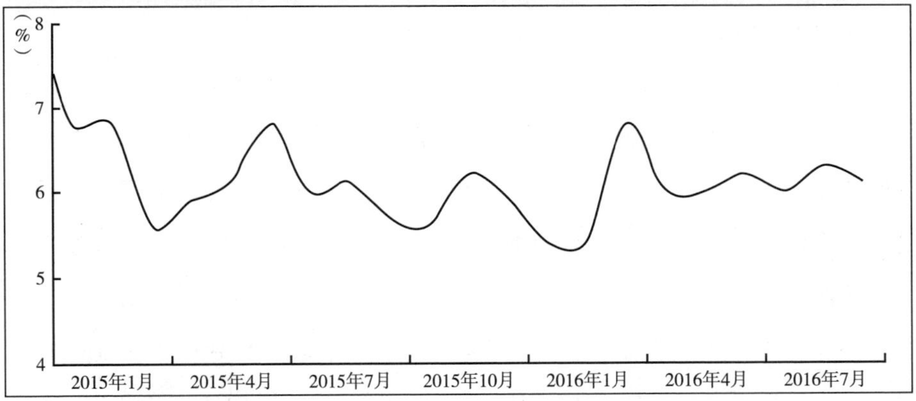

资料来源：Wind 资讯。

2. 内外部市场低迷，需求端趋弱

在全球经济复苏乏力、国内着力加强供给侧结构性改革、金融政策收紧等因素影响下，国内外市场需求低迷，我国需求端呈走弱态势。从投资来看，从 2016 年 4 月起再次出现逐月放缓走势，特别是民间投资增长大幅减速。前 3 个季度，固定资产投资和民间投资分别增长 8.2% 和 2.5%，增幅同比放缓 2.1 个百分点和 7.9 个百分点。辽宁投资断崖式下跌对全国投资增长造成较大冲击，剔除辽宁投资后，2014 年、2015 年和 2016 年前 3 个季度全国投资分别增长 12.8%、12% 和 11.4%，增速放缓幅度并不明显。存货投资延续自2014年8月以来的减速态势，前3个季度产成品库存同比下跌0.8%，增速同比放缓5.7个百分点。从消费来看，居民收入增速放缓以及房地产市场火爆的挤出效应，使零售消费增速有所放缓。1～11月社会消费品零售总额同比增长10.4%，增速小幅放缓。从外需看，主要贸易伙伴经济疲软，外贸出口总体低迷，但国内经济稳中向好，进出口逐季企稳。2016年，我国货物进出口总值24.33万亿元，比2015年下降0.9%。其中，出口13.84万亿元，下降2%；进口10.49万亿元，增长0.6%；贸易顺差3.35万亿元，收窄9.1%。2016年4季度进口、出口均实现正增长，主要源于促进外贸回稳向好政策措施的逐步落实、出口企业新增订单指数回升明显、国内经济“缓中趋稳、稳中向好”带动大宗商品进口量持续增加。

3. 房地产与汽车消费成为经济增长的重要因素

在政策松绑和大量资金流入的推动下，2016年房地产市场全面回暖。前3个季度商品房销售面积和销售额分别同比增长26.9%和41.3%，增幅同比提高19.4个百分点和26个百分点；房地产投资也改变了逐月下滑的态势，同比增长5.8%，增幅同比提高3.2个百分点。在1.6升及以下排量乘用车购置税减半征收政策的刺激下，汽车市场产销两旺。据统计，前3个季度汽车产销量分别同比增长13.3%和13.2%，高于上半年同期14.1个百分点和12.9个百分点。其中1.6升及以下乘用车销量同比增长22.1%，占乘用车销量的比重提高至71.8%，同比增加4.1个百分点。

4. CPI温和上涨，PPI跌幅收窄

2016年，居民消费价格呈现温和上涨的走势。年初春节因素和猪肉等食品价格上涨推动CPI涨幅一度突破2%，5月以来，随着总需求趋弱，猪肉、鲜果等食品价格回稳，带动CPI回落。2016年全年CPI同比上涨2.0%，涨幅比2015年扩大了0.6个百分点；PPI同比下降1.4%，降幅比2015年收窄了3.8个百分点。随着国际大宗初级产品价格不断反弹，以及供给侧结构性改革的逐步落地，工业品市场供过于求的状况出现较大缓解，特别是煤炭、钢铁、原油等生产资料价格大幅上涨，带动PPI跌幅不断收窄，并在 9 月由跌转升（见图 7）。商品房价格大幅上涨，前 2 个季度全国商品房价格（百城住宅价格指数）同比上涨 11.3%，涨幅同比提高 4.1 个百分点，一线城市房价上涨幅度较大（见图 8）。

图 7　CPI 温和上涨，PPI 跌幅收窄

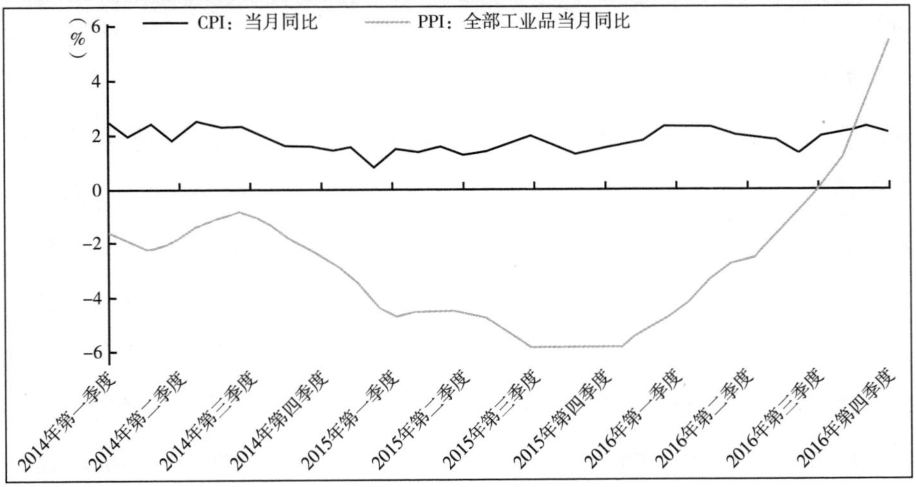

资料来源：Wind 资讯。

图 8　商品房价格大幅上涨

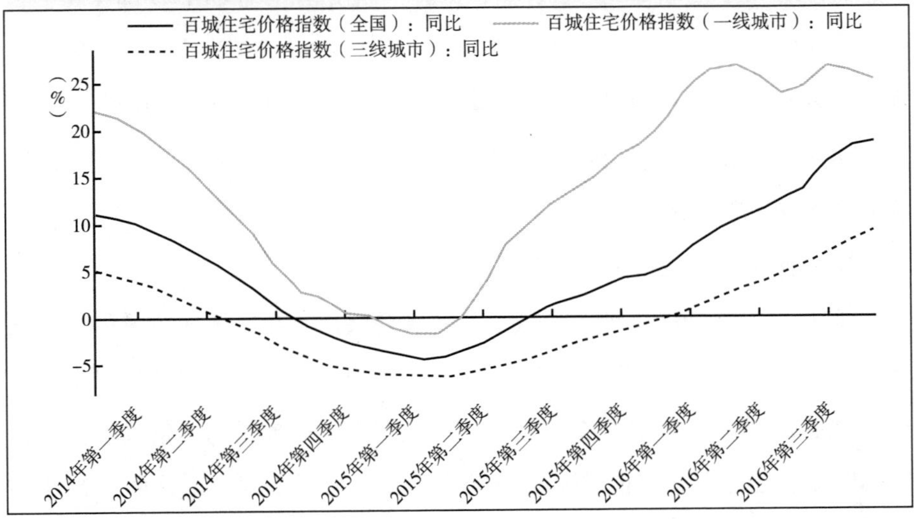

资料来源：Wind 资讯。

（二）2016年改革面：改革与转型初见成效

1. 新动能，经济转型初见成效

2016年前3个季度，GDP同比增速均为6.7%，与2015年底相比，小幅回落0.2个百分点。其中，出口增速从2015年底的-2.94%下滑至-7.10%，投资增速从10%下滑至8.2%，消费增速从10.7%下滑至10.4%。“三大项”中，出口与投资的增速下滑较快，但消费增速同样下滑，只是消费增速的小跌延缓了经济增速的下滑。从“三大项”的分项贡献率占比来看，前3个季度，货物和服务净出口贡献率为-7.8%，资本形成总额贡献率为36.8%，均有所下滑，最终消费支出贡献率为71%，回升4.6个百分点。“三大项”中，消费支出的贡献率已远超资本形成总额。其实，自2014年开始，消费对经济的贡献就已经超过投资。因此，从分项贡献率的角度来看，经济转型从2014年开始已见成效，至2016年，消费对经济的驱动远超投资，经济转型的效果逐步显现。从“三大项”对GDP累计增速的拉动来看，前3个季度，货物和服务净出口拉动GDP变动-0.5个百分点，资本形成总额拉动GDP变动2.5个百分点，最终消费支出拉动GDP变动4.8个百分点。同样，“三大项”中，消费支出对GDP的拉动远超资本形成总额。同样，自2014年开始，消费对经济的拉动就已超过投资。因此，从对GDP增速拉动的角度而言，经济转型同样自2014年开始显现成效，目前，消费对经济的拉动也远超投资，故经济转型效果同样不错。

2. 老问题，“三去一降一补”效果不一

2016年“去产能”政策成效显著。宏观层面，在经济保持平稳的基础上，淘汰落后产能的速度明显加快。2016年我国钢铁和煤炭的“去产能”目标分别为4500万吨和2.5亿吨，均是上年实际完成量的两倍以上。尽管目标明显高于上年，但推进速度仍然较快。截至3季度末，这两个行业均已完成全年目标的80%以上。更为重要的是，这种快速的“去产能”并未对经济增长形势带来太大冲击，我国前 3 个季度 GDP 增速均为 6.7%，经济运行的稳定性相比之前明显提升。微观层面，“去产能”的顺利推进令产能过剩压力明显减轻，相关企业经营状况大幅好转。2016 年前 10 个月钢铁与煤炭两个行业均实现三位数的利润增长率，固然受上年低基数的影响，却也反映了企业赢利的明显改善。这在一定程度上扭转了外界的悲观预期，起到稳定信心的作用。必须看到，“去产能”过程中也存在一些隐忧，其中最为明显的是刚性的“去产能”政策与灵活的需求波动之间的矛盾。在“去产能”政策的约束之下，部分行业的供给无法对需求变化做出及时反应，导致阶段性、区域性的供给不足。以煤炭行业为例，在进入采暖季，煤炭需求季节性冲高的同时，煤炭供给却未跟上。在近期火电发电量同比正增长超过 10% 的同时，原煤产量却同比下跌 10%。受此供需缺口的影响，煤价大幅上涨，比年初水平高 70% 有余。这在一定程度上加大了下游行业的成本压力。此外，在“去产能”令产品价格和企业利润大涨的背景下，未来相关企业主动“去产能”的意愿可能会走低，从而让“去产能”政策推进面临更大阻力。鉴于此，预计 2017 年的“去产能”政策将在保持现有基调不变的基础上适当优化。

“去库存”效果不及预期。在降低首付比例、发放购房补贴、税收优惠等一系列政策的影响下，2016 年房地产整体“去库存”效果显著。国家统计局 2016 年 12 月 13 日发布的数据显示，截至 11 月末，全国商品房待售面积 69095 万平方米，比 10 月末减少 427 万平方米，全国房地产库存量已经连续 9 个月减少。然而在此轮“去库存”的过程中，出现了一边部分一、二线城市房价上涨过快，另一边三、四线城市销售依旧乏力的“双泡沫”局面，即一、二线城市的价格泡沫和三、四线城市的数量泡沫同时出现。这显然背离了政府出台“去库存”政策的初衷。这种情形主要是由过去若干年区域性的供需错配造成的，大量的房子位于三、四线城市，而三、四线城市的购买力不足，房屋供大于求；人口流向一、二线城市，而一、二线城市房子供应量不足，供不应求。区域性供需关系错配的主要原因是土地供给的错配。在城镇化进程中，大量人口进入一、二线城市，但是土地的供应恰恰相反。中国房地产市场总量过剩、区域分化，7.2 亿平方米的库存房中，70% 分布在三、四线城市。据此粗略计算，约有 5 亿平方米的库存房分布在三、四线城市。下一步改革的重点是抑制一、二线城市房地产泡沫，化解三、四线城市房地产库存。

2016 年“去杠杆”政策缓急有序，取得了一定成效。在实体经济方面，“去杠杆”政策延缓了全社会债务总量的上升。以社会融资总量中的债权型融资规模估算，我国总债务占 GDP 比重在 2016 年头 10 个月中上升不足 8 个百分点，升幅低于 2015 年同期水平；而股权融资占社会融资总量的比重也上升到 10%，比 2015 年的水平翻了一番。股权融资在总融资中占比的快速扩大，有助于增加企业的股本，降低其资产负债率及债务风险。另外，目前我国的总体债务状况仍然稳健，给化解债务风险留出了很大空间。根据国际清算银行（BIS）的估算，目前我国总债务占 GDP 比重为 255%，接近国际平均水平，而明显低于发达经济体的平均水平。在 BIS 统计的总共 44 个经济体中，我国债务总量排名并不靠前，仅居于中游。此外，由于国际收支十分健康，我国债务绝大多数是内债。事实上，扣除对外负债后，我国目前仍然持有约 1.6 万亿美元的外国净资产。这种负债结构让我国在控制债务风险方面有很大政策回旋余地。不过，“去杠杆”并非仅指控制全社会总体债务，还包含抑制金融杠杆之意。2015 年 A 股的异常波动已经清晰地展现了金融杠杆崩解的危害。从那时起，防控金融杠杆风险就成为宏观政策的一个要点。而与抑制实体经济杠杆的和缓态势不同，控制金融杠杆风险必须采取急速而有效的措施。这是因为金融杠杆上升往往带来加速效应，令风险迅速积聚、快速爆发。2016 年，债市杠杆风险已明显攀升，引发各方关注，央行已通过收紧短期资金面等举措对其加以控制。而近期监管层对部分险资的清查，也是为了防控保险公司过度运用金融杠杆。2017 年，“去杠杆”仍将是宏观政策的核心任务之一。

“降成本”作为供给侧结构性改革的五大重点任务之一，从中央到地方已经出台了一系列相关的政策。2016 年 8 月，国务院印发了《降低实体经济企业成本工作方案》，明确经过 1 ~2 年努力，降低实体经济企业成本工作取得初步成效，3 年左右使实体经济企业综合成本合理下降，赢利能力较为明显增强。从地方层面看，许多省份都结合自身实际，从降低企业税费负担以及用能、融资、物流、外贸、制度性交易等方面成本出发，出台了一系列旨在进一步减轻企业负担，优化发展环境的政策措施。在一系列“降本减负”政策的作用下，“降成本”的政策红利开始初步显现。从各地前 3 个季度成绩单看，贵州全省通过降低企业用电成本、物流成本、融资成本、税费成本、制度性交易成本等政策措施，累计为企业减负近 500 亿元。山东全面启动电力体制改革，基本实现全省同网同价；养老社会保险的单位缴费率统一降至 18%，为企业减负 4 亿元。据测算，各项政策全年可为全省企业减轻成本负担 500 亿元以上。江苏 2016 年前 8 个月全省规模以上工业企业每百元主营业务收入的成本为 86.48 元，同比减少 0.25 元。福建 2016 年前 8 个月全省规模以上工业企业每百元主营业务收入的成本为 86.88 元，同比减少 0.17 元。尽管“降成本”的举措正在逐步取得成效，但要真正帮助实体经济解决成本压力较大的问题，并非一朝一夕之功可以实现。近期，国务院发展研究中心公共管理与人力资源研究所发布的一份调查报告指出，近年来，成本上升一直是企业面临的主要困难之一。2016 年“当前企业经营发展中遇到的最主要困难”的调查显示，企业家选择比重最高的两项分别是“人工成本上升”（68.4%）和“社保、税费负担过重”（50.2%）。这份报告还显示，目前，企业家认为物料采购价格“上升”的占 35.5%，认为“持平”的占 47.6%，认为“下降”的占 16.9%，认为“上升”的比认为“下降”的多 18.6 个百分点，为近 5 年内的最高值。这说明，随着原材料价格的回升，企业的成本压力明显加大。与此同时，认为运输成本上涨的企业数量明显增多，在受调查企业中的比重达到 30.5%。随着原材料价格上涨，企业生产经营成本又有所加重，一些企业虽有增产，但不见增效，不利于提高经济活力，不利于实体经济恢复。

“补短板”的内涵与外延都比较宽泛，主要是在严重制约经济社会发展的重要领域和关键环节，以及人民群众迫切需要的领域，开展具有针对性、精准性的改革与质效提升。2016 年，围绕农业短板、制造业短板、服务业短板、基础设施短板、生态建设短板以及扶贫和改善民生短板等方面，政策摸索引导和集中力量攻克薄弱环节，开始走上“补短板”之路。“补短板”是全社会经济与民生质效的全面提升，是长期的由量变到质变的过程。

（三）2017年展望：防风险 +改革

2017 年，我国经济仍面临下行压力，若防风险措施得当，改革政策落地并显效，则有望实现预期增长。预计投资不会出现明显回落，全年有望维持在 8.5% 左右的水平，消费可能会下降至 9.5% 左右的水平，出口有望实现 5% 左右的正增长。“三大动力”一平一降一升，综合来看，预计全年有望实现 6.6% 左右的增长。

1. 经济仍在探底的路上，但可保持稳定

（1）主要动力仍然来自供给端

2017 年固定资产投资增速有望平稳增长。一是新开工项目计划总投资快速增长，对后续投资稳定增长形成有力支撑。2016 年前 3 个季度，新开工项目计划投资额同比增长 22.6%，增幅同比加快 19.8 个百分点。二是工业企业效益好转，增强投资能力。随着供给侧结构性改革全面推进，以及工业生产者出厂价格跌幅不断收窄，工业企业利润逐月回升，这将增强制造业企业的投资能力和意愿。三是工业企业库存处于历史较低位，库存回补的存货投资将呈回升态势。四是专项建设基金、PPP 项目等继续支持基建投资保持较快增长。五是民间投资积极性有望得到提高。《国务院办公厅关于进一步做好民间投资有关工作的通知》从督察整改落实、深化“放管服”改革、营造公平竞争市场环境、缓解融资难融资贵、降低企业成本负担等方面做出具体部署，有助于调动民营企业积极性，促进民间投资持续健康发展。六是新的投资热点涌现。新产业、新业态、新模式的“三新产业”以及“旅游、文化、体育、健康、养老”五大“幸福产业”发展十分迅速，相关行业投资将快速增长。

但是，仍然存在抑制投资增长的因素。一是实体企业投资收益预期仍不乐观，难以有效吸引资金大规模流入，特别是融资难、融资贵和企业经营成本较高等问题依然存在。二是传统行业规模过大，新旧动能转化仍需较长时间，新兴业态投资增量难以抵消传统行业投资减量。三是新一轮房地产调控政策将使房地产市场降温，房地产投资将呈回落趋势。总体来看，我国投资可能出现平稳略降态势，预计 2017 年固定资产投资将增长 8.5% 左右。

（2）消费需求增长趋弱

2017 年，支撑消费增长的因素主要有以下几个方面。一是旅游、休闲、文化、体育等个性化、多元化新兴消费模式和消费热点比较活跃。二是网购成为重要消费方式，由此衍生的快递、配送、仓储等服务逐步完善。三是社保体系不断完善，保障水平逐步提高，为消除居民消费的后顾之忧奠定基础。与此同时，抑制消费增长的因素也较多：一是经济下行压力会抑制消费增长；二是居民收入增速放缓、最低工资标准上调的省份减少及上调幅度减小等影响居民消费能力的提高；三是新一轮房地产市场调控将会抑制与住房相关的建材、家具、家电等上下游产业的相关消费；四是汽车 1.6 升及以下排量乘用车购置税优惠政策动向对汽车消费影响较大；五是消费品市场缺乏创新，无法带动更多需求增量，同时，消费品质量与安全问题使得部分消费外流。

（3）外贸进出口仍将低迷

2017 年，世界经济仍然难以摆脱低迷，“中国制造”的传统比较优势逐步削弱。伴随我国要素成本与资源环境约束增强，传统劳动密集型出口商品成本不断攀升，价格等方面比较优势弱化，高端装备制造、智能制造等出口产品尚处于价值链低端，难以形成新的外贸增长点，我国外贸发展前景不容乐观。但“一带一路”、国际产能合作等战略加快落实，尤其是对外投资大幅增长有望带动部分商品和服务出口，人民币汇率贬值也有助于提高出口竞争力。

2. 防风险上升为经济行为重心

2016 年，大半年刺激政策的实施，成功地稳住了增长，前 3 个季度 GDP 增速为 6.7%，全年 6.5% 的 GDP 增速应该能实现，但其代价是房价大幅飙升，通胀显著反弹，当前防风险逐渐上升为首要任务，而中央政治局会议也把“抑制资产泡沫、防范金融风险”作为未来的首要目标。2017 年，防风险主要聚焦以下经济问题。

（1）房地产市场影响经济稳定运行

近两年，各地首付比例和利率下调、购置税减免、限购限贷放松、场外配资等政策松绑，加上 2015 年股灾退出的资金转入房市，居民实际购房能力提升。2016 年初以来刚性的投资投机购房需求大幅上升，吸引大量社会资金流入，房地产市场全面回暖，房价出现新一轮暴涨。2016 年前 3 个季度，新增房贷占全部新增信贷的比重高达 43.9%，较上年同期增加了 18.8 个百分点。高房价推高了企业经营成本和城市居民生活成本，“创业十年不抵买房一套”，上市公司一年的赢利买不了“京沪深”一套房，严重打击了创业与创新的积极性。而紧急出台的抑制房价政策又对短期经济形成冲击。中央经济工作会议直接谈及“房地产泡沫”，重视程度可见一斑，而此前的中央政治局会议也仅仅提及资产泡沫。会议明确要坚持“房子是用来住的，不是用来炒的”的定位，要求综合运用金融、土地、财税、投资、立法等手段，加快研究建立符合国情和市场规律的基础性制度和长效机制，这或许是对过去十多年房地产调控经验与教训的总结。可以预期，房地产市场将以全新思路构建调控框架，与此相关的金融、财税和立法制度的建立应该会加快推进。

（2）金融风险隐患上升

地方政府盲目举债的冲动有所抬头，把 PPP 方式作为单纯融资手段，不合理确定权责，给予社会资本远超风险对价的优厚回报；政府投资基金风险控制机制不完善，做出违规担保、明股实债、兜底回购、固定回报等内部安排和承诺，形成隐性地方政府债务。制造业贷款不良率上升、企业债违约事件不断增多、保险公司利用万能险高杠杆资金举牌上市公司等事件增多、互联网金融等领域违约“跑路”事件频发、地方政府债务压力加大等各类敏感领域金融风险积聚和交叉影响，成为系统性金融风险隐患。

（3）社会资金加速脱实向虚

2015 年以来，连续 5 次降息、5 次降准，货币政策宽松力度较大，但金融输血实体的效果并不理想，经济发展面临流动性陷阱风险。一是虽然金融市场利率和企业融资成本确有下降，但投资需求增长仍在放缓，民营企业和小微企业融资难、融资贵问题依旧突出。二是单位社会融资规模扩大带来的 GDP 增长量减少，社会资金的使用效率下降。2016 年上半年社会融资规模增量与 GDP 之比为 0. 29，为 2011 年以来同期最低水平，2015 年上半年该比例为 0. 31。三是社会资金“脱实向虚”，实体经济投资回报率低，大量资金进入房地产市场，或者在金融领域脱离监管套利，推动国内房地产、大宗商品等资产价格再次快速膨胀。

3. 政策取向

（1）2017 年货币政策预计仍将保持稳健基调

央行 2014 年底开启的货币政策普遍宽松逐步呈现边际效用递减的态势；进入 2016 年之后，货币政策的宽松明显收敛，全面降准降息转变为高频公开市场操作和 MLF、SLF 等新型货币政策工具，中性稳健的货币政策旨在维持市场存量流动性的充裕，而并未进一步大幅放松。同时，央行 2016 年下半年以来的货币政策操作呈现明显的“锁短放长”倾向，试图通过拉长资金期限来就降低债市的杠杆水平。

2017 年货币政策操作大致将延续当前的节奏，并将更重效率（见图 9）。一是经济基本面整体平稳，且稳增长的任务主要由财政政策承担；二是通胀中枢将有所上行，对货币政策的宽松形成制约；三是美元指数的走强对人民币汇率造成较大贬值压力，也将在一定程度上束缚货币政策的操作。因此，降息的可能性不大；公开市场操作与新型货币政策工具仍将是央行的首选，央行年内仍有 1 ~2 次降准的可能性，但降准时间将视经济运行及流动性风险状况而定。

图9　2017 年政策更重效率

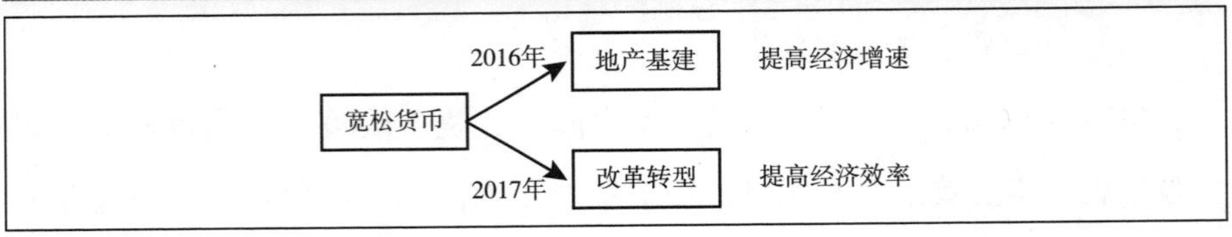

资料来源：Wind 资讯。

（2）2017 年财政政策将会更加积极

财政赤字率将有所提高。预计 2017 年财政赤字率目标升至 4%。2015 年 5 月开始持续推进的债务置换，极大地缓解了地方政府的债务压力；而 2016 年上半年房地产的小周期回暖，又使得土地出让金收益有所恢复，这都为财政发力奠定了基础。在此基础上，2016 年的财政政策表现出全方位的积极姿态。同时，考虑到财政政策仍然受政府债务风险的制约，政府也开始大力推广 PPP 模式的项目，通过引入社会资金与政府合作进行基础设施建设，以分担财政支出的压力。当前企业部门仍在“去杠杆”进程之中，政府部门则将继续加杠杆以对冲其给经济带来的负面压力。2017 年财政赤字率目标有望升至 4%，而实际赤字率甚至可能略高于此；国债与地方政府债发行规模也将进一步增大，基建投资的高增长由此得到支撑。另外，政府将继续支持 PPP 项目的推进，并且目前财政部 PPP 项目库中大多数已批复项目仍处于识别阶段，已落地的比例不足三成，已批复项目的落地投产也将为基建投资的高增长贡献力量。

减税措施将进一步推进。有望进一步出台普遍性减税措施、功能性减税措施以及专项税减税措施，同时，调整个人所得税，对国家引导和发展的行业和小微企业全面减税、税收优惠支持企业投资创新、1.6 升及以下乘用车购置税减半征收政策延长等各项税费优惠措施实施可能性较高。

（3）2017 年国资国企改革将成改革重点

如果说 2016 年最重要的改革是供给侧改革，那么 2017 年最重要的改革就是国资国企改革。2016 年 12 月初的中央政治局会议已经释放明确信号，之前的说法是“财税、金融、国企等重大改革”，现在的提法是“国企、财税、金融”，可见下一阶段改革的重中之重是国企的改革。

2016 年上半年，国企改革落地进度较为缓慢，其主题表现比较平淡；下半年国企改革力度明显加强，市场表现也很显著。一直以来，由于受困于严格的改革红线，并未看到“混改”有实质性突破，2016 年前半段“混改”主题几乎无表现；但 10 月以后，政府态度转变逐步明朗化，央企“混改”“6 + 1”试点推出，联通“混改”预期增大、辽宁国资划转社保、国家电网增量配电放开等动作频出，“混改”呈加速落地的趋势。现在中央经济工作会议再次强调混合所有制改革是国企改革的重要突破口，点名电力、石油、天然气、铁路、民航、电信、军工七个领域将迈出实质性步伐，政策层面支持的逻辑再次强化，可以预计 2017 年将是“混改”显著突破的一年。

参考文献

[1] 民生银行宏观研究团队：《全面深化改革开放，创新引领稳重求进——2016 年宏观经济形势回顾与 2017 年展望》，《民银智库研究》第 47 期。

［2］魏伟、陈骁、张晓威、周君芝:《2017 年宏观十大猜想》，平安证券公司，Wind 资讯，2016 年 12 月 23 日。
［3］诸建芳：《经济之底，一步之遥——2017 年中国宏观经济展望》，中信证券研究部，Wind 资讯，2016 年 11 月 22 日。
［4］姜超、顾潇啸、于博：《失望之冬，希望之春——17 年经济和资本市场展望》，海通证券，Wind 资讯，2016 年 11 月 29 日。
［5］王永锋：《L 型经济仍在寻底——产业视角下的我国经济》，新湖期货研究所，Wind 资讯，2016 年 11 月 28 日。

大类资产：货币超发背景下的资产配置

高彦如

高彦如，金融硕士，中国建投投资研究院研究员

投资提示

- 金融危机后，全球同步开启扩张性货币政策，但随着美国经济呈现复苏态势，2015 年进入缓慢加息周期，而世界其他国家多数仍停留在宽松方向。美元资产开始回流美国，对新兴市场国家形成压力。而中国在货币超发情况下于 2016 年底开始收紧货币，结合美联储加息，预计 2017 年将采取中性偏紧的货币政策，大类资产难有趋势性机会。

- 2017 年，在流动性偏紧的情况下，债券市场利率中枢上行，预期价格振荡下行。股票市场趋势性机会难现，结构性机会成为主导因素。商品市场分化明显。外汇市场美元继续走强，其他主要货币贬值概率大。房地产市场在调控政策下降温，房价高位趋稳，成交量与投资减少。

- 2017 年，建议增加美元、有色金属商品期货配置，降低债券配置。上半年关注原油机会，下半年关注黄金机会。同时，关注股票市场结构性行情。

一　货币超发背景与趋势

从全球角度来看，自 20 世纪 80 年代起，全球经济进入储蓄过剩、储蓄大于投资的长周期，整体利率水平呈现长达 30 多年的下行趋势。尤其是在 2008 年金融危机之后，各国为了应对危机纷纷采取扩张性货币政策，从传统的降息降准、量化宽松到负利率，直到把名义利率推到接近零，局部地区甚至突破零下线，尝试负利率。一直到 2014 年，全球经济政策基本上是协调同步的。不论是美国、欧洲、日本，还是中国以及其他新兴经济体，整体的经济政策都是货币宽松导向。而从 2014 年开始，全球货币政策开始发生分化。美国展现出复苏趋稳的态势，市场开始形成对美国收紧货币政策的一致性预期，而其他国家绝大多数仍维持宽松方向。

正是受这一分化的影响，金融市场发生了剧烈的震荡。以石油为代表的大宗商品市场在 2014 年下半年出现了一轮暴跌，石油价格由 100 美元/桶以上跌到 30 美元/桶以下。很多新兴市场国家都或多或少地受到了负面冲击，如巴西、俄罗斯、沙特阿拉伯等，也包括中国。这次震荡可以说是美元流动性收紧的预演。紧接着，2015 ~ 2016 年，全球经济始终在美联储加息预期的阴霾笼罩下和流动性收紧预期中前行。

一直到 2016 年末，美联储第二轮加息落地，世界各国不得不被动地随美国的货币政策调整本国的货币政策，以应对汇率贬值、资本外逃和确保整个宏观经济环境的稳定。而且，特朗普在美国总统大选中意外胜出，而他宣称的注重财政政策、加强基础设施建设、大规模减税、促进制造业回流美国和实施贸易保护主义等政策，如果未来真的落实，将导致美元资本回流美国，有可能导致美国的通胀短期内快速上调，加快美联储加息的步伐。因此，市场对流动性收紧的预期更加强烈。

在这样的背景下，我们分析中国的情况。中国从 2008 年金融危机以来就延续较为宽松的货币政策，M2 增速多数情况下大于 GDP 增速。自 2013 年起，应对金融危机采取的刺激政策开始显现负面效应，中国经济面临增长速度换挡期、结构调整阵痛期和前期刺激政策消化期“三期叠加”的环境，经济增速进入“L 型”下行同期。特别是 2014 年 11 月底央行重启降息操作，标志着货币政策进入全面宽松周期。经济周期下行，实体经济不振，经济结构性扭曲造成实体投资的预期收益率下滑，央行释放的宽松流动性难以进入实体经济，转而涌入资本市场寻求足够的回报率，带来金融市场的繁荣。债券、股票、房地产和大宗商品相继有所表现，资产轮动迹象明显，而且频率加快。各类资产经常出现脱离其基本面暴涨的短期投机性炒作，高杠杆、高换手的交易特征更加速了泡沫的形成和破裂。

广义流动性可以体现在降准降息、增加信贷、放松资本管制等多个层面。资产价格轮动的最重要推动因素就是流动性，各类资产市场一旦进入牛市，对应的一定是流动性充裕的阶段。

2016 年，在低利率和贷款政策放松的环境下，出现新一轮房地产暴涨，以及新增人民币贷款的井喷。2016 年，新增人民币贷款达 12.65 万亿元，同比多增 9257 亿元，再度刷新历史纪录。全年企业的新增贷款规模则同比减少 1.28 万亿元，而多为个人住房按揭贷款的“住户部门中长期贷款”项目增加 5.68 万亿元，占全部新增贷款额的比重接近 45%。另外，对于中国货币投放而言，外汇占款的变化一直是重要的“砝码”。自 2015 年起，中国外汇占款持续减少，央行采取投放流动性的方式来对冲。2015 年，央行主要采取降准的方式来对冲外汇占款的下降，4 次降准相当于释放了 3.2 万亿元的基础货币。而 2016 年央行主要采用公开市场逆回购和中期借贷便利（MLF）的方式来投放流动性，净投放量达 4.45 万亿元。

因此，在货币超发的背景下，2016 年前 10 个月，债券走牛、房地产暴涨，而 4 季度以来，央行开始收紧货币，房地产开启新一轮调控，债券市场迅速转熊，房地产市场涨幅大幅回落。权威人士于 2016 年 2 季度在

《人民日报》上定调“彻底抛弃试图通过货币宽松促增长幻想”，7月和10月的中央政治局会议都明确提出“抑制资产泡沫”，12月中央经济工作会议首次将抑制泡沫和防范金融风险放在“稳增长”之前，指出货币政策要保持稳健中性，调节好货币闸门。这些都意味着国内抑制资产泡沫的政策仍将延续，货币宽松很难发生，即便2017年降准也是在外汇占款明显回落的情况下不得已而为之，基础货币投放总量仍相对偏紧。央行锁短放长的做法也体现出流动性紧平衡的思路，规避金融机构的政策套利。

另外，随着2017年经济企稳，物价通缩转为通胀，增加了货币调控的压力。从全球视角来看，强势美元下人民币贬值将制约国内货币宽松空间。而且，2016年底的中央经济工作会议为2017年经济工作定下稳中求进的总基调：要把防控金融风险放到更加重要的位置，着力防控资产泡沫，提高和改进监管能力，确保不发生系统性金融风险；深入推进“三去一降一补”，根据新情况新问题完善政策措施，推动五大任务有实质性进展。这几点都指向2017年中国流动性收紧的方向。

2017年，在美元仍将维持强势的背景下，人民币持续贬值带来的输入型物价上涨压力将会显现，与此同时，在“去产能”的作用下，国内期货市场大宗商品的火爆，会对物价产生传导压力。因此，为了避免未来出现“滞胀”，预计货币政策将回归中性，而内外因素叠加导致流动性偏紧。目前外汇储备临近3万亿元关口，汇率压力有增无减，迫使央行防止中美利差快速缩小，我国的利率中枢将持续受制于美国的利率水平。另外，从中美央行资产负债表的变动可以看到，在2014年美国退出QE后，中国央行资产规模随后不久见顶，中美货币政策正趋于同步，汇率压力会增强两者的联动性，国内整体流动性边际收紧。

在流动性偏紧的条件下，各类资产很难形成趋势性机会。房地产新政将资金挤出楼市，2017年抑制地产泡沫主基调下的调控继续收紧，居民对房地产增量配置将明显减少，导致资金对包括A股在内的其他资产配置增加。而从股债配置价值比较来看，10年期国债收益率已形成“双底”的技术态势，意味着债市面临调整压力。随着股票相对价值的改善，资金有望从债券转向股票，但需要从基本面与赢利改善等方面挖掘价值机会。

二　2016 年大类资产表现

（一）债券市场价格振荡上行，年末转入熊市

1. 债券收益情况

2016 年债券市场经历了大幅动荡，同时结束了长达 2 年的牛市行情，进入熊市。2016 年 1～11 月，债券价格指数总体振荡上行。这波上行延续了 2014 年初以来的牛市行情，整体上是由对中国宏观经济的悲观预期驱动的。具体来看，还有两方面重要因素：一是资产端方面，在经济继续下行和货币政策宽松的预期下，银行委外和表外理财的增长加剧了“资产荒”，这些资金快速进入债市；二是负债端方面，2016 年央行以公开市场操作为新的基础货币投放渠道，让机构的负债端形成了稳定的预期，于是上演了市场集体加杠杆并期望央行持续逆回购的戏码。但自 8 月开始，央行开始缩短放长，还通过增加 MLF 操作，减少短期资金的融出规模，从而大幅提高货币市场利率中枢水平。10 月 24 日，中证全债指数达到年内高点 179.97 点，较年初上涨 4.59%，但在 10 月末开始猛烈下跌，12 月中旬的机构违约事件又导致市场在恐慌中断崖式下跌，直到年末才有小幅回升（见图 1）。全年中证全债指数上涨 2.05%。

具体来看，2016 年有几个关键时点。2016 年 4 月，在高层对“打破刚兑”容忍度提高之际，信用债开始集中出现违约，央企、地方国企的投资信用受到打击，叠加营改增等利空因素，带动利率债市场到期收益率上升。不仅二级市场受到冲击，还传导至一级市场，信用风险蔓延形成流动性风险。4 月，118 家发行人取消了债券发行，总规模达 1144 亿元，创历年同期最高纪录。

图1 2016年中证全债指数

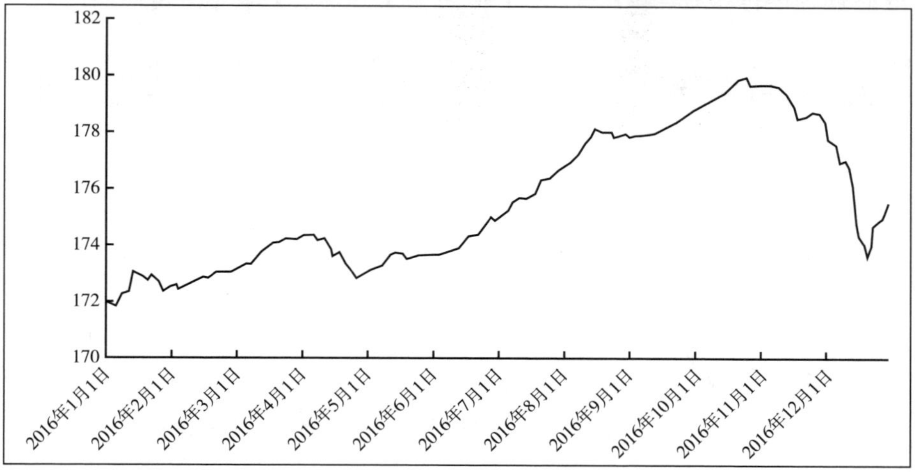

资料来源：Wind资讯，建投研究院。

信用违约冲击在政府介入后很快减弱，市场进入新一轮看多，10年期国债收益率一路下行。2016年10月24日，10年期国债收益率降至2.64%的年度低点（见图2）。10月25日，央行将银行理财纳入宏观审慎评估体系（MPA）考核的消息传出。从此10年期国债收益率进入上升通道，在基本面回稳、债市降杠杆、美债利率走高等多重利空因素影响下，叠加市场恐慌，国债收益率急速上行。11月9日，特朗普当选美国第45任总统，其宽松财政政策的预期引发美债收益率和美元指数快速上行，带动中国国债利率上行。12月14日，国海证券代持协议“萝卜章”事件在市场上发酵，牵涉机构多达数十家。12月15日，美联储宣布加息0.25个百分点，并加快未来加息进度，同步引发国内债券市场大幅调整。在多重刺激下，12月15日开始债市恐慌式下跌。5年期和10年期国债期货首次出现开盘即跌停的情况；债券市场利率大幅上行，10年期国债、10年期国开债当日飙升19bp、29bp；银行收紧给非银机构拆出资金；银行间市场、交易所市场质押回购利率飙升；货币基金连带遭遇巨量赎回……一时间，流动性风险集中爆发。最终，在证监会的介入下，国海证券表示愿意承担损失，风险暂除。但随后利率阶段性回稳后又在年末持续上行，并创 2016 年新高，10 年期国债收益率一路冲到 12 月 20 日的 3.37%，开启了熊市周期。

图 2　10 年期国债收益率

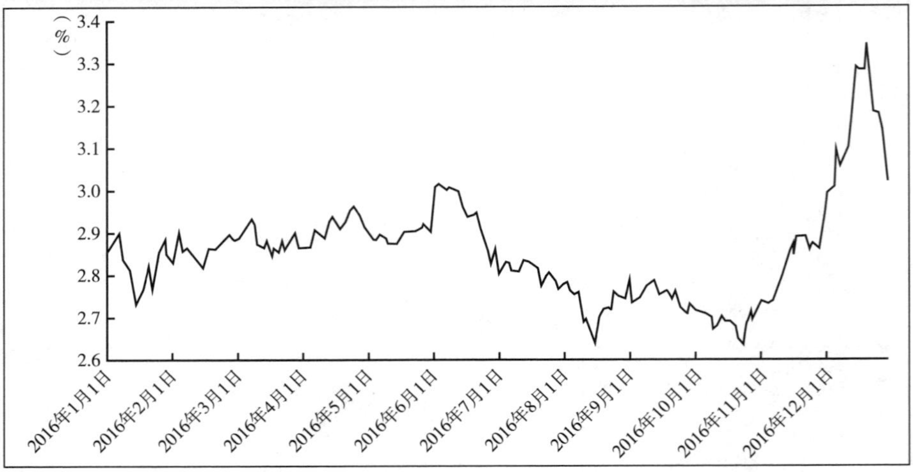

资料来源：Wind 资讯，建投研究院。

由于债市整体规模在 2014～2016 年急剧扩张（2013 年末中债登的债券托管规模为 25.9 万亿元，2016 年 11 月已经攀升至 43.4 万亿元），短期内收益率的大幅上行意味着债市资产的快速缩水，加上债券市场和基金市场杠杆水平升高、基金赎回压力增加等多重因素，潜在的市场风险极大。因此央行主动出手增加流动性投放以缓和债市波动，随后债市在年末迎来反弹，最终 10 年期国债收益率收于 3.025%，全年上涨 5.77 个百分点。

2016 年企业债平均发行利率为 4.5%，较 2015 年的 5.7% 下降 120bp。然而，4 季度以来，多种因素促使债市收益率不断上行，信用违约事件的增加使得信用利差上行，企业融资成本开始上升。

2. 一级市场发行情况

2016 年债券一级市场发行方面，发行规模显著扩张，市场结构日趋多元化。2016 年，全市场债券发行量 36.33 万亿元，较 2015 年多发 12 万亿元，同比增长 49.32%，符合央行年初预测发行总量大于 30 万亿元的判断；债市存量规模（余额）64.27万亿元，较2015年增加15.73万亿元，增幅达32.41%（见图3）。

图3 2016年与2015年债券发行量及余额对比

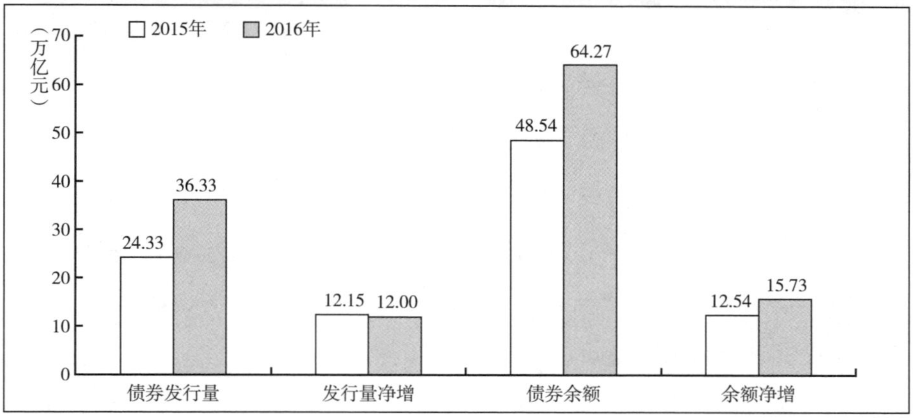

资料来源：Wind资讯，建投研究院。

从发行人角度看，不同类型债券有所分化。一是国债发行规模稳定增长。2016年一级市场共发行国债2.75万亿元，发行规模较2015年增加0.62亿元，同比增长29.1%，中标倍数基本在1.3～5.3；其中，发行国开债14806.4亿元，发行农发债和进出口债18720.4亿元，各期限收益率较2015年整体下行。二是地方政府债和同业存单继续快速增长，发行规模分别为6.05万亿元和13.02万亿元，同比增加2.21万亿元和7.71万亿元，同比增长57.6%和145.2%。三是公司债继2015年“井喷”后继续高速扩容，发行规模2.78万亿元，净增1.74万亿元，同比增长167.3%。四是受违约事件频发、投资者风险偏好下降、低评级信用债需求减少等因素影响，中期票据和短期融资券发行量未出现明显增长，发行规模分别为1.14万亿元和3.37万亿元，与2015年基本持平。

其中，2016年12月发行量显著减少，国开行两次取消发行金融债供给100亿元，而中国财政部也罕见地公布缩减240亿元国债发行规模。流动性趋紧，市场情绪低落，债市融资成本抬升，需求量明显下降，二级市场风险传导到一级市场。在违约概率增加的背景下，债券发行量减少，尤其是短端发行困难，难以接续，对企业现金流造成较大压力，进一步推升信用风险。

从投资者角度看，随着债市对外开放和产品丰富，投资人差异化趋势明显。一是因地方政府债券置换，传统国有银行减持政策性金融债及信用债。二是投资者风险偏好转变，中小机构投资交易需求提高，城商行、广义基金、资管机构的债券投资力度加大。三是受人民币加入 SDR 影响，国际投资者的影响力提高，境外三类机构、QFII、RQFII、对冲基金普遍增持境内人民币债券。2016 年，境外机构增持国债、国开债分别达 1752.03 亿元、548.03 亿元，债券持有量分别达 4236.51 亿元、1624.59 亿元，占境外机构投资者持有债券总量的比例均超 20%。

3. 二级市场情况

2016 年债券二级市场方面，总体而言交易活跃度升高、债券流动性提高。2016 年银行间市场债券交易总额达 819.23 万亿元，增幅 39.03%。其中，现券交易额首次突破 100 万亿元大关至 123.99 万亿元，比 2015 年同比增长 47.62%；回购交易额达 599.43 万亿元，同比增长 35.90%；同业拆借交易额达 95.81 万亿元，同比增长 49.35%。2016 年，债市平均换手率为 193%，比 2015 年高 34 个百分点。利率类债券中政策性金融债是最活跃的券种，其中，国开债和农发债换手率均超过 400%，明显高于市场平均水平。而最活跃的两只 10 年期国开债，单只债券成交额均超 3.5 万亿元，交易量均超 6 万笔，被市场机构誉为利率走势的“风向标”。

信用债方面，2016 年表现最好的是 AA-级企业债，各期限收益率整体回落。此外，10 年期的 AA 级企业债和 AA 级城投债、AA-级城投债收益率也有所回落。1 年期和 3 年期的 AA-级中短融收益率回落。整体而言，2016 年信用债呈现短端表现差于长端、高等级表现差于低等级的特点。但是，在 2016 年利差变动过程中，低等级、长久期信用债收益率变动幅度较大，相应风险也较大。

（二）股票市场低位振荡，在全球主要股市中表现垫底

2016 年，A 股市场跌宕起伏，整体呈现“U 型”走势，在全球主要股市中表现垫底，上证综指全年下跌 12. 3%，深证成指全年下跌 19. 6%，市值缩水超过 2 万亿元，A 股是 2016 年全球主要股市指数中唯一下跌的（见图 4、图 5）。2016 年，A 股成交金额仅 126. 51 万亿元，较 2015 年减少了 50%。2016 年全年换手率为 346. 24%，较 2015 年下降了 45 个百分点。

图4　2016 年上证综指与深证成指走势

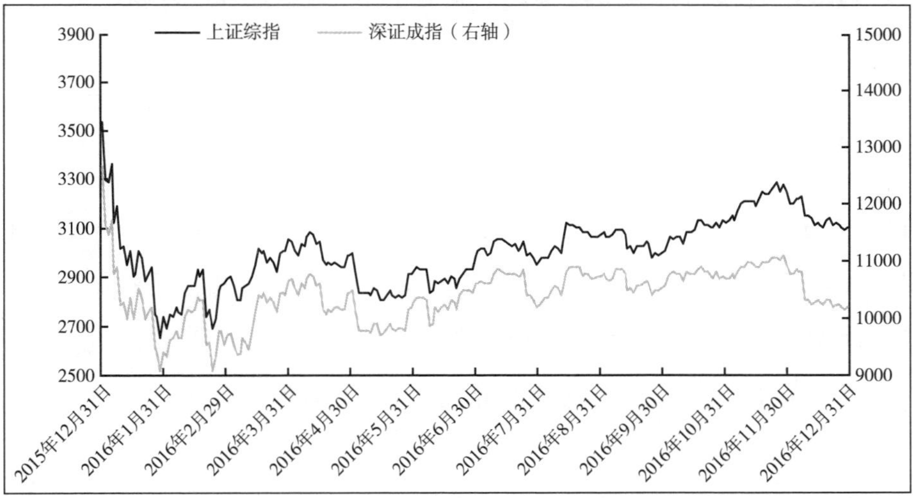

资料来源：Wind 资讯，建投研究院。

2016 年初，汇率大幅贬值、注册制传闻以及熔断机制等因素共振引发股灾，两天四度熔断，千股跌停。1 月股市出现断崖式下跌，上证综指一度下探至 2638 点，成为 2016 年市场最低点。之后市场步入长达 8 个月的横盘窄幅振荡，尽管其间出现几次超跌反弹，但高度有限，上证综指波动区间始终维持在 2800 ~ 3100 点。随着 7 月以来宏观经济持续回暖、险资举牌等积极因素的出现，9 月底 A 股终于迎来一波反弹，上证综指涨幅高达

图5　2016 年全球主要股市指数表现

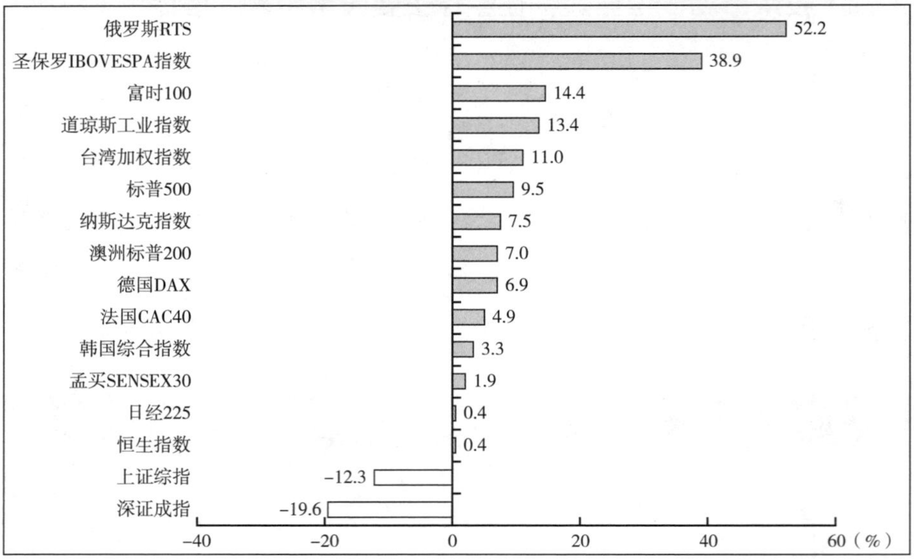

资料来源：Wind 资讯，建投研究院。

10%，市场创下股灾后新高 3301 点。但市场风格二八分化严重导致“赚指数难赚个股”。进入 12 月，受险资举牌监管从严以及央行锁短放长导致流动性紧张的影响，A 股市场再度大跌，回落至 3100 点附近振荡整理。总体来看，在波动加剧、行情反复的市场环境下，把握 2016 年全年交易机会的难度较大。

2016 年 A 股市场在熔断机制的实施与暂停中开局。在上半年的 6 个月内，经历了证监会换帅、权威人士定调经济发展模式、证监会收紧上市公司并购重组、闯关 MSCI 第三度失败和英国“脱欧”等事件。上证综指经历了熔断大幅下挫后，呈现在 2700～3100 点宽幅振荡的态势。在下半年的 6 个月中，7～8 月国内外市场相对平静，从而出现了一轮“吃饭”行情。10～11 月，虽然海外有特朗普当选、意大利修宪公投失败、美联储加息预期升温等风险性事件，但其对资本市场的影响并没有预想的剧烈与持久，国内市场在大盘蓝筹股的带动下，也出现了一轮小幅反弹的行情（见图 6）。

图 6　2016 年沪深 300 指数、中小板指数、创业板指数走势（以 2015 年 12 月 31 日为基准）

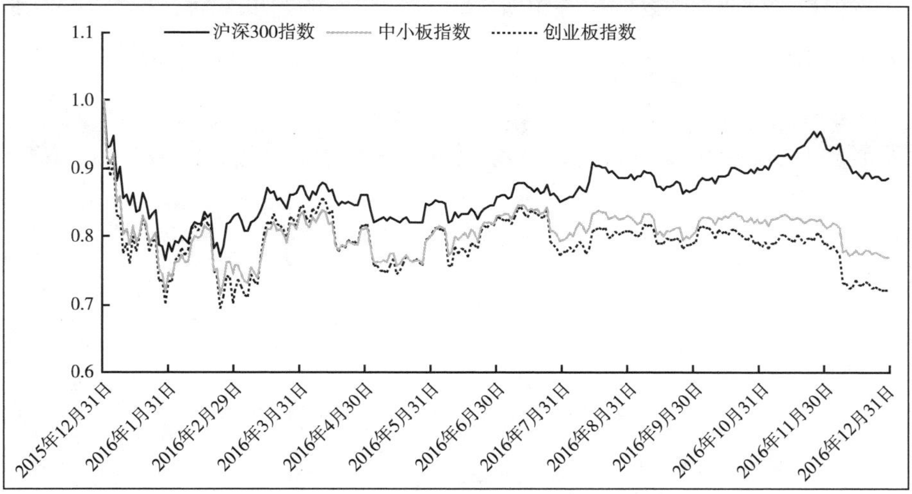

资料来源：Wind 资讯，建投研究院。

2016 年 A 股主要股指年度表现如图 7 所示。

图 7　2016 年 A 股主要股指年度表现

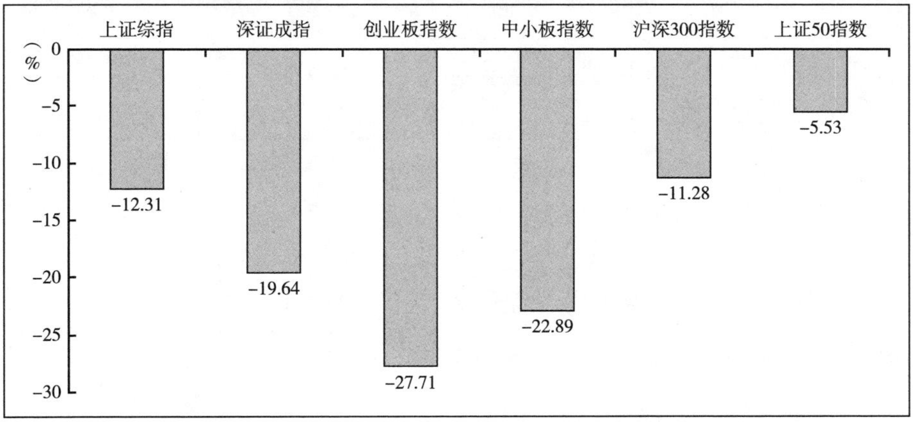

资料来源：Wind 资讯，建投研究院。

行业方面，29 个申万一级行业指数全年多数下跌（总市值加权平均），仅有 3 个行业出现逆势上涨，其中食品饮料行业全年上涨 7.3%，建筑材料和家用电器微弱上涨 0.3% 和 0.2%。在下跌行业中，传媒、计算机和休闲服务处于领跌位置（见图8）。从绝对收益的角度来看，4个行业指数跌幅超过20%，18个行业指数跌幅超过10%。从超额收益的角度来看，全年有11个行业指数跑赢沪深300指数，而有多达18个行业指数跑输且超额收益为负。

图8 2016年申万一级行业指数表现

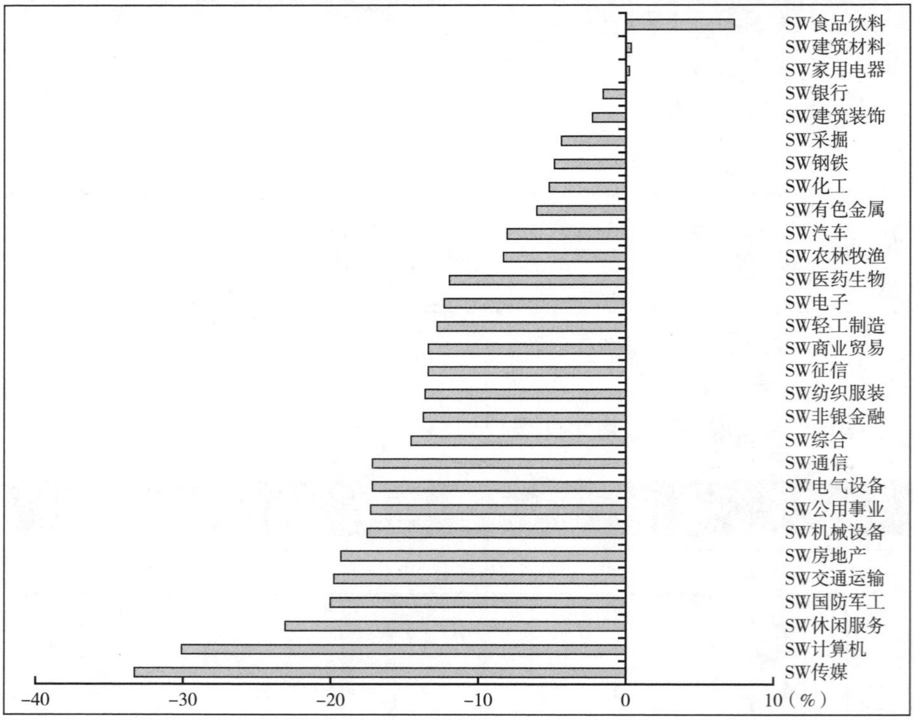

资料来源：Wind资讯，建投研究院。

概念板块方面，次新股板块全年累计涨幅（算术平均）达208.8%，位居所有概念板块首位，高送转、装饰园林、扶贫、股权转让等主题涨幅居前。下跌板块中，IP流量变现、网络安全、健康中国、PM2.5等前期热门概念回调明显（见图9）。

个股表现方面，次新股表现仍然抢眼。A股上市公司达3034家，其中年涨幅为正的有924个，占比为30.5%。海天精工、名家汇、上海亚虹位列涨幅前三甲。涨幅榜前20名中，有18名为2016年上市的次新股，涨幅均超过430%。

图9　2016 年部分概念板块表现

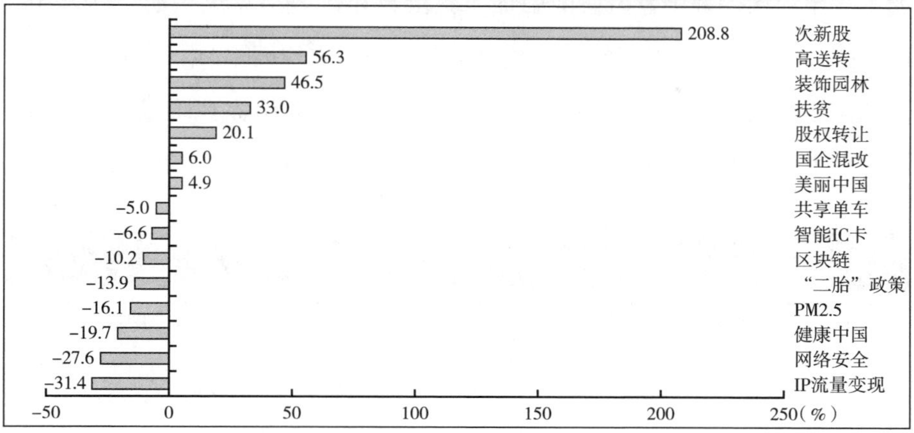

资料来源：Wind 资讯，建投研究院。

基于市盈率和市净率两个角度，综合考察当前 A 股市场整体估值情况。根据整体法（TTM）计算，截至 12 月 27 日，沪深两市整体市盈率为 18.61 倍，市盈率中值为 60.42 倍。按照 2015 年年报的财务数据匹配原则，截至 12 月 27 日，A 股整体市净率为 2.25 倍，市净率中值为 5.04 倍。综合历史数据纵向对比来看，无论是市盈率中值还是市净率中值，A 股整体估值水平都处于高位，明显高于历史平均水平。相比之下，整体法市盈率和市净率均略低于历史平均水平。我们认为造成整体法估值和估值中值两者纵向比较结果差异的因素是银行股的影响，剔除银行股来考察 A 股估值纵向比较相对合理。截至 12 月 27 日，剔除银行股的 A 股整体市盈率为 30.07 倍，市盈率中值为 61.16 倍；整体市净率为 2.65 倍；市净率中值为 4.22 倍。从历史数据纵向对比来看，除整体市净率以外，无论整体市盈率、市盈率中值还是市净率中值，剔除银行股的 A 股估值水平都高于历史平均水平（整体市盈率、市盈率中值和市净率中值的均值分别为 24.77 倍、44.92 倍和 3.39 倍）。

通过将 A 股不同风格的市场指数与其历史估值水平进行对比，可以看到代表大盘蓝筹风格的沪深 300 指数市盈率为 12.32 倍（截至 2016 年 12

月 27 日），明显低于历史平均水平（16.67 倍），仍高于历史最低 9 倍左右的市盈率；而代表中盘风格的中证 500 指数和代表小盘风格的“中小创”（中小板指数和创业板指数）市盈率依旧高于历史均值。“中小创”估值虽然相比年初已明显回落，但估值依然偏高，处在去伪存真阶段的中后期，靠讲故事、做 PPT 生存的公司的估值仍有一定的下行空间（见图 10）。

图 10 A 股主要风格指数市盈率历史对比

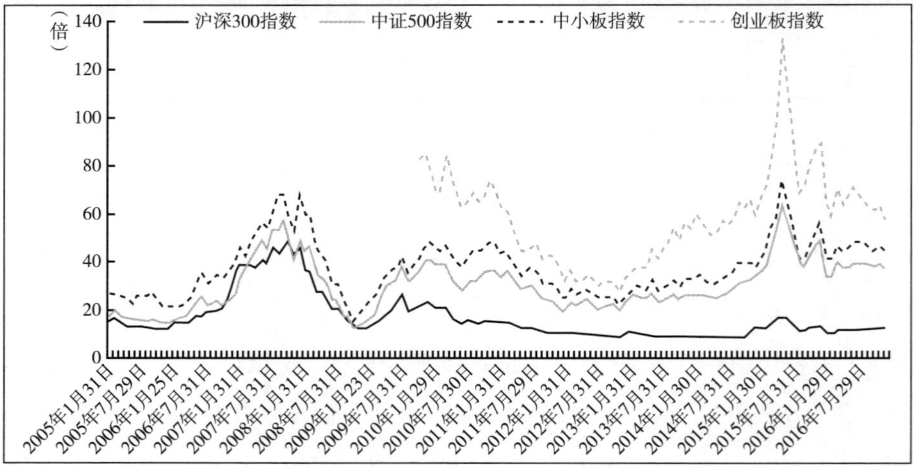

资料来源：Wind 资讯，建投研究院。

从市净率来看，其表现出与市盈率近似的结构性特征。沪深 300 指数的市净率只有 1.47 倍，接近历史底部水平（1.25 倍）。中证 500 指数、中小板指数市净率略低于历史均值，但创业板的市净率水平仍明显高于历史均值。

发行方面，IPO 融资同比减少的情况下，股票市场融资仍增长 9.4%。其中，IPO、增发和配股金额分别为 1496 亿元、15237 亿元、176 亿元，同比分别减少 5.1%、增长 11.0%、增长 11.6%。

2016 年末投资者数量为 1.18 亿名，较年初增长了 18.9%。2016 年全年日均新增投资者 7.84 万名，投资者参与热情企稳。

2016 年融资融券（两融）规模较年初有所下降。两融余额年末为 9474 亿元，较年初下降了 18%。融资买入额占成交额的比重在 9% 上下窄幅波动。

（三）商品市场价格大幅上涨

2016 年大宗商品价格大幅上涨。一是经济周期因素，全球经济整体温和复苏是大宗商品价格企稳并上涨的主要原因。二是产业供求关系直接决定大宗商品作为一类重要资产的内在价值。尽管需求增长较慢，但大部分商品均在进行“供给侧改革”，通过限产能、提效率的改革模式调整供求关系，再结合政府倡导的“一带一路”的推进进程，大宗商品呈现审慎乐观的格局。三是货币流动性的扩张与收缩决定大类资产的名义价格。大宗商品 2016 年价格暴涨与短期流动性大量释放有关，加上银行信贷的风险恐惧效应，很多信贷资金并未及时进入实体经济，更多资金流入房地产市场及大宗商品市场，从而导致反周期的“大宗商品流动性牛市”。

指数方面，南华商品指数全年上涨 53.13%，南华能化指数上涨最多达 74.75%，12 月中旬曾达到年内最高涨幅 90.11%。南华工业品指数和南华金属指数全年上涨约 60%，南华农产品指数相对上涨较少，全年上涨 21.97%（见图 11）。

图11　2016 年南华商品指数走势（以年初价格为基准）

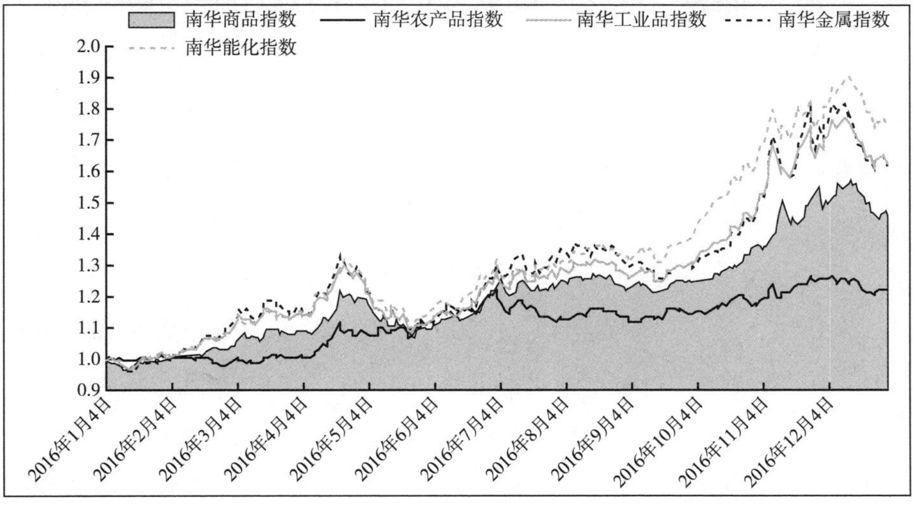

成交量方面，2016 年中国期货市场累计成交量为 41.38 亿手，累计成交额为 195.63 亿元，同比增长 15.65% 和下降 64.70%。

1. 金属

2016 年，有色金属总体以上行为主。而贵金属市场上、下半年冰火两重天。上半年，避险情绪推动 ETF 大举增持，投资需求主导行情走势，推动贵金属普遍上涨；英国“脱欧”兑现“黑天鹅”，刺激贵金属指数达年内高点，如 Wind 资讯贵金属指数达 1030.3 点。下半年，美国经济稳健向好，美联储加息、特朗普加码财政政策、经济加速增长预期逐波递进增强，直至美债长期收益率大幅升高，全球资金流向美元权益资产，贵金属价格大幅回落，年内涨幅回落大半。

（1）有色金属整体上行

2016 年，有色金属市场以上行为主，但品种强弱差异很大，具体走势因供应段的紧张程度不同而存在差异。从伦敦金属交易所（LME）有色金属价格来看，锌价上涨幅度最大，主要是因为两大矿山资源枯竭，而嘉能可集团减产 50 万吨更加大了锌矿的紧张程度。镍价涨幅居中，上涨原因主要是菲律宾矿山的整顿。铜价表现相对较弱，前 11 个月都在低位盘整，11 月后价格在市场对 2017 年铜矿产量不看好的情况下开始上升（见图 12）。国内有色金属品种的表现与国外基本相似，其中，由于国内铝生产商联合减产，铝价上升幅度更大。

另外，除供应端因素以外，中国有色金属需求好于预期也是有色金属价格上涨的重要因素。需求提升的原因在于中国房地产市场回暖，汽车销售量在减税政策下大幅上升，新汽运政策拉动卡车销售，白色家电年末销售回暖，以及国家电网投资集中释放等。

（2）黄金价格先扬后抑，境内外价差显著扩大

2016 年，伦敦现货黄金价格从 2015 年底的 1062.25 美元/盎司上涨到 2016 年底的 1159.10 美元/盎司，上涨 9.12%。国内与国际市场金价走势趋同，但国内涨幅高于国际，境内外价差显著扩大。上海黄金交易所 Au9999 现货收盘价从 2015 年底的 222.86 元/克上涨到 2016 年底的 263.90 元/克，

图12　2016 年 LME 有色金属价格走势（以年初价格为基准）

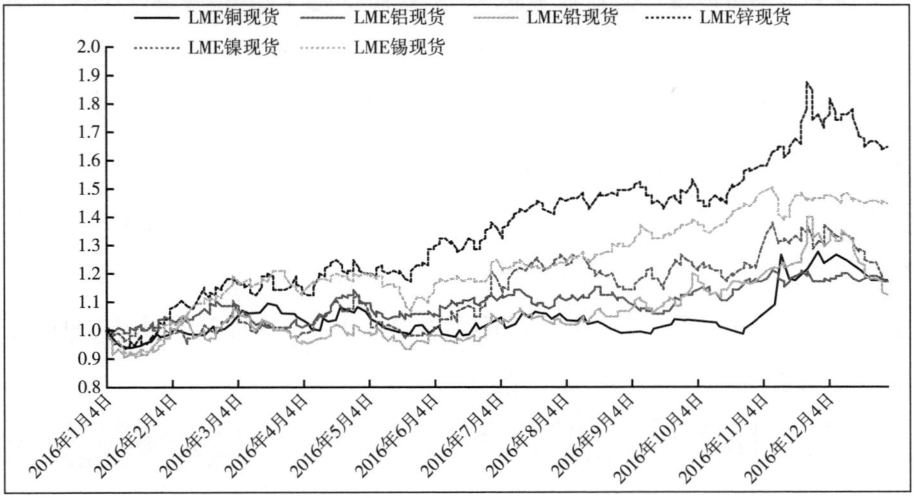

资料来源：Wind 资讯，建投研究院。

上涨 18.42%（见图 13）。境内外价差前 3 个季度均在 1 元/克以内波动，4 季度受美元强势、人民币贬值以及境内黄金市场供给因素影响，价差显著扩大，12 月一度接近 9 元/克，年末收于 5 元/克上方。

图13　2016 年现货黄金走势

资料来源：Wind 资讯，建投研究院。

2016 年，金价走势“先扬后抑”。上半年，受风险事件、10 年期美国国债实际利率持续回落、负利率政策及美联储放缓加息节奏的影响，持有黄金的机会成本显著下降，欧美市场“爆买”黄金 ETF 产品，金价快速上扬，创 2008 年以来最大半年度涨幅。下半年，在长期振荡调整、向上突破无力的情况下，受加息、美国大规模财政政策预期以及美元利率飙升等多重利空因素影响，持有黄金机会成本显著上升，同期，黄金 ETF 出现了大规模流出，金价连续破位下跌，上半年涨幅回落大半。COMEX 黄金期货价格（收盘价）全年上涨 8.63%，人民币兑美元 2015 年贬值 6.83%，这提升了国内金价的涨幅，上海期货交易所（上期所）黄金期货收盘价全年上涨 20.04%（见图 14）。

图 14　2016 年 COMEX 黄金期货价格与上期所黄金期货价格

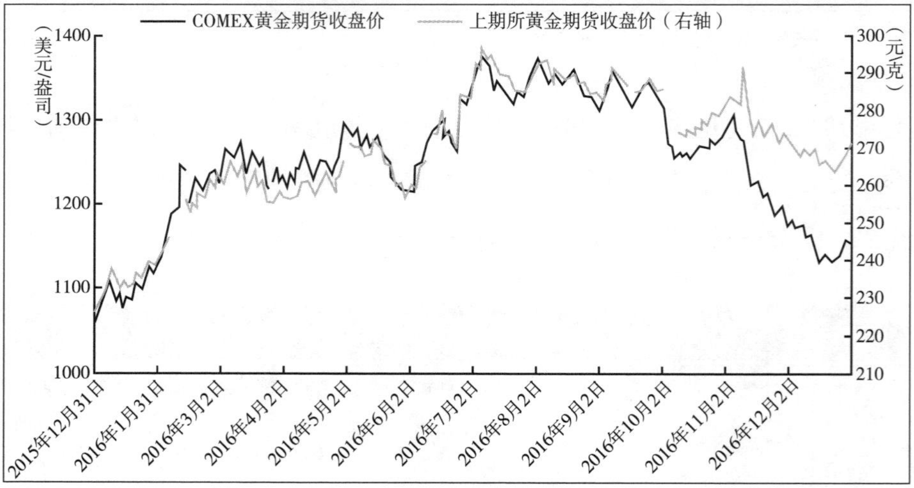

资料来源：Wind 资讯，建投研究院。

随着金价上涨，上期所黄金成交量和持仓量大涨。上期所黄金期货主力合约持仓量全年增长 51.58%，成交量增长 53.96%，显示国内市场对黄金交易的需求较大。SPDR 黄金 ETF 收盘价上涨 8.03%，增持 27.99%，说明机构投资者对黄金投资的兴趣增加（见图 15）。

（3）其他贵金属

2016 年，银价振幅较大，整体走势强于黄金。国际白银现货价格开于

13.87美元/盎司，收于15.90美元/盎司，上涨近15.00%（见图16）。国内方面，上海黄金交易所白银T+D开于3212元/千克，收于3988元/千克，上涨24.24%。受有色金属上涨带动及供需基本面强于黄金的影响，白银走势强于黄金，金银比价年内大幅下降，年末收于72.41，较年初下降6.5%。

图15　2016年SPDR黄金ETF成交量与价格走势

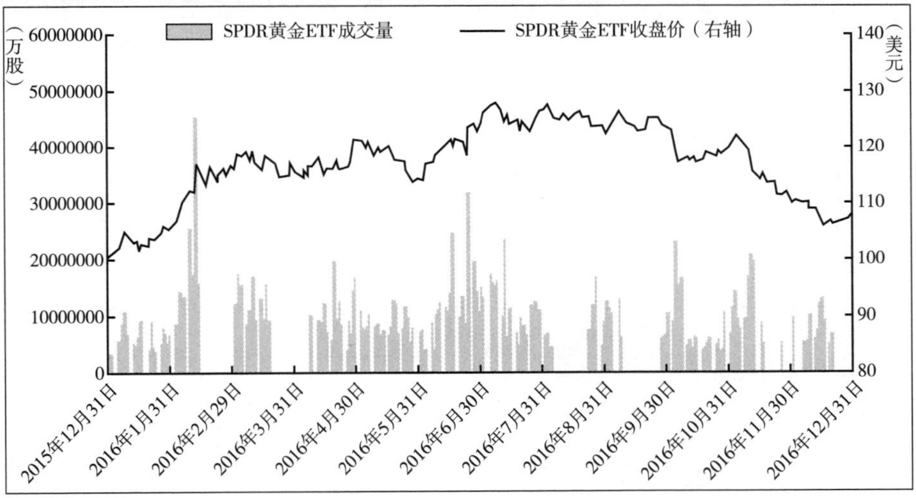

资料来源：Wind资讯，建投研究院。

图16　2016年国际白银现货走势

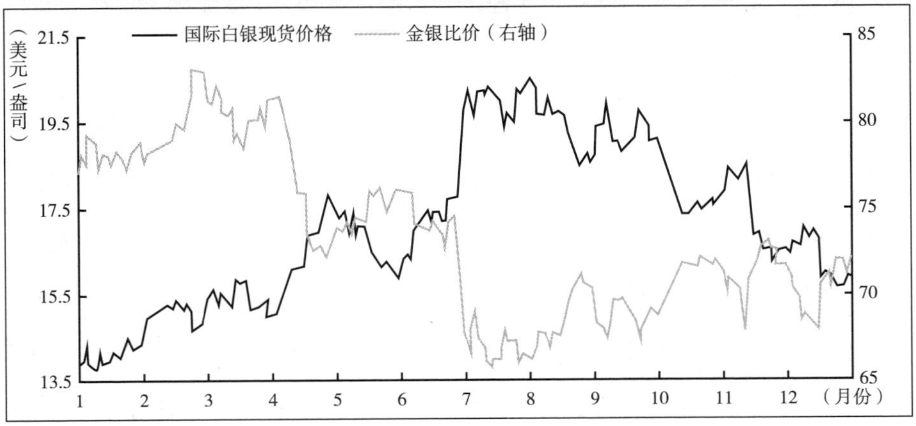

资料来源：Wind资讯，建投研究院。

2016 年，贵金属中铂金年内走势最弱，钯金最强。国际现货铂金价格开于 865.68 美元/盎司，收于 901.12 美元/盎司，上涨 4.09%。国际现货钯金价格开于 541.13 美元/盎司，收于 678.54 美元/盎司，上涨 25.39%（见图 17）。

图 17　2016 年国际现货铂金、钯金走势

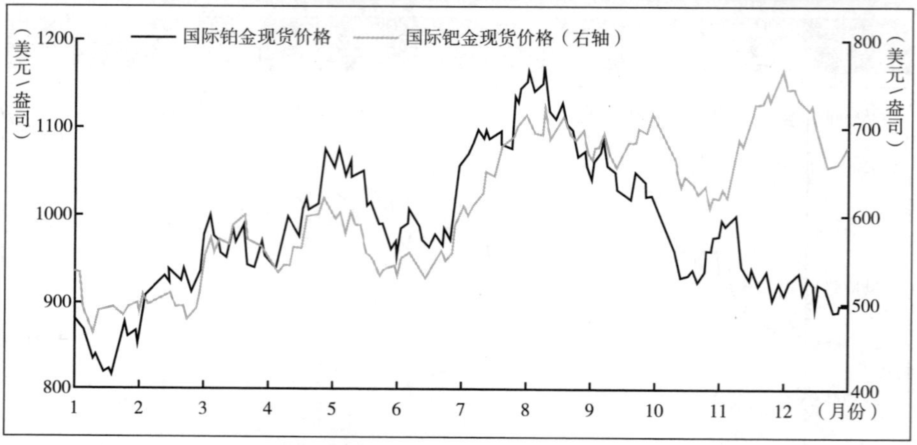

资料来源：Wind 资讯，建投研究院。

上半年，铂金、钯金走势基本相同，主要受供给恢复和投资需求下降影响，上涨行情走势滞后于金银，尤其是钯金。下半年，受投资需求明显下滑、“柴油车排放门”事件等影响，铂金走势疲弱，基本回撤年内涨幅；钯金价格受汽车行业需求增长利好影响，且过往几年行业库存持续下降，存在较大供给缺口，基本面支撑强劲，走势与其他贵金属分化，基本在高位区间宽幅振荡。

2. 原油

从图 18 可以看出，2016 年国际原油价格受政治等方面一系列事件及供需平衡影响整体呈上涨趋势，呈宽幅振荡。其中 OPEC 冻产或减产协议事件贯穿全年。自 2015 年 11 月沙特阿拉伯宣布不减产后，原油期货价格开启了新一轮暴跌模式，在 2016 年 2 月 11 日创下历史低位。随后，市场中 OPEC 多哈会议可能达成冻产协议的声音增强，原油价格重新打开上涨空间。之后，OPEC 虽屡次召开会议，但均未达成协议，原油价格宽幅振荡上涨。最终，

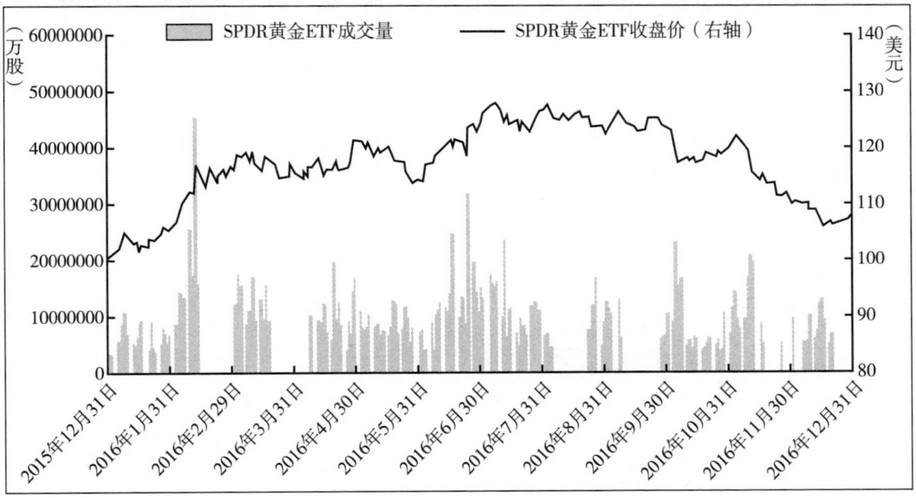

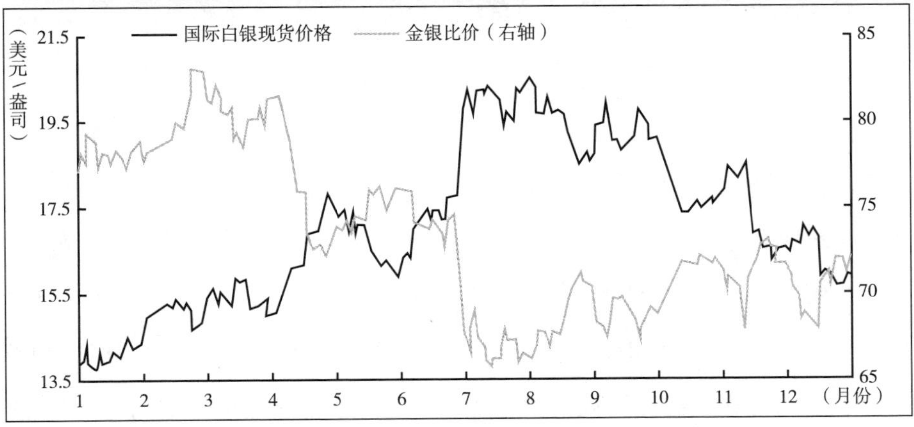

图18　2016年布伦特原油价格与WTI原油价格走势

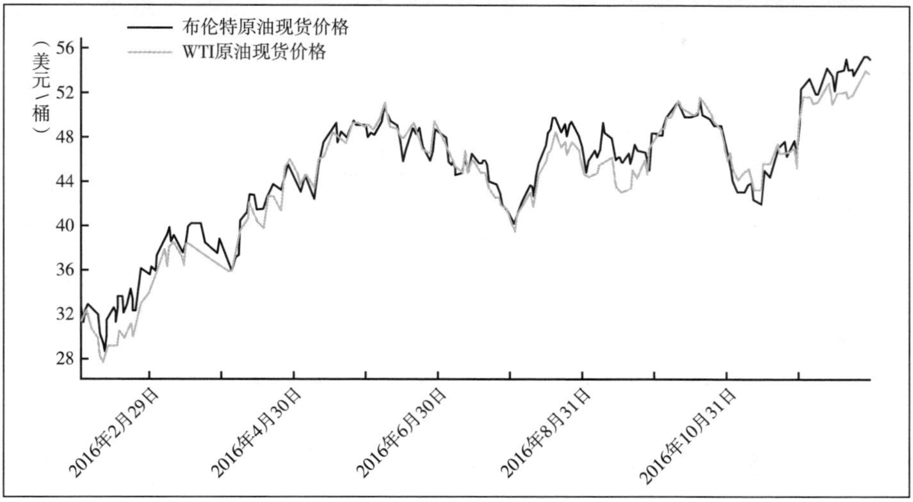

资料来源：Wind资讯，建投研究院。

2016年11月30日OPEC达成8年来首个减产协议，削减幅度也超出市场预期，约定从2017年1月起减产120万桶/日至3250万桶/日。12月10日，OPEC产油国和非OPEC产油国达成2001年以来的首个协议，非OPEC产油国同意减产55.8万桶/日，此为非OPEC产油国有史以来的最大减产幅度。减产协议达成的利好消息在市场中持续发酵，国际原油期货价格跳涨突破50美元/桶关口。全年布伦特原油价格上涨67.81%，WTI原油价格上涨70.97%。

3. 黑色品种

（1）钢矿

2016年钢矿走出反弹行情，经历了三轮涨势。年初钢厂生产动力不足造成的供需错配启动了第一轮上涨；年中转为成本推动型上涨，铁矿涨幅明显强于螺纹钢，叠加炒作情绪，涨幅扩大；年末在环保压力下，供给侧限产力度增加，成材端再度走强。2016年，螺纹钢期货价格由年初的1777元/吨涨至年末的3445元/吨，累计涨幅达94%；年内铁矿石由321.5元/吨最高涨至636元/吨，涨幅达98%（见图19）。

图 19　螺纹钢和铁矿石期货收盘价

资料来源：Wind 资讯，建投研究院。

（2）煤炭

2016 年“双焦”（焦煤和焦炭）行情火爆，引领整个黑色品种板块行情的反弹，在煤炭行业供给侧改革推动下，煤炭生产企业严格执行 276 个工作日的计划，产能实现有效“去化”，在钢铁需求端启动后，煤炭需求透支，焦化利润快速上升，现货市场与期货市场联动上涨。至 2016 年末，在国家部分放开煤炭先进产能、全力保障冬季煤炭供应和运输、打击期货市场过分投机等多项举措的影响下，“双焦”价格涨势急转，12 月大幅回落。全年焦煤由 555 元/吨涨至 1177 元/吨，累计涨幅达 112%，焦炭由 636 元/吨涨至 1518 元/吨，累计涨幅达 139%（见图 20）。

（四）外汇市场美元先弱后强，人民币贬值进一步扩大

2016 年，外汇市场主要由美元走强主导，人民币汇率渐进贬值，市场化波动进一步加剧，与全球流动性趋势相同。2016 年，我国外汇市场交易

量增长较快，全年外汇市场累计交易额达 135.20 万亿元，比 2015 年增长 21.86%，2016 年每月外汇市场交易额如图 21 所示。

图20　2016 年“双焦”期货行情

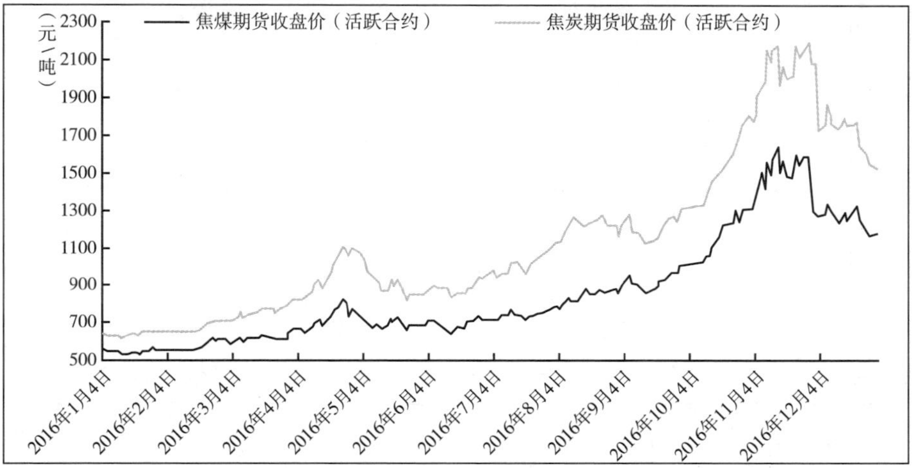

资料来源：Wind 资讯，建投研究院。

图21　2016 年每月外汇市场交易额

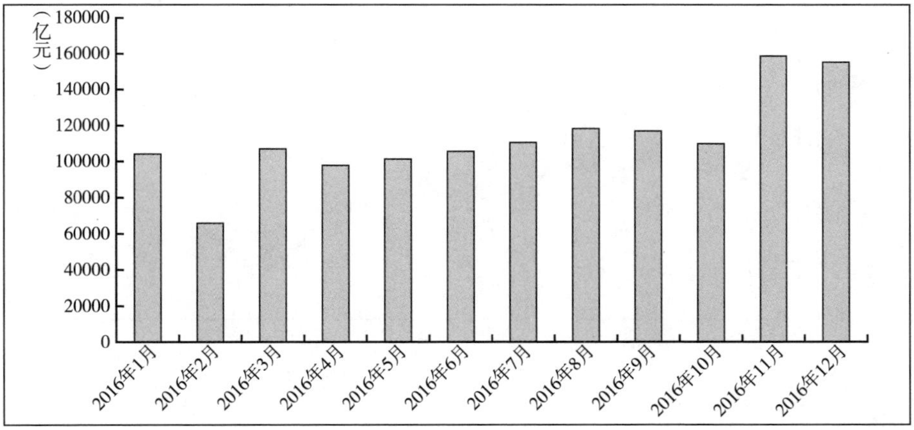

资料来源：Wind 资讯，建投研究院。

2016 年，从人民币兑外币中间价来看，人民币兑美元贬值 6.83%、兑欧元贬值 2.98%、兑日元贬值 10.61%、兑英镑升值 11.51%（见图 22）。

与此同时，三大人民币汇率指数持续修复高估，全年 CFETS、BIS、SDR 人民币汇率指数分别贬值 6.05%、5.38%、3.38%（见图 23）。

图22 2016 年人民币兑外币涨跌幅

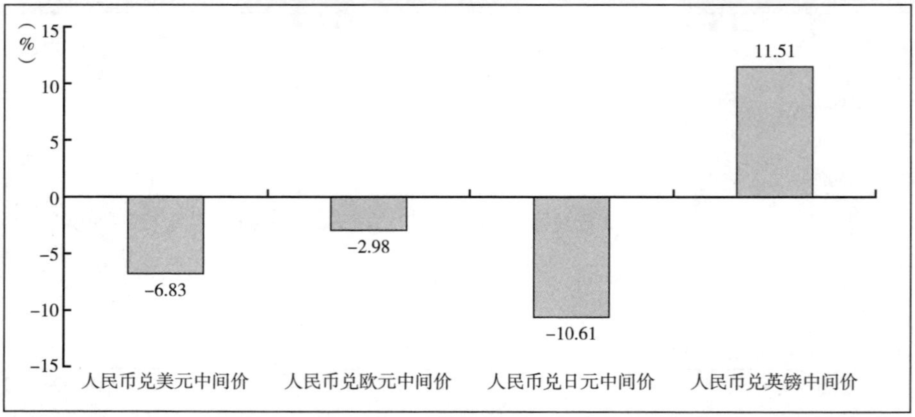

资料来源：Wind 资讯，建投研究院。

图23 2016 年人民币指数走势

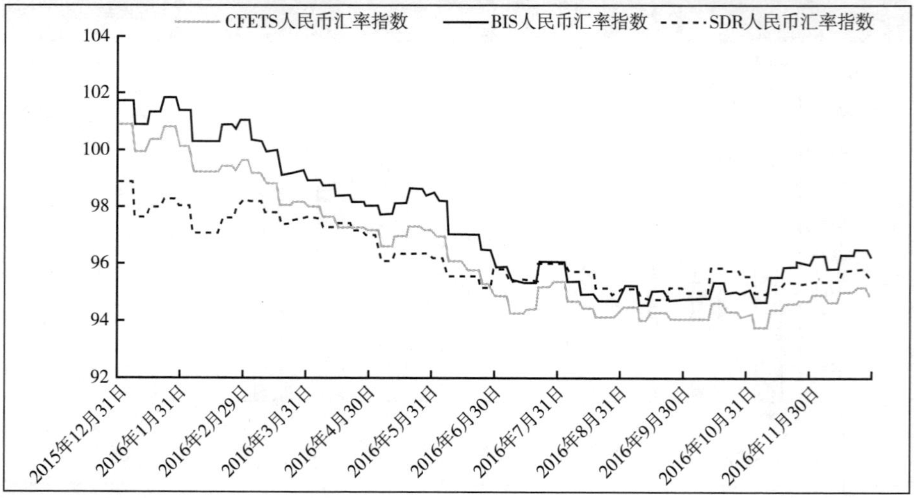

资料来源：Wind 资讯，建投研究院。

2016 年，人民币汇率市场化改革、资本市场开放、人民币国际化依旧三位一体共同推进。人民币汇率市场化改革方面，2 月中间价报价机制进一步明确，同时央行加强了沟通，使得市场预期总体平稳，汇率弹性加强但恐慌性情绪消退。资本市场开放方面，尽管 MSCI 冲关失败，但深港通的开启以及境内外汇、债券市场进一步向海外投资者开放，都标志着资本市场开放进程有序推进。人民币国际化方面，10 月 1 日人民币正式入篮 SDR，SDR 债的推出表明人民币的国际影响力进一步提升。此外，G20 会议顺利召开、IMF 份额与治理改革最终获批等事件都彰显我国话语权的提升，这将为人民币改革创造更为有利的国际环境。

2015 年人民币指数①下降 3.58%，人民币实际指数下降 2.62%（见图 24）。也就是说，人民币兑全球主要货币汇率有所下降，如果投资一篮子全球主要货币，则 2015 年外汇整体收益尚可。

图 24　2016 年人民币指数与人民币实际指数走势

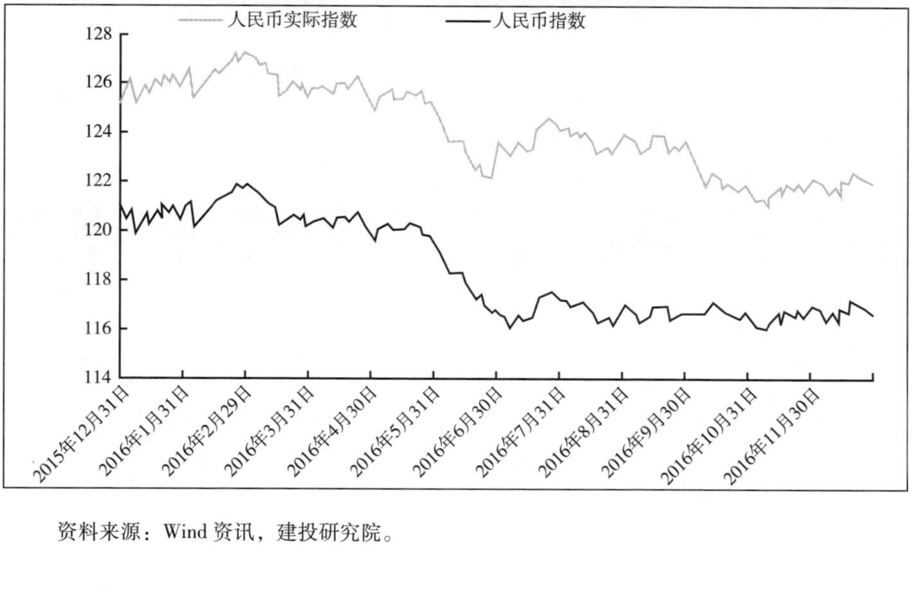

资料来源：Wind 资讯，建投研究院。

1. 美元

2016 年，美元兑人民币中间价由 2015 年底的 6.49 上涨为 2016 年底的

① 人民币指数选取美元、欧元、日元、港币、澳元、加元、英镑、卢布、林吉特、新加坡元 10 种货币作为样本，使用双边贸易额占比和 GDP 占比 1:1 加权计算。

6.93，上涨了0.44，涨幅为6.78%，即人民币兑美元贬值幅度达6.78%（见图25）。美元指数由2015年底的98.70上升到2016年底的102.38，全年上涨3.73%（见图26）。

图25　2016年美元兑人民币中间价

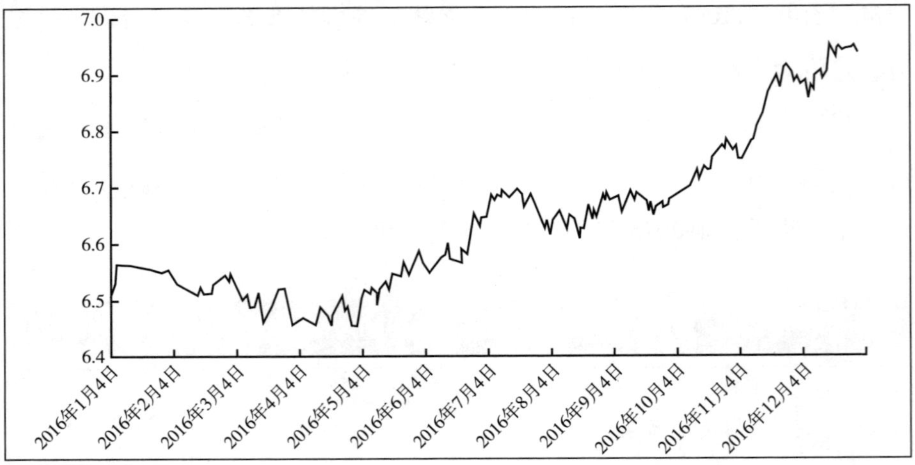

资料来源：Wind资讯，建投研究院。

图26　2016年美元指数

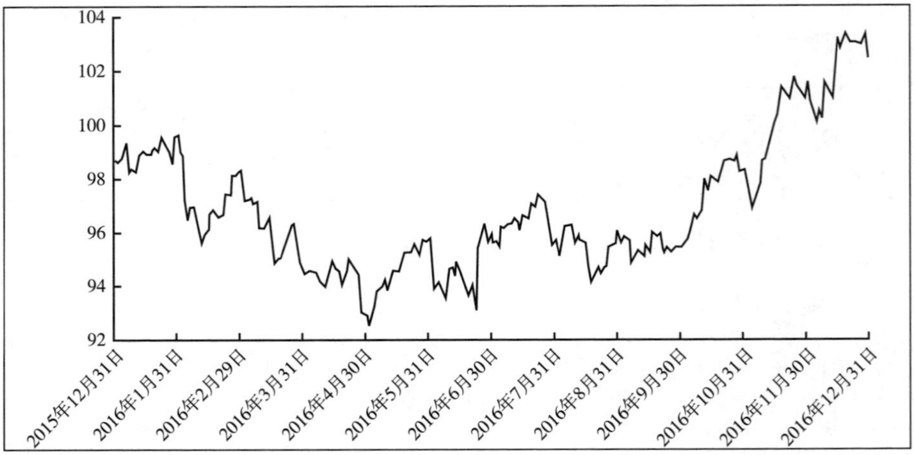

资料来源：Wind资讯，建投研究院。

2016年美元指数走势先降后反弹，10月开始向上加速突破100的平台。1～4月，在油价大幅下跌的影响下，油价、美股以及美元指数同向变动，油价超预期下跌导致全球经济进入通缩预期阶段。5月，美元指数大幅反弹。6～9月，美元指数在近两年的中枢96附近徘徊，其间经历了英国“脱欧”等事件，不过并未受到实质性影响。10～12月，美元指数加速上行至103附近，最高触及103.30，为14年来的最高位。

2016年，美国经济稳步缓慢复苏，表现优于多数发达国家。尤其在特朗普当选之后，美元指数大幅反弹。特朗普当选利好经济增长和通胀，其对内减少政府对企业的干预、大幅度减税和堵塞税收漏洞以及增加基础设施投资的政治举措，将刺激本国企业并吸引外国企业在美投资，而且其宣称对外将通过修改现有贸易协定或签署新协定甚至发动贸易战为美国企业在国际上营造更好的出口和经营环境。这些政策目标确实切中了美国经济的要害，若能有效实施，将为美国经济带来新的机遇。因此市场预期其经济政策将提振美国经济，美元指数上涨。

2. 欧元

2016年，欧元兑人民币中间价由2015年底的7.1065上涨为2016年底的7.3068，上涨幅度为2.82%，整体走出了先上涨后下跌的波动趋势（见图27）。欧元兑美元汇率由2015年底的1.0887下降为2016年底的1.0541，下跌幅度为3.18%（见图28）。

2016年初，全球经济开局不力，欧洲央行全面推行负利率；年中，英国通过公投退出欧盟；年末，美国总统大选以及意大利的修改宪法公投牵动着市场的神经；恐怖主义与区域性的军事冲突也贯穿全年。全年欧元压力较大，尤其是美元的走强对欧元兑美元汇率形成冲击。

3. 日元

2016年，100日元兑人民币中间价由2015年底的5.3875上涨为2016年底的5.9591，大幅上涨了10.61%，整体走出了先上涨后下跌的趋势（见图29）。

图 27　2016 年欧元兑人民币中间价走势

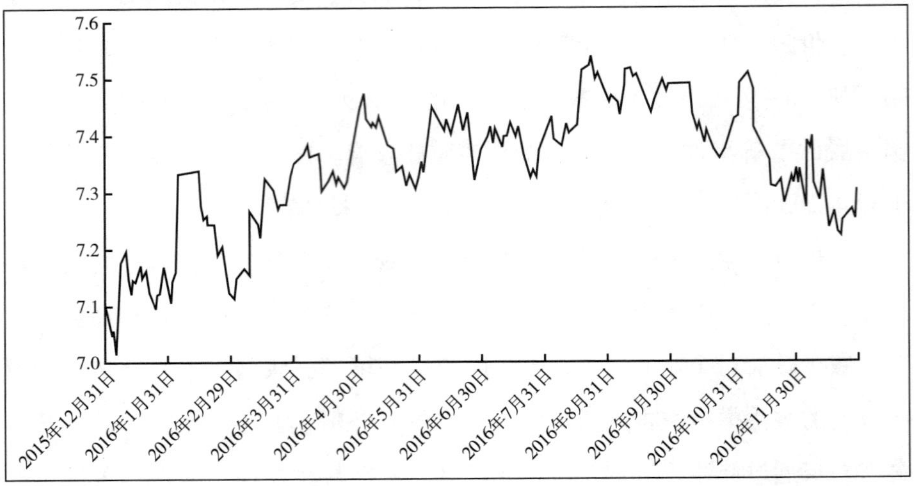

资料来源：Wind 资讯，建投研究院。

图 28　欧元兑美元汇率

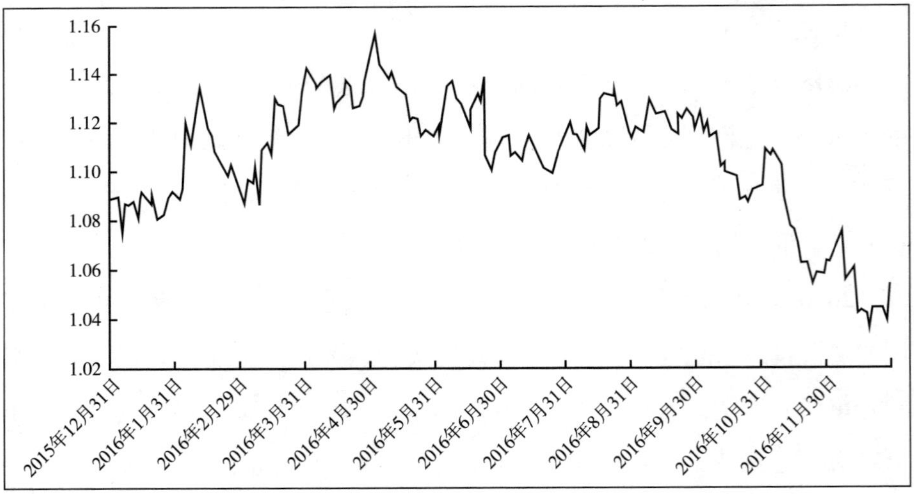

资料来源：Wind 资讯，建投研究院。

2016 年日元汇率经历了“过山车”走势，日元作为避险资产，在欧洲和新兴经济体国家金融不稳定的情况下汇率一路上涨，尤其年中受英国

“脱欧”公投影响，从年初低位一路飙升。年末受美国大选和美联储加息影响，日元汇率又一路走低，目前日元指数基本回到2016年初水平，不过相对于人民币而言，日元收益较高。

图29　2016年100日元兑人民币中间价走势

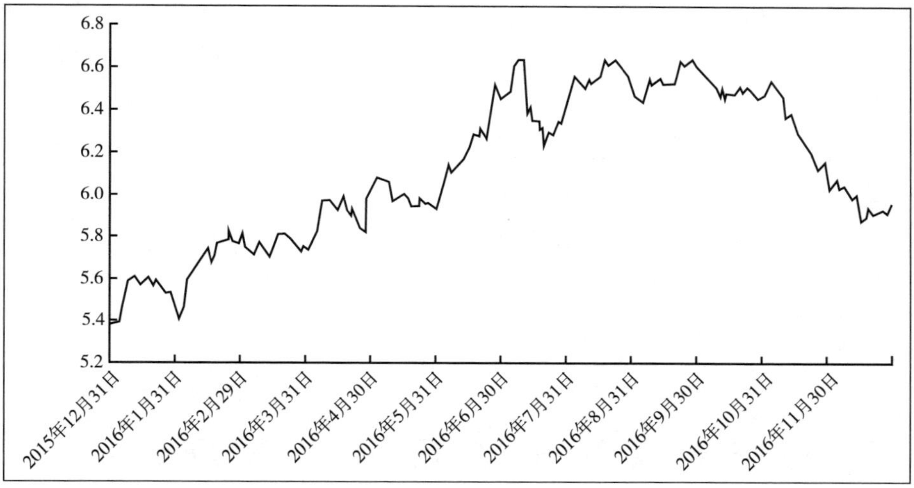

资料来源：Wind资讯，建投研究院。

4. 英镑

2016年，英镑兑人民币中间价由2015年底的9.6159下跌为2016年底的8.5094，下跌幅度为11.51%，整体走出了振荡下行的趋势（见图30）。

英镑此前是周期性货币，主要受英国赤字、就业数据、利差等常规因素影响。但年中英国“脱欧”的“黑天鹅”事件发生，英国“脱欧”因素开始主导英镑市场，英镑汇率大幅下挫。10月，在暗示政府可能会采取“硬脱欧”立场后，英镑汇率进一步大跌。11月初，英国高级法庭宣布英国政府“脱欧”必须得到议会的赞同，英镑汇率次日大涨超过1%。可以看出，英镑汇率走势与英国“脱欧”进程息息相关。

图 30　2016 年英镑兑人民币中间价走势

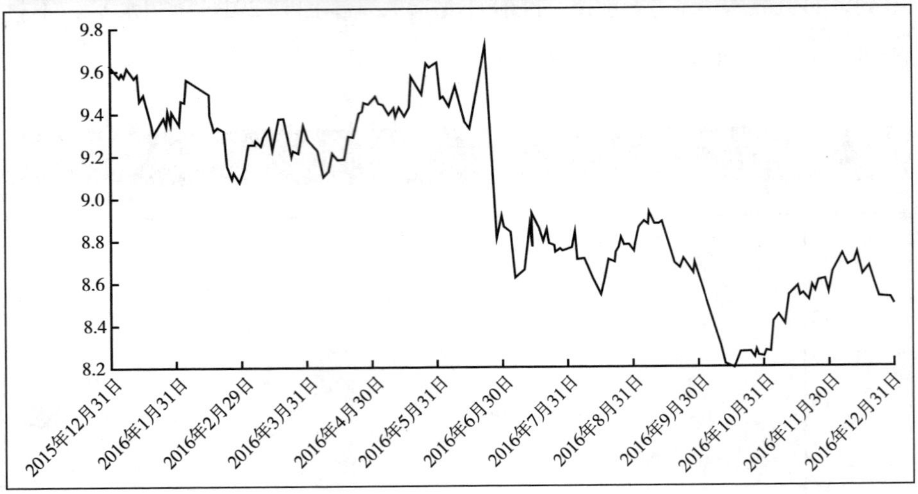

资料来源：Wind 资讯，建投研究院。

（五）房地产市场量价齐升，价格暴涨致年末限购重启

自 2013 年房地产业景气度不断下滑至 2015 年底，全国狭义库存已经高达 7.2 亿平方米，广义“去化”时间接近 7 年。在库存高压下，行业自 2014 年 9 月 30 日陆续迎来取消限购、降首付、降契税等全方位的宽松政策。受此影响，2016 年需求全面爆发，全国商品房销售面积高达 15.73 亿平方米，较上年增长 22.5%；销售额方面，2016 年商品房销售额达 11.76 万亿元，较上年增加 34.8%，双双刷新历史纪录。

“刚需”对于房价和首付比例较为敏感，此轮部分城市限购取消、首付比例下调以及房价前期的调整，使得购房门槛有所下降，直接助力“刚需”的释放。此轮政策无论是强度还是密度，宽松力度均属空前，限购的放开也使得购房者信心指数逐渐回升。2016 年 2 月，财政部调减房地产契税，不同面积的房屋契税降低幅度 1% ~2%，已有一套住房且贷款未结清的居民购买二套房的首付也降至 30%，对改善性需求形成良好的促进。

对于投资性需求而言，房价上涨的预期和资金充裕条件下的资产配置需求是主要推动力。自 2015 年 4 月市场回暖以来，房价已经走出连续 16 个月环比上涨的行情，同时理财产品预期年化收益率以及 10 年期国债到期收益率也在不断下降。房价继续上涨的预期宽裕的资金以及其他渠道投资逐渐走低的收益率，助力本轮投资性需求的不断增长。

房价结构性分化明显，一、二线城市房价大涨，三线城市也相应有所回升，库存压力全面下降。以百城住宅平均价格来看，2016 年 12 月，一线城市平均价格为 4.04 万元/平方米，全年上涨 22.95%；二线城市平均价格为 1.17 万元/平方米，上涨 17.15%；三线城市平均价格为 7359 元/平方米，上涨 9.19%。百城住宅价格指数同比上涨 18.71%，2016 年全年环比均为正值。截至 2016 年 11 月的价格和指数情况如图 31 所示。

图 31　百城住宅平均价格及百城住宅价格指数

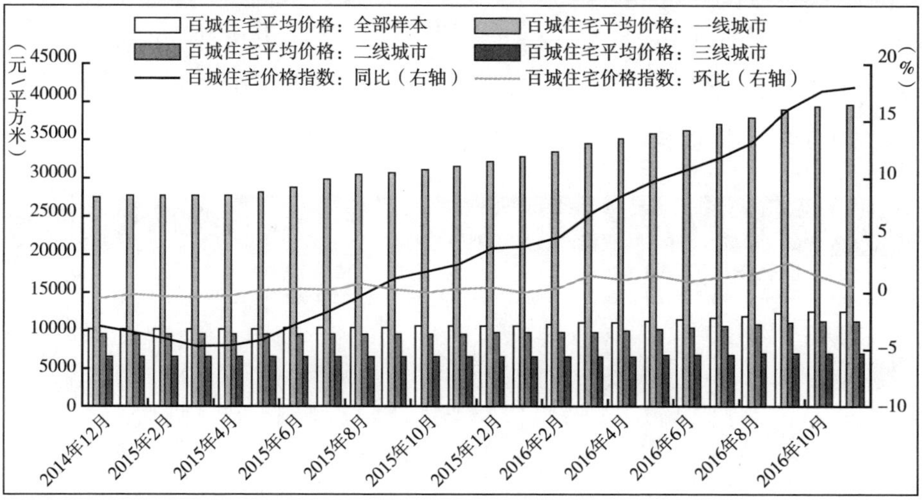

资料来源：Wind 资讯，建投研究院。

2016 年，全国房地产开发投资完成额 10.26 亿元，比上年名义增长 6.9%（扣除价格因素实际增长 7.5%），而 2015 年房地产开发投资完成额名义增长仅 1.0%，2016 年增幅明显加大（见图 32）。在价格带动下，市场投资意愿增强。

图 32　2013～2016 年房地产开发投资完成额与累计同比

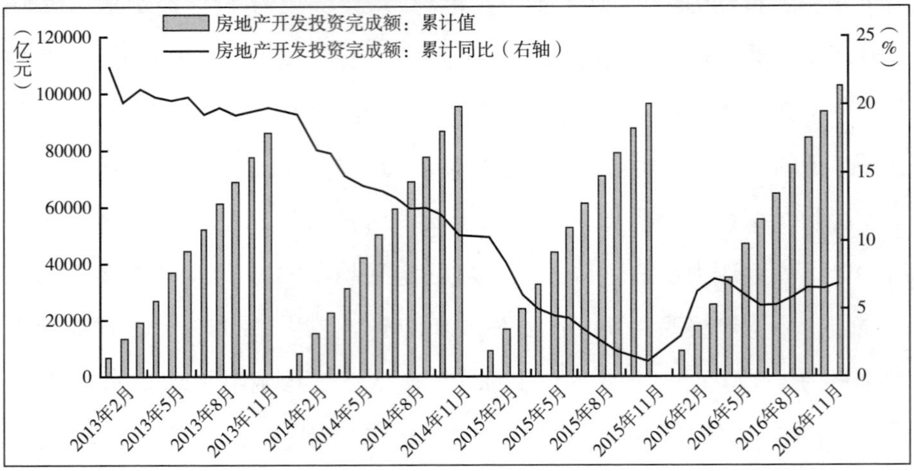

资料来源：Wind 资讯，建投研究院。

2016 年，购地面积和施工面积等投资先行指标也跟随销量回升开始好转。房地产施工面积累计同比较 2015 年有所好转，由 2015 年底的 1.3% 上涨至 2016 年底的 3.2%（见图 33）。房地产新开工面积累计同比 2014 年、2015 年连续两年为负值，始终在 -15% 上下浮动，开发商信心不足，

图 33　房地产施工面积与新开工面积及累计同比

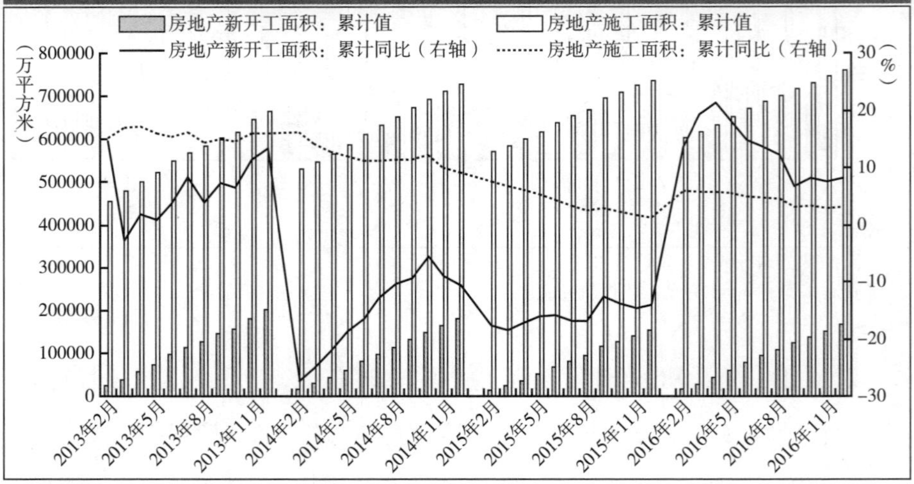

资料来源：Wind 资讯，建投研究院。

投资意愿较低。而2016年房地产新开工面积累计同比一跃而成正值，最高在4月达到同比上涨21.4%，2016年末同比上涨8.1%。2016年房地产竣工面积106128万平方米，增长6.1%（见图34）。

图34　2013～2016年商品房销售面积与房地产竣工面积及累计同比

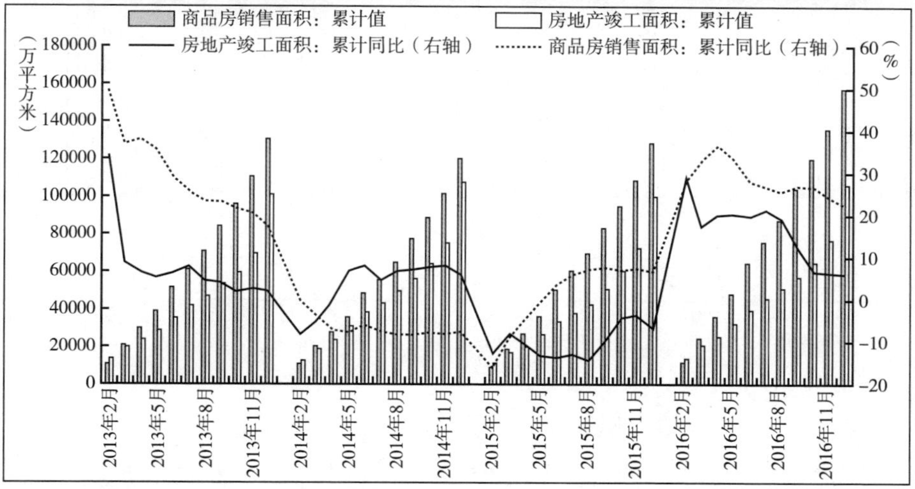

资料来源：Wind资讯，建投研究院。

2016年，房地产开发企业土地购置面积22025万平方米，比上年下降3.4%。而2015年该指标较上年下降31.7%，相对而言2016年已大幅好转。40城购地面积同比上升0.10%，大城市购地欲望略有回升，全国范围仍然低迷。土地成交价款9129亿元，同比增长19.8%。

房地产销售大幅回暖。2016年商品房销售面积累计为157384万平方米，同比上升22.46%；销售额为11.76万亿元，同比上升34.77%，销售数据同比全面大幅好转（见图35）。在货币和信贷政策多管齐下的情况下，叠加基数因素，全国商品房销售额在4月同比增速一度高达55.90%，8月后限购政策开启，增速回落，10月房地产新政已经取得明显的调控效果，11月全国住宅销售面积累计同比增速由10月的27%回落至24.5%，30个大中城市房地产成交面积下滑明显，11月同比增速由10月的12.39%大幅回落至-18.75%。不过全年销售回暖的幅度仍然很大。

图35 2013~2016年商品房销售额及累计同比

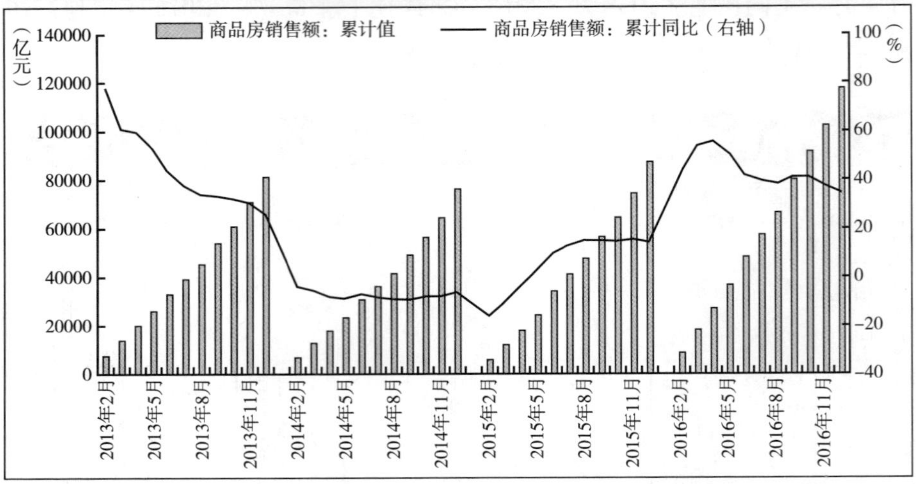

资料来源：Wind资讯，建投研究院。

2016年，在价格大幅上涨、销售面积大幅增长的情况下，“去库存”成果显著。2016年全年商品房待售面积环比稳定下降，而同比也在11月、12月成为负值，全年商品房待售面积同比下降3.22%（见图36）。不过，

图36 2013~2016年商品房待售面积及累计同比

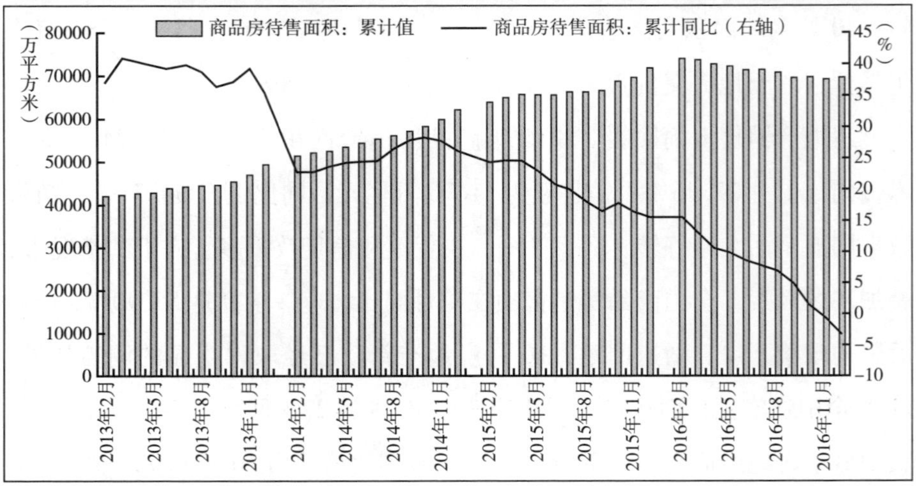

资料来源：Wind资讯，建投研究院。

房地产库存在连续9个月下降后再次提升。2016年末，商品房待售面积69539万平方米，比11月末增加444万平方米。2017年在房地产调控的影响下市场承压明显。

2016年，房地产开发企业到位资金14.42万亿元，比上年增长15.2%。其中，国内贷款2.15万亿元，增长6.4%；利用外资140亿元，下降52.6%；个人按揭贷款24403亿元，增长46.5%。可以看出，信贷政策的放开对房地产开发企业的资金来源起到了关键作用。

三　2017年大类资产配置策略

从宏观层面看，全球经济缓慢复苏，发达国家政策分化，全球经济不确定性增加。当前，全球经济仍处在深度调整期，经济增长总体缓慢、贸易保护主义抬头、地缘政治冲突风险因素积聚，西方主要发达国家货币政策分化。未来，国际形势更为复杂。特朗普当选总统后，美国经济金融政策不确定性增大。特朗普推行积极财政政策、主张贸易保护、提倡金融自由化等，预计将对全球经济再平衡产生深远影响。而欧洲或将成为2017年全球金融市场的最大风险来源。欧洲政治局势不稳、货币政策失效，并面临英国“硬脱欧”的潜在风险，可能将对国际金融市场造成持续冲击，资本价格的波动性也将随之增大。

国内经济下行压力较大，2017年将继续发挥积极财政政策和稳健货币政策的组合优势。一方面，减税降费，提高赤字率，促进投资，支持发展；另一方面，保持货币信贷合理投放，引导资金流向实体经济，注重抑制资产泡沫和防范金融风险。因此，2017年货币政策相对2016年将有所收紧，同时房地产调控政策将加强。汇率方面，长期看人民币汇率易贬难升的态势仍将持续。未来，即期汇率双向波动的幅度将增强，人民币贬值预期将导致资金持续外流，国内利率中枢恐承压上行。通胀方面，从国内经济基本面和货币政策基调看，2017 年通胀将较为平稳，但是要警惕原油价格上涨等带来的输入性通胀压力。特朗普上台以后明确表达了宽松财政的政策主张，而 OPEC 也达成了冻产协议，2016 年国际原油和金属价格都保持了快速上涨的态势，2017 年，特朗普的宽松财政政策如果落地，会给大宗商品带来进一步上涨的压力。

因此，2017 年大类资产方面，债券、房地产承压较大，股票、商品、外汇可能存在一定的机会。

（一）债券市场利率中枢上行，价格振荡下行

2017 年，受供需矛盾、杠杆波动、违约风险影响，债市利率中枢将上行，振荡幅度预计将加大。从供给端看，中央经济工作会议明确指出，2017 年财政政策将更加积极有效，财政赤字率的提高将进一步推高国债发行量；政策性金融债因到期还本压力也将适度扩大发行规模；同业存单作为商业银行筹资的重要手段，在 2016 年放量发行的基础上还将继续扩容。从需求端看，2017 年货币政策将保持稳健中性，债券市场发展重点是规范发展、防控风险，市场走势或将延续振荡行情，但机构投资需求将受到抑制，债券交易规模也将有所降低。

2016 年，央行主要通过增加公开市场操作（包括逆回购和 MLF）来投放基础货币，一方面对冲外汇占款下降的影响，另一方面向市场增加货币供给。这种操作有明确的回笼时间，体量的放大同时意味着未来到期回笼压力也加大，反过来倒逼未来增加更大规模的操作。因此，2017 年如果央行继续将 MLF 作为基础货币对冲和投放的渠道，MLF 余额也有可能继续保持快速攀升，带动央行资产负债表中的对其他存款性金融公司债权规模继续上升。目前，1 年期 MLF 的余额超过 1 万亿元，央行 1 年期 MLF 的操作利率 3.0% 具有很强的标杆意义，因为机构通过固定收益资产质押获得了成本为 3.0% 的资金，质押物的收益率如果低于 3.0%

就会形成倒挂，因此2017年10年期国债收益率的波动下限是3%。

总体来看，货币政策的总基调为稳健中性，在以往强调稳健的基础上增加了“中性”，更像是一种偏紧的信号，而当前货币政策的操作模式存在潜在的自我紧缩的可能性，所以2017年货币政策对债市的整体影响是偏负面的。

2017年，在2016年个别机构债券代持风险事件暴露后，主管部门将进一步从严监管。未来降杠杆成为大势所趋，机构交易情绪将明显下降。而降杠杆延续会继续让债券市场承压，预计10年期国债收益率将会在3%~3.5%波动。如果央行降准操作，则下修10年期国债收益率上下限各10bp，调整至2.9%~3.4%。

2017年1季度，表外理财将正式纳入MPA考核，对表外理财投资的非现金类资产也要计提风险资本，那么2017年表外理财增速放缓预计是大概率事件，当前表外理财对债券的配置比例已经超过非标资产，未来理财增速放缓、表外资金回表，可能会带动债市整体配置力量的风险偏好下降，所以信用利差或有放大的可能。

在信用风险方面，当前经济企稳的基础仍不牢固，个别行业、区域、类型的企业在特定时期可能因资金链断裂而违约。考虑到还有在2017年上半年到期的未发短期融资券，2017年上半年主要信用债到期量与2016年上半年基本持平。债券到期压力较高，若再融资环境收紧，企业偿债能力极有可能恶化。此外，债券市场仍一定程度存在泡沫，也可能导致债券期限利差被抹平、信用溢价被掏空，交易违约和道德风险事件也会时有发生。未来，在防控风险和加强监管的背景下，债券市场波动恐将更为剧烈。

而且，信用风险重新抬头，但信用利差仍处于历史低位。2016年，我国债券市场高低等级信用债之间利差单薄，占全市场90%以上的AAA级与AA级主体，在剔除税收因素影响后（即以国开债为基准），约有60bp的利差（见图37）。采用穆迪违约损失率进行简单测算，投资级及投机级债券之间有250bp的利差。这说明国内低等级信用债利差的风险保护水平不足，低等级信用债风险过大。

图37 2016年信用利差走势

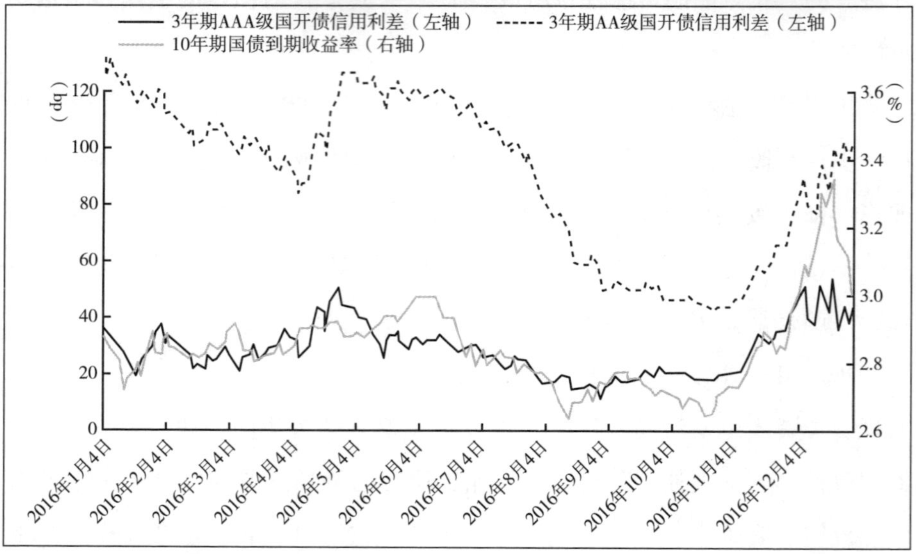

资料来源：Wind资讯，建投研究院。

不过，信用债利差行业分化明显，存在行业配置机会。尤其是2017年，信用债中占比较高的房地产业面临融资政策收缩的环境，供给不容乐观。2016年4季度，监管部门陆续对房地产企业再融资予以收紧。10月，交易所对房地产公司债券实行分类监管，并加强募集资金监管要求。11月，国家发改委也对房地产开发企业发行企业债融资进行严格限制。预计2017年行业利差分化可能更加明显。产能过剩行业、潜在推行“去产能”政策的行业、房地产业等可能存在配置机会。2016年重点行业信用债利差走势如图38所示。

因此，在2017年资金价格中枢抬升、信用风险增加以及下游需求疲弱的背景下，利率债和信用债的投资都需谨慎。建议减少整体债券配置份额，可结构性配置利差较大的信用债。而且，由于债券市场一致性预期较强，年初可能出现一波利率快速上升的行情，引发超调，可能存在一个中长期投资窗口期。

图 38　2016 年重点行业信用债利差走势

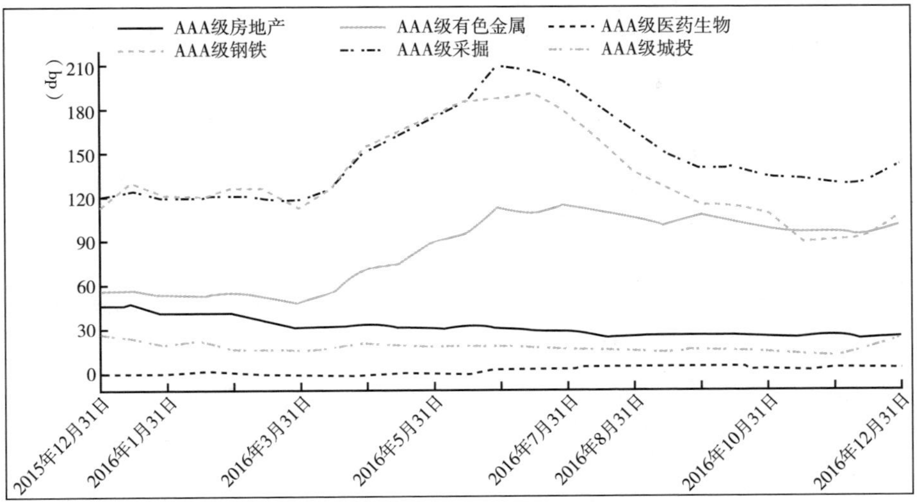

资料来源：Wind 资讯，建投研究院。

（二）股票市场趋势性机会难现，转为结构性机会

2017 年初，通胀预期会显著提升，“两会”前后将是关注焦点。2016 年末，人民币汇率大幅贬值，2017 年初将面临集中换汇压力，从而对货币政策形成制约。特朗普上任，推行财政刺激政策，美国利率可能将进一步上行，刺激资本回流美国，使得全球流动性呈现趋紧的态势，全球流动性拐点正逐渐靠近。金融“去杠杆”继续，资金价格将继续上行。因此，在流动性收紧和利率中枢上行（部分国家 10 年期国债收益率在 2016 年末出现翘尾，见图 39）的背景下，对股市而言，2015 年以来靠充裕流动性驱动的模式有可能向赢利增长驱动模式转变，也意味着 2017 年更多的是结构性行情。

而企业赢利方面。工业企业利润总额增速已于 2016 年由负转正，2015 年 2 月至今，工业企业利润总额增速已从 -4.20% 回升至 8.50%（见图 40）。从上市公司三季报来看，A 股实现赢利的上市公司共计 2596 家，占

图 39　部分国家 10 年期国债收益率走势

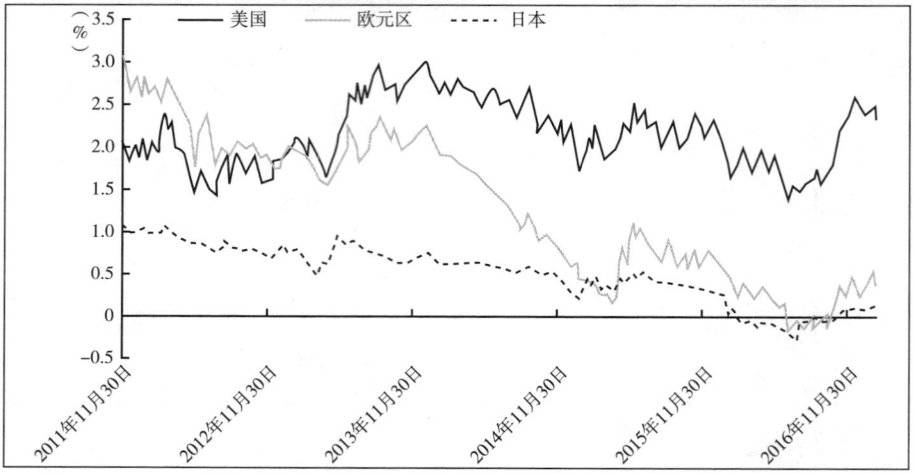

资料来源：Wind 资讯，建投研究院。

全部 A 股上市公司比重为 87.88%，比 2015 年同期高 22.5 个百分点。细分行业中，传统周期行业如化工、钢铁、煤炭、有色金属等，在供给侧改革带来的供需关系改善的影响下，产品价格上涨，赢利能力正在修复。

图 40　工业企业主营业务收入和利润变化

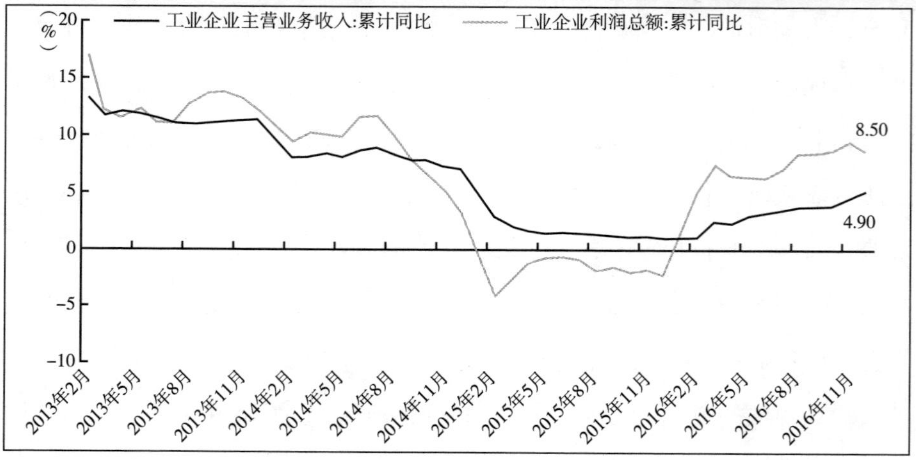

资料来源：Wind 资讯，建投研究院。

此外，东方财富统计数据显示，截至12月20日，已有1184家上市公司披露2016年年报业绩预告，占全部A股上市公司约40%的比例，其中850家公司业绩预喜，占发布业绩预告公司约72%的比例，后续上市公司2016年年报的财务数据将继续释放利好，年报业绩预告表现好的上市公司将大概率受资金追捧。企业赢利能力的持续修复将进一步夯实2017年A股“慢牛”逻辑。

不过，2016年企业赢利增速大幅回升的重要原因之一是2015年基数低。2017年基数效应的影响将减小。在流动性宽松环境下，企业财务费用率进一步下行的空间有限。受监管影响，创业板并购增速将放缓，输血业绩能力也将大幅下降。中短期来看，PPI上涨带来企业赢利改善的持续性有限。长期来看，企业赢利的长周期拐点仍未出现。

估值方面，从国际视角来看，与全球主要估值相比，沪深300指数和上证综指的市盈率低于全球主要股票市场。当前，美股三大指数和英国富时指数市盈率已达25倍，欧洲主要股指市盈率超过20倍，而沪深300指数市盈率仅13倍左右，国外主要市场具备较高的投资价值。深证成指和创业板指数市盈率仍较高，但纵向比较已处于历史较低位置，无明显泡沫化现象。因此，2017年，此前估值在高位的成长股将面临较大的估值压缩压力，而得益于通胀的上游行业则存在业绩底部反转预期。

风险偏好方面，经济“L型”软着陆消除了失速尾部的风险，改革和转型加速将适当提高风险偏好。2016年底，银行理财规模已达26万亿元，保险产品规模也增长迅速，带来庞大的绝对收益配置需求。地产调控、金融“去杠杆”会驱动银行理财和险资等配置转向股市，也会强化增量资金流入的预期，潜在的增量资金来自银行、保险、私募基金、产业资本等，近期险资频频举牌，房市、债市调控后2017年资产更“荒”，银行业和保险业资产配置压力加大，股市有望继续吸引增量资金进场。

因此，我们认为2017年股指尚不具备单边大幅上涨的基础，仍将以结构性行情为主，呈现估值中枢逐步抬高的走势，预计上证综指的波动区间为 2800～3800 点。

可以看出，2017 年很难出现趋势性机会，但是，在债券等市场以外还是存在很多机会。在债券利率上行、信用风险上升、房地产价格阶段性高位、商品价格波动率大幅增加的情况下，A 股相对其他大类资产性价比提升。

具体而言，可关注农业供给侧改革、油价上涨背景下的石化产业链、国企改革、“一带一路”和 PPP 相关的大基建等板块。在制造业等领域可以借助杠杆周期筛选赢利改善、存在“加杠杆”空间或开始“去杠杆”的重资产行业。而对于轻资产行业，则主要观察自身成长性和政策驱动空间，选择技术驱动型和消费型产业，如与“二胎”、人工智能、5G、物联网等有关的产业。

（三）商品市场分化明显

1. 金属

（1）有色金属

2017 年，有色金属中锌、镍将继续短缺，铜倾向于平衡，铝仍会过剩，因此 2017 年有色金属市场会出现分化。不过，2017 年有色金属的价格整体走势取决于全球经济和消费状况。2017 年中美经济复苏在望，预计将有大量资金改变过去的避险情绪，开始进入商品市场，这将成为有色金属等商品价格上涨的主要力量。

（2）黄金

2017 年，利多因素由“避险”向“抗通胀”转换，抗通胀因素对金价的提振作用将更为持久。一是美国经济加速复苏，美元利率上升、回流本土，通胀抬头，使黄金抗通胀属性日渐显现，很大概率会在下半年成为主导因素。美国新一届总统于 2017 年 1 月就任，预计美国政治、军事、外交关注点将转向国内，对外战略收缩和回归本土发展实体经济成为主基调。在经济领域，美元渐进加息进程不变，货币政策趋于收紧，规模空前的5500亿美元基础设施投资计划一旦推出，将保证美国本土投资快速增长，并带动通胀上升；放弃“跨太平洋伙伴关系协定”（TPP），将使全球贸易保护主义抬头，贸易摩擦加剧，但美国与其他国家的贸易逆差缩减成为确定性事件；减税、废除奥巴马医改法案等一系列财政刺激措施，将有助于提升美国国内消费。二是欧洲（欧盟及欧元区）方面，存在大量有可能造成政治、经济分裂的潜在“黑天鹅”事件，使黄金避险属性时有爆发，在2017年上半年短期内会加大黄金价格波动，并在下半年持续影响价值判断逻辑。三是国内方面，人民币汇率波动和贬值压力增大，人民币计价黄金的保值属性和资产配置价值凸显。

此外，对利空因素的发展变化也应加倍关注：一是美国经济复苏势头良好，美联储加息步伐存在加快的可能，若超出市场加息预期，金价将大概率承压；二是原油供给过剩状况若再次恶化，将拖累全球商品走强，延缓通胀回升步伐，从而降低对黄金的抗通胀需求。

因此，2017年金价大概率仍将在2016年的波动区间振荡。2017年初，在2016年底美联储加息“靴子”落地后，利空出尽，金价将进入一个大反弹的通道。不过上半年，在美国经济复苏势头良好，通胀水平上升缓慢的情况下，市场对美联储加息预期将时有发酵，压制金价表现，但2季度风险事件较为集中，如英国启动“脱欧”和法国大选等，避险需求或将刺激金价走出盘整。下半年，随着全球通胀抬头，金价有望逐渐走强。

另外，地缘政治存在隐忧。中东、东欧等区域恐怖袭击事件不断增添恐慌情绪。欧盟方面，一方面英国启动“脱欧”程序在即，另一方面欧洲将有多国举行大选，而各国“脱欧”呼声威胁着欧盟的稳定性；加上美国新当选总统特朗普的外交、财政、货币政策仍不明朗，不确定性较大，可能引发市场恐慌。尤其是若“特朗普预期”不能得到兑现，将造成美元指数、美股指数大幅度回调，从而影响国际金价的走势。

（3）其他贵金属

宏观因素主导下，白银走势与黄金保持较高相关性。未来，随着通胀上升成为主导，白银商品属性凸显，与铜等基本金属之间的价格相关性有望增强。预计在供求两弱的格局下，银价将在弱势波动中达到新的平衡点。2017 年上半年，银价预计将跟随金价维持区间底部振荡，下半年随着通胀水平上升，基本金属走强，银价将走强，并强于黄金。

铂、钯的商品属性更强，2017 年，由于铂、钯供求端皆存不确定性，预计大概率宽幅振荡，基本面趋于改善和供需缺口的维持将支撑长期走势。供需方面，汽车尾气催化剂需求预计保持增长，珠宝首饰需求将有所下降，投资需求有所回升，市场仍维持需求缺口局面，存在基本面支撑。钯受益于持续数年的供需缺口以及库存的持续减少，基本面支撑更强，但需警惕供给恢复和库存不透明带来的不确定性。投资方面，目前铂、钯的投资需求整体处于底部，随着基本面改善以及贵金属整体上涨，未来投资需求存在改善空间。

总体而言，我们看涨 2017 年的贵金属走势，从生产成本、央行储备、避险需求、通胀预期、人民币贬值等角度看，金价已无大的下跌空间。利空出尽后的市场将迎来反弹，预计贵金属将整体呈现振荡上行格局，运行中枢抬升。关于“COMEX 黄金”，我们认为其波动区间为 1100 ~ 1400 美元/盎司。

2. 原油

近年来，美国在全球原油产业中掀起了页岩油革命，原油产量大幅提高，改变了世界原油的供给格局。面对来自美国页岩油的挑战，OPEC 采取了增产保份额的策略，最直接的后果就是全球原油供给猛增，逐渐演变成供给过剩的局面，油价一路走低。而低油价使以原油出口为主要经济支柱的 OPEC 国家面临外汇储备减少和财政赤字增加等经济问题，迫切需要提高油价来改善财政收支状况，因此 2016 年 OPEC 产量政策由“增产保份额”转变为“减产保价格”。虽然供给过剩的局面仍将延续，但减产协议的达成将促进供需再平衡，预计全球原油市场将在 2017 年中期实现供需平衡。

从供给端来看，2017年全球原油供应将呈现先减后增的趋势。OPEC减产计划从2017年1月开始，有效期6个月，将设置特别委员会监督各产油国减产计划的实行。从历次OPEC减产情况来看，初期的执行力度都比较好，但随价格回升，各成员国又会趋于增产。总体来看，减产协议对于各成员国的产量调整还是能够起到一定的约束作用。在减产协议中，值得关注的是利比亚和尼日利亚获得了减产豁免权，或将影响未来OPEC减产的实际效果。

美国原油产量从2016年10月开始出现小幅回升。低油价对于美国来说是一把双刃剑，虽然对美国消费形成强大的拉动力，但拖累了美国能源行业。如果2017年原油价格能够长期稳定在高位，钻井数量的小幅增加或将带来美国原油产量井喷式爆发。此外，高油价会吸引大量套保资金入场，使价格上方的压力迅速增大。预计2017年随着原油价格的持续反弹，美国页岩油可能在下半年强势回归，在现货市场和期货盘面上打压价格，所以，美国原油供给将成为决定未来油价的关键因素。

从需求端来看，世界主要国家和地区的PMI指数均回到枯荣线上方，并且呈现进一步上升的趋势。全球经济的温和复苏有望继续刺激原油消费增长。但在全球经济整体低迷和风险事件频发的大背景下，原油价格的走势将主要受供给端驱动，需求端对油价的支撑有限，2017年，预计总体需求将保持平稳低速增长，原油需求出现爆发性增长的可能性不存在。美国、中国、印度仍是全球前三大原油消费国，2017年美国经济持续回暖将带动原油需求小幅提升，中国经济进入中低速增长的新常态将令原油需求增速放缓，而印度经济的高速发展或将成为全球原油消费市场的新亮点。

因此，2017年全球原油供需再平衡有望在2017年中期实现，全年原油价格将呈现先涨后回落的态势。布伦特原油价格中枢水平上移，振荡区间为55～70美元/桶。

3. 黑色产品

总的来说，2017年市场多空因素并存，不确定因素较多。

利好方面，中央经济工作会议指出2017年将继续深入推进去产能、去库存、去杠杆、降成本、补短板“三去一降一补”五大任务。将对落后钢铁产能及中频炉、地条钢生产线进行深度清理，加上环保政策影响，钢铁产量增长将承压，有利于减轻国内钢材库存压力，对市场利好。

利空方面，2017年国内经济增长存在下行风险、房地产增速下滑对建筑钢材、家电和机械行业需求不利，世界经济增长动力不足导致外需不足，都是市场利空的表现。

对于焦炭焦煤市场，2017年长协价的签署将稳定焦炭焦煤市场2017年的预期，全年焦煤价格都将保持在较高水平。钢铁行业“去产能”加快，产量有望下滑，焦炭则将在环保压力下开工率有所回落。焦煤供给维持紧平衡的状态，焦炭在下游“去产能”加快的背景下，需求也将有所下滑，同时环保成为市场关注的焦点，对焦化企业开工会产生重大影响，阶段性投资机会增多，预计焦煤主要维持在1100~1500元/吨核心区间盘整，焦炭主要维持在1550~2100元/吨盘整。

对于钢矿、钢材市场，2017年供给侧改革“去产能”以及房地产业收紧政策是影响钢矿价格的两大主要因素。钢铁等过剩行业“去产能”的进程尚未结束，这也是支撑2017年钢铁价格的最主要因素。但楼市偏紧政策有望继续，对钢材的消费拉动将减弱。同时，受特朗普贸易政策影响，预计未来钢材出口将减少。因此，2017年钢材的供应与需求均将减少，螺纹钢期货将维持振荡行情。2017年下半年，楼市政策松动，螺纹钢有望走高。预计螺纹期货将在3300~3900元/吨运行。就铁矿石而言，钢铁产量减少意味着对铁矿石需求减少，全球供应过剩局面将加重，但美元的走强则利好铁矿石。预计2017年铁矿石运行区间为450~650元/吨。

黑色品种市场不确定性较大，预计市场价格走势将呈宽幅振荡格局，建议以高抛低吸策略为主。

（四）外汇市场美元继续走强，其他主要货币贬值概率大

1. 美元

美国经济数据向好，通胀预期强烈升温。近期，美国发布的一系列经济数据表现“亮丽”，一方面助涨后市加息预期，另一方面彰显民众对于美国经济发展的乐观心态。同时，鉴于市场对特朗普减税及财政政策的期待，通胀预期强烈升温。

美联储2016年12月中旬加息落地，并暗示2017年会再加息3次，美联储将收紧货币政策。而日本央行和欧洲央行实际上正在积极想办法，将各自的短期收益率维持在深度为负的区域内，这直接导致收益率差进一步扩大。例如，美国2年期国债收益率较同期限德国国债收益率高198bp，接近2005年以来最大值，这将成为更多资金流向美元的核心驱动力。2017年美元指数将大概率持续上升，同时也将伴随其他风险资产国家的资产价格下跌。

不过，美债收益率若持续大幅上扬，则可能压抑美国股票及经济，对美元指数的上行高度不宜有过高期待。

2. 欧元

2017年，美元走高会令欧元承压，使欧美央行的政策出现背离现象，欧元压力进一步增大。欧洲央行继续加大宽松规模。2016年12月8日，欧洲央行宣布将资产购置计划规模从每月800亿欧元降至600亿欧元，同时延长QE，且延长期限比市场普遍预期的长3个月。欧洲央行行长德拉基随后不遗余力地否认欧洲央行正在缩减宽松措施，表示把资产购买规模降至零还不在考虑范围，并且决策者“非常一致”地认为应该延长购债。这成功地让市场整体意识到，“欧版”QE依然尚未穷尽，还没有看到缩减的迹象。

同时，欧洲面临巨大的挑战，经济下行风险和动荡的政治形势恐将进一步拖累欧元。欧元区经济前景在改善，但是存在通缩风险。更重要的是，除

了英国“脱欧”进展之外，荷兰、法国和德国2017年将举行大选，政治风险较大，加大整体局势的复杂性，预计2017年上半年英镑将出现较大波动。

3. 日元

日元同欧元相似。2017年，货币政策和财政政策宽松预期、通胀及银行业表现支持日元下行。日本央行的收益率管控策略对日本国债收益率进行压制。如果全球债券收益率走高带动日本国债收益率上升，日本央行将会无限制购债。相反，美国国债收益率走高则不受限制，这对美元兑日元汇率构成支撑。不仅如此，日本安倍政府要为国内企业创造有利的商业环境，阻止日元汇率呈现不受欢迎的升值进而损害日本出口行业。

不过，如果美国的经济政策没有那么“积极”，而外交政策又变得更加偏向于保护主义，这或将导致避险情绪升温，进而给日元带来提振作用。

4. 英镑

英镑的低迷走势主要源于“脱欧”相关不确定性的打压。2017年对英镑和英国经济来说是困难的一年。随着英国“硬脱欧”的推进，英镑汇率将面临两分性，一面可能面临惯性下跌与踩踏性做空的双重压力，另一面可能由于利空出尽，伴随动荡的欧洲形势而完美走出底部区间，实现货币再平衡。例如，2017年1月，英国首相特雷莎·梅明确表示“硬脱欧”，当天英镑一改此前“跌跌不休”的态势，应声大涨。

英国首相特雷莎·梅计划在3月底前触发里斯本条约第50条款，启动为期两年的“脱欧”倒计时。但是，英国市场在等待政治决策确定的过程中将推升英国的金融市场风险，导致英镑的货币风险居高不下。而且，为防止更多的“脱欧”事件，欧盟的态度也将非常强硬，英国同欧盟的谈判会很艰难。而如果谈判不顺利，英镑跌幅可能会很大。

而且，英镑下跌导致通胀率快速上升，而通胀限制了英国央行的货币宽松政策。预计，2017年上半年英镑兑美元和欧元或将进一步走低，处于底部大振荡的状态。受“硬脱欧”推进的影响，与欧盟密集的交涉会议以及贸易相关性协议条款均将对英镑有短期刺激效应，故在“脱欧”没有实质结果前，仍建议对英镑持币观望，若结果达成，可以中线持有英镑以待升值。

（五）房地产市场调控政策中降温，房价高位趋稳，成交量与投资减少

在“防风险、挤泡沫”的主基调下，2016 年 9 月以来，全国 22 个一、二线核心城市密集出台调控措施，4 季度市场热度骤降，部分三、四线城市也相继加入调控行列。首套房首付比例普遍提升至 30%，二套房首付比例大幅提升至 40% ~80%，多套房、异地购房等全面收紧，且房价已出现调整，对刚需、改善性需求以及投资性需求全方位削弱。

进入 2017 年，各地陆续召开的地方“两会”多将“稳楼市”作为 2017 年地方政府工作的重要任务之一。北京、上海等一线城市基本以“控”和“稳”为主基调。前期房价涨幅较快的二线城市也提出类似目标。楼市持续调控是 2017 年的主要方向，房地产市场将遇冷。

本轮政策收紧与 2013 ~2014 年情况类似，均处于行业需求动力逐渐减弱的成熟期，具有一定可比性。考虑到本轮政策宽松期行业销售、投资反弹更弱，当前整体库存“去化”压力更大，居民购房杠杆更高，政策收紧边际作用比上一轮更强，因此 2017 年行业基本面下探幅度将大概率高于 2014 年。

在全国性地产周期见顶的背景下，一线城市将相对成为吸金热点。但从存贷款数据来看，一线城市存款增速已大幅降低，且远低于贷款增速，意味着银行放贷能力在减弱，也预示着地产价格面临调整的风险加大。

2017 年初，央行上调了 MLF（中期借贷便利）利率、逆回购利率和 SLF（常备借贷便利）利率，提高了银行放贷的资金成本，进而会影响按揭贷款利率。

因此，在信贷成本提高、限价政策趋严、监管执行力度严格、自住型

商品房未来供应有望增加等因素作用下，房地产市场降温预期进一步明确，交易量将继续萎缩。随着前期调控政策的持续消化，一些热点城市房价已趋稳定。

展望2017年，在经历2016年房地产过度透支市场购买力后，房地产市场成交量将告别高增长。市场调控风向仍将以打击投机、引导合理住房需求作为调控的重中之重。一、二线热点城市成交量将受政策限制而出现同比大幅回落，三、四线城市虽然继续有“去库存”政策利好，但市场基本面难以支撑高增长，销量同样将出现回落。同时，由于库存仍在高位，新开工面积预计也将出现负增长。考虑到房地产业在国民经济中“稳增长”的重要作用，房价或将高位趋稳。

（六）配置策略

2017年，在流动性偏紧的条件下，各类资产很难形成趋势性机会。

其中，房地产市场交易量将下降，房价增长幅度降低，因此投资性需求将减弱。房地产新政将资金挤出楼市，2017年抑制地产泡沫主基调下的调控继续收紧，居民对房地产增量配置将明显减少，导致资金对其他资产配置提升。

债券方面，10年期国债收益率形成“双底”的技术态势，意味着债市面临调整压力。2017年，债券市场主体趋势将下行，机会主要来自阶段性的经济和通胀回落、资金面改善以及风险偏好和配置力量支撑。因此，建议2017年减少债券的配置。

随着股票相对价值的改善，资金有望从债券转向股票，但需要从基本面与赢利改善等方面挖掘价值机会。股票市场呈现结构性行情，波动较大。

商品市场中，有色金属机会较大，黄金等贵金属下半年机会较多。原油则将在上半年迎来一轮增长，投资机会较多。黑色品种价格宽幅振荡，存在一定的高抛低吸机会。

外汇市场中，美元上升概率较大，欧元、日元、英镑都将承压。

对比国内主要大类资产，目前全A指数和沪深300指数的估值都处于过去10年的中位数水平，大宗商品价格经过2016年上涨后也处于历史均位，而货币、债券、房地产的估值则处于90%分位数甚至更高的水平。所以，从估值的角度分析，2017年A股以及大宗商品的优势将进一步凸显，整体性价比高，在大类资产中的吸引力进一步增强，未来仍是大类资产配置比较好的标的。

综合来看，整体的配置思路是寻找基本面改善确定性较高的资产，避开高估值资产。2017年，建议增加美元、有色金属商品期货配置，减少债券配置，上半年关注原油机会，下半年关注黄金机会，同时关注股票市场结构性行情。2017年大类资产配置建议如表1所示。

表1　2017年大类资产配置建议

大类资产	策略	逻　辑
现金	高配	2017年“黑天鹅”事件较多，风险较大，流动性偏紧，宜增加现金配比，降低杠杆率
利率债	中配	利率中枢确定性上行，不过仍存在超调机会
信用债	中配	部分信用债利差将扩大，信用补偿可观
A股	高配	性价比高，存在结构性机会
有色金属	高配	仍存在上涨趋势
黄金	高配	美元流动性预期偏紧，全球不确定因素较多
原油	上半年高配	上半年价格中枢上移
黑色品种	低配	不确定性较大
美元	高配	美元走强概率较大
欧元	低配	欧元波动较大
日元	低配	日元波动较大
英镑	低配	英镑走弱概率较大
房地产	低配	房地产价格趋稳或略回落

资料来源：建投研究院。

资产管理：分化、转型与变局

祝伟清　徐建华　葛　枫

祝伟清，中国建投投资研究院副秘书长、高级研究员

徐建华，经济学硕士，国泰基金董事会办公室经理

葛枫，经济学硕士，中建投信托研究创新部研究员

投资提示

- 2016年是中国经济结构调整的重要一年，实体经济复苏乏力，债券市场违约事件频发，“资产荒”直接导致资管收益呈下降趋势。

- 2016年资产管理行业继续保持增长势头，但发展出现分化，未来分化趋势或将继续。

- 从政策层面看，2016年监管部门出台了一系列政策法规，主要内容是降杠杆、堵漏洞、强风控，旨在有效防范金融风险，引导资管行业向成熟方向发展。

- 资管行业发展到了一个关键时期，将逐步回归资产管理的本源，主动管理和差异化竞争成为资管行业未来发展的方向。

一　资管行业现状概况

（一）银行仍占据资管行业的主导位置

银行网点众多且拥有存款客户基础和良好信誉，占据资管行业的主导位置。除了证券业、公募基金、保险业有一定的线上和自销渠道外，其他资管业务主要依赖银行渠道。截至2016年底，发行银行家数和理财产品发行数量与2015年同期相比，分别增长了5.98%和23.55%。商业银行还承担了相当部分的保险产品和公募基金代销。截至2016年6月，存续银行理财余额26.28万亿元。银行无论是在渠道还是规模上都处于资管行业主导位置。

（二）第三方理财机构发展迅速并出现分化

随着互联网金融的发展，第三方理财机构也开始在客户渠道方面大显身手。自2012年2月4家机构首次获批第三方基金销售牌照以来，截至2016年底，第三方基金销售机构数量已过100家，数量增长了24倍多，发展势头不容忽视。

但各机构市场份额差距甚大，“强者恒强”态势非常明显。第三方基金销售机构中，处于第一梯队的为天天基金网、蚂蚁聚宝、陆金所；处于第二梯队的有好买财富和众禄金融，都在努力拓展业务。2016年，第三方基金销售机构陷入通过惨烈的“费率战”抢占客户资源的局面，一些小平台即便打低费率牌，也很难吸引客户。靠销售公募基金赚钱越来越难，更多的第三方机构为了维持生计销售信托、公募专户、券商资管以及政府平台的非标产品等，但是随着“资产荒”的加剧，这些偏固定收益的产品收益率也在下滑，理财产品的销售越来越艰难。

（三）券商资管和保险资管继续呈现快速增长

2016 年，券商资管和保险资管继续保持快速发展势头，已成为资管行业的重要力量。截至 2016 年 3 季度末，证券公司发行的各类资产管理产品规模突破 15 万亿元，比上年增长 33%。截至 2016 年 11 月，保险资金投资资产规模也突破 10 万亿元，比上年增长 23.12%。而私募基金增长速度明显放缓，截至 2016 年底，公募基金净值为 9 万亿元，比上年增长 9%，与 2015 年 87% 的增速相比，增速有显著下降。

（四）资管收益呈现下降趋势

2016 年以来发生违约的债券共计 61 只，违约债券余额共计 369.44 亿元。而 2015 年违约债券 22 只，涉及金额 124.1 亿元；2014 年违约债券 6 只，涉及金额 13.4 亿元。相比而言，2016 年违约债券余额是前两年总和的两倍多，违约余额呈现大幅上升趋势，可以说 2016 年是打破债券市场刚性兑付的一年。刚性兑付是资管业发展初期的表现，是特定发展阶段的产物。打破刚性兑付意味着我国资管业开始走向成熟。尤其是 2016 年我国利率市场化基本完成，实体经济复苏缓慢，股票市场走势偏弱，直接导致资产收益率下降。尽管年末受资金紧张影响，收益率有所上升，但仍改变不了 2016 年全年资管收益呈现下降的态势。

二　监管对资管行业的影响

（一）2016年监管政策回顾

2016 年是极不平凡的一年。我国股票市场经历了年初千股跌停、市场熔断以及注册制无限推迟，同时实体经济复苏乏力，债券市场违约事件频发，此外，英国“脱欧”对全球经济造成冲击。针对出现的新情况、新问题，监管层陆续发布了若干监管法规，归纳总结有关“资管行业”的主要内容有以下三个方面。

1. 降杠杆

2016 年 3 月，银监会下发的《进一步加强信托公司风险监管工作的意见》明确要求，信托结构化配资杠杆比例原则上不超过 1∶1，最高不超过 2∶1。6 月，保监会发布的《关于加强组合类保险资产管理产品业务监督的通知》明确限制分级产品杠杆倍数，权益类、混合类分级产品杠杆倍数不超过 1 倍，其他类型分级产品杠杆倍数不超过 3 倍。7 月，证监会下发的《证券期货经营机构私募资产管理业务运作管理暂行规定》提出了资管行业升级版的“八条底线”。该规定要求严控结构化资产管理计划杠杆风险，并做出限定：股票类和混合类产品杠杆倍数不得超过 1 倍，之前上限为 10 倍；固定收益类和其他类产品杠杆倍数上限分别为 3 倍和 2 倍。另外，结构化资产管理计划的总资产占净资产的比例不得超过 140%，非结构化集合资产管理计划（即“一对多”）的总资产占净资产的比例不得超过 200%。同时，对结构化产品、保本产品、委托提供投资建议等方面条款实施“新老划断”的过渡安排，相关存续资管产品不符合规定的，合同到期前杠杆倍数不得提高，不得新增净申购规模，合同到期后予以清盘，不得续期。监管部门一系列政策从始到终贯穿着“降杠杆”的总基调，旨在有效防止过高的杠杆推高资产价格，防范系统性金融风险。

2. 堵漏洞

2016 年 7 月，银监会下发了《商业银行理财业务监督管理办法（征求意见稿）》，凸显“严监管、去杠杆、去通道”的监管思路。该办法明确，对标准化资产投资实行“双十限制”，规定非标资产只能对接信托通道，不能对接资管计划，并首次提出禁止银行发行分级产品。10 月，证券业协会下发了《证券期货经营机构私募资产管理计划备案管理规范》（第1～3号），就各机构关注的“结构化资产管理计划”问题做出了具体的规定和解释，并制定了备案规范。11月，银监会下发《商业银行表外业务风险管理指引（修订征求意见稿）》，扩展了表外业务的范围，从之前的担保和部分承诺类扩展到担保承诺类、代理投融资服务类、中介服务类、其他类共四类，并要求将表外业务纳入授信额度，实行统一授信管理。这些措施禁止了基础类银行理财资金投资非标资产，限制了基金子公司和券商通道，规范了非标业务发展。

值得注意的是，2016年12月，财政部、国家税务总局下发《关于明确金融房地产开发教育辅助服务等增值税政策的通知》，要求对金融行业营改增试点期间的税收进行调整，明确了资产理财自身的税收问题。

3. 强风控

2016年3月，银监会下发的《进一步加强信托公司风险监管工作的意见》，要求信托公司根据资产质量足额计提拨备，对于表外业务以及向表内风险传递的信托业务计提预计负债。并要求把接盘固有资产纳入不良资产监测并把接盘信托项目纳入全要素报表。

2016年7月下发的《商业银行理财业务监督管理办法（征求意见稿）》规定银行按季从利润中计提理财产品风险准备金，其中，除结构性理财产品外的预期收益率型产品，按其产品管理费收入的50%计提；净值型理财产品、结构性理财产品和其他理财产品，按其产品管理费收入的10%计提。11月下发的《商业银行表外业务风险管理指引（修订征求意见稿）》，规定了表外业务减值准备和风险计提要求。2016年6月，证监会下发了《证券公司风险控制指标管理办法》及配套规则，大幅提高低等级信用债的风险准备金计提比例，衍生品也细分权益类和非权益类进行计提。监管部门通过这些措施提高风险控制标准，体现了强化风险控制的要求。2016年以来的资管业监管法规如表1所示。

表1　2016 年以来的资管业监管法规一览

发布时间	发布部门	法规名称	针对单位或产品	主要内容
2016 年 3 月	银监会	《进一步加强信托公司风险监管工作的意见》	信托公司	①对信托资金池业务实施穿透管理，重点监测可能出现用资金池项目接盘风险产品的情况；②结构化配资杠杆比例原则上不超过 1∶1，最高不超过 2∶1；③信托公司根据资产质量足额计提拨备，对于表外业务以及向表内风险传递的信托业务计提预计负债；④要求把接盘固有资产纳入不良资产监测并把接盘信托项目纳入全要素报表
2016 年 5 月	银监会	《关于规范商业银行代理销售业务的通知》	信托、保险、基金	商业银行只能代销由银监会、证监会和保监会依法实施监督管理、持有金融牌照的金融机构发行的金融产品，不得代销该范围以外的机构发行的产品，政府债券、实物贵金属和银监会另有规定的除外
2016 年 6 月	证监会	《证券公司风险控制指标管理办法》及配套规则	券商资管	①要求持有单一债券的规模占其总规模的比例排前五名的比重不超过 10%；②区分权益类资产和固定收益类资产，对应资产的风险集团比例有所变化；③持有股票的风险资本准备标准从之前统一的 15% 调整为 15% ~80%，将固定收益类证券按品种进行细分，大幅提高低等级信用债的风险准备金计提比例，衍生品也细分权益类和非权益类进行计提；④对超比例持有的债券等非权益类证券允许在 2017 年 3 月 31 日前达到监管要求
2016 年 6 月	保监会	《关于加强组合类保险资产管理产品业务监督的通知》	保险资管	①权益类投资排除了新三板和其他未上市股权，但仍可以借助保险资管股权投资计划通道进行投资；②产品发行备案由此前的发行后 15 个工作日向保监会报备，改为事前备案管理；③提出了八大禁止情形，包括禁止发行“资金池”性质产品、禁止发行“套嵌”交易产品、禁止设立子账户、限制分级产品杠杆倍数、禁止以外部投资顾问形式将产品转委托等

续表

发布时间	发布部门	法规名称	针对单位或产品	主要内容
2016 年 7 月	证监会	《证券期货经营机构私募资产管理业务运作管理暂行规定》	私募资管	明确对结构化产品等依照“新老划断”原则进行过渡安排，相关存续产品在合同到期前不得提高杠杆倍数、不得新增优先级份额净申购规模，到期后予以清盘，不得续期
2016 年 7 月	银监会	《商业银行理财业务监督管理办法（征求意见稿）》	银行理财	①明确分为基础类理财业务和综合类理财业务，基础类理财业务不能投资股权类资产和非标资产；②计提理财产品风险准备金；③禁止发行分级理财产品；④理财产品总资产不得超过净资产的 140%；⑤非标资产只能走信托通道
2016 年 8 月	证监会	《基金管理公司子公司管理规定（征求意见稿）》、《基金管理公司特定客户资产管理子公司风险控制指标管理暂行规定（征求意见稿）》	基金子公司、基金专户	①基金公司设立子公司需符合七大条件，其中前 3 个条件为基金管理公司成立满 2 年，基金公司管理的非货币基金公募规模不低于 200 亿元，基金公司净资产不低于 6 亿元；②要求基金专户子公司开展特定客户资产管理业务必须满足四大风控指标要求
2016 年 8 月	证监会	《关于保本基金的指导意见(征求意见稿）》	券商资管	提高准入门槛，控制保本基金规模，增加和提高风控指标要求
2016 年 8 月	保监会	《关于加强人身保险产品精算管理有关事项的通知（征求意见稿）》、《关于进一步加强人身保险产品监管有关事项的通知（征求意见稿）》	保险资管	对中短期万能险进行限制，拟进一步收紧高现价产品，否定所有 3 年以内存续期的产品，并首次对市场上居高不下的保险产品保证利率做限制
2016 年 10 月	证券业协会	《证券期货经营机构私募资产管理计划备案管理规范》（第 1 ~ 3 号）	券商资管	从行业自律层面进一步强化资管产品的规范性要求

续表

发布时间	发布部门	法规名称	针对单位或产品	主要内容
2016 年 11 月	银监会	《商业银行表外业务风险管理指引（修订征求意见稿）》	银行理财	①明确提出分类管理原则，要求区分自营业务和代客业务；②代客理财时，不得约定或承诺承担信用风险；③要求将表外业务纳入授信额度，实行统一授信管理；④减值准备和风险计提
2016 年 11 月	证监会等 15 部门	《股权众筹风险专项整治工作实施方案》	私募资管	①将互联网股权融资活动纳入整治范围；②重点整治以下 8 类问题：互联网股权融资平台以“股权众筹”等名义从事股权融资业务，以“股权众筹”名义募集私募股权投资基金，平台上的融资者擅自公开或者变相公开发行股票，平台通过虚构或夸大平台实力、融资项目信息和回报等方法进行虚假宣传，平台上的融资者欺诈发行股票等金融产品，平台及其工作人员挪用或占用投资者资金，平台和房地产开发企业、房地产中介机构以“股权众筹”名义从事非法集资活动，证券公司、基金公司和期货公司等持牌金融机构与互联网企业合作违法违规开展业务
2016 年 11 月	上交所、深交所	《上海证券交易所分级基金业务管理指引》《分级基金业务管理指引》	基金公司	①完善投资者适当性制度，加强投资者准入管理与风险揭示，设立投资者 30 万元证券类资产门槛，并要求个人投资者和一般机构投资者在开通分级基金交易及相关权限前需通过会员综合评估并签署《分级基金投资风险揭示书》；②强化风险警示措施，针对可能或已经发生下折算且 B 类份额溢价较高的分级基金，要求基金管理人发布风险提示公告，会员应按照交易所要求及时向投资者传达风险提示信息；③完善投资者教育制度，要求基金管理人和会员充分揭示分级基金投资风险
2016 年 12 月	财政部、国家税务总局	《关于明确金融房地产开发教育辅助服务等增值税政策的通知》	信托公司、基金公司、理财产品	纳税人购入基金、信托、理财产品等各类资产管理产品持有至到期，不属于《销售服务、无形资产、不动产注释》（财税〔2016〕36 号）第一条第（五）项第 4 点所称的金融商品转让

资料来源：建投研究院。

（二）监管对资管的影响

“资产管理新政”实施以来，商业银行、保险公司、基金公司等诸多机构资管计划陆续推出，全面开启了“泛资管”时代，资产管理和财富管理日益成为各类金融机构的主要市场领域。经过4年多的快速发展，2016年一系列监管新政策的出台以及对原有监管政策的修订征求意见，都将对资管行业的发展带来巨大影响。

首先，对证券公司影响较大。监管升级，证券公司风险控制新规使得券商风险覆盖率成为最大约束。尤其是A、B类券商影响较大，此次新规关于风险资本调整系数提高限于A、B类券商，且幅度较大。在95家券商中，有87家券商会受此影响，风险覆盖率下降近半。

其次，通道业务受到挤压。理财新规明确银行非标资产只能走信托通道，券商、基金子公司的资管计划将不能继续扮演通道类角色。受此影响，券商资管和基金子公司通道业务规模将逐步压缩。券商资管和基金子公司需进一步加大产品创新、业务创新的力度，积极适应转型，通道业务收紧或将给信托公司带来新的机会。

再次，厘清资管行业税收成本。税务新政进一步规范资管行业税收标准，对整个资管行业的合同规定、产品设计都将产生较为深远的影响。税务新政也对保本型资管产品设置了更高的征税要求，相应提高了成本，将使得保本产品规模难以大幅增长，也将导致固收类信托产品收益率下降而通道业务成本有较大幅度上升，非银机构作为通道的吸引力或将大大下降。资管业务税收问题也将给资管行业的投资人带来长远影响。

最后，引导资管行业回归本质。从长期来看，一是“去非标”，非标准化的融资需求将转向标准化的融资需求，“标准化”未来有不断扩大的趋势；二是“去通道”，提升主动管理的比例以及差异化竞争能力。这些政策将引导资产管理机构回归主动资产管理的本质，促进我国资管行业向更成熟的方向发展。

三　银行理财

（一）2016年银行理财概况

1. 规模持续增长，存续金额创新高

截至2016年底，全国共有443家银行发行理财产品99246只，与2015年同期相比，发行银行家数增加5.98%，产品数量增加23.55%。其中，发行产品数量市场占比超过1%的有15家银行（见图1）。2016年理财产品发行数量前十大银行为交通银行、建设银行、南京银行、民生银行、江苏银行、中国银行、招商银行、农业银行、上海银行、杭州银行，市场占比合计为31.06%。其中，交通银行发行数量位居第一，市场占比达9.13%。

图1　银行发行产品数量市场占比

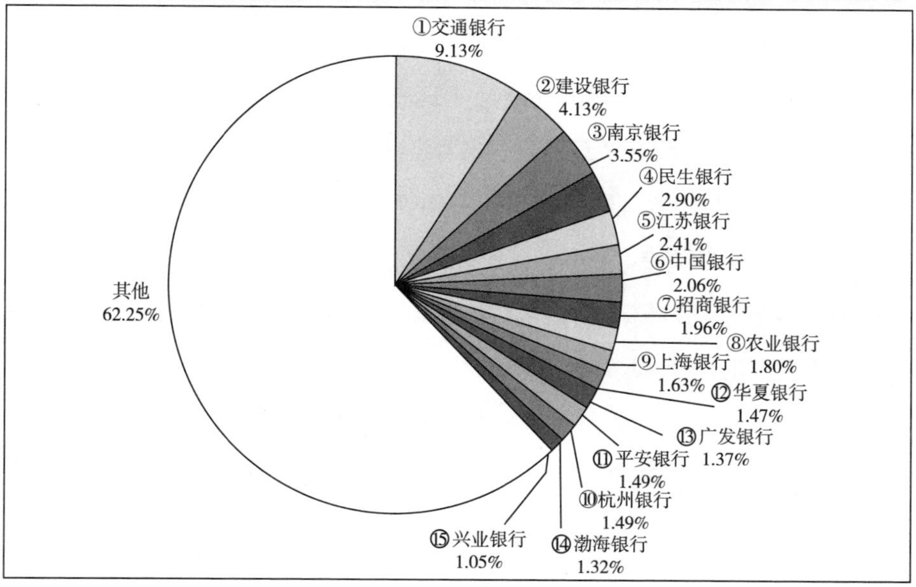

资料来源：Wind资讯，建投研究院。

截至2016年6月底，中国银行业理财产品存续数量为68961只；理财资金存续金额26.28万亿元，较2016年年初增加2.78万亿元，增幅为11.83%（见图2）。

图2　中国银行业理财产品存续情况

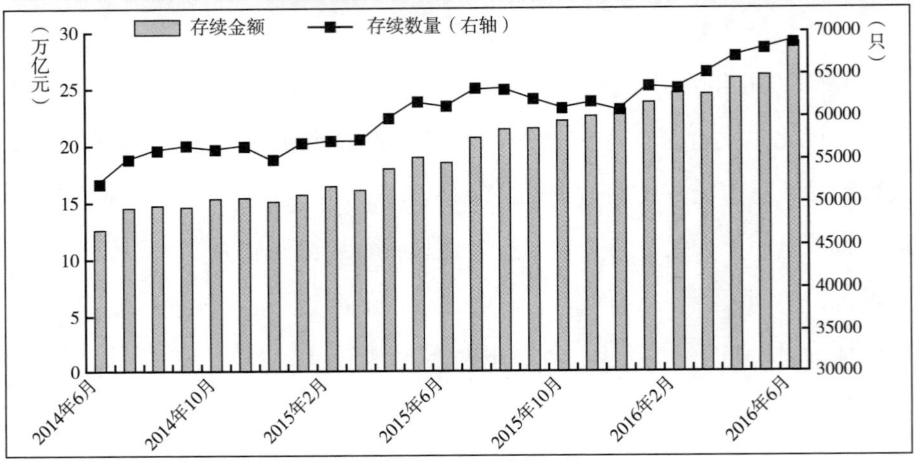

资料来源：中国理财网。

其中，开放式理财产品存续余额11.26万亿元，增长0.94万亿元，增幅为9.11%。2016年上半年，银行业理财市场累计发行理财产品97636只，累计募集资金83.98万亿元，其中，开放式理财产品累计募集资金59.85万亿元；封闭式理财产品累计募集资金24.13万亿元。

2. 资产配置以债券、利率、其他类资产为主

2016年发行的理财产品数量中，基础资产为债券的占比21.62%，基础资产为利率的占比23.19%，基础资产为其他类资产的占比47.59%，票据、股票、信贷资产、汇率及商品等五类占比仅为7.6%（见图3）。

从存续的理财产品余额看，截至2016年6月底，存续理财产品投资各类资产余额26.39万亿元，资产配置以债券、现金及银行存款、非标准化债权类资产三大类资产为主，共占理财产品投资余额的74.70%，其中债券资产配置比例为40.42%（见图4）。

图3　2016 年发行的理财产品基础资产占比

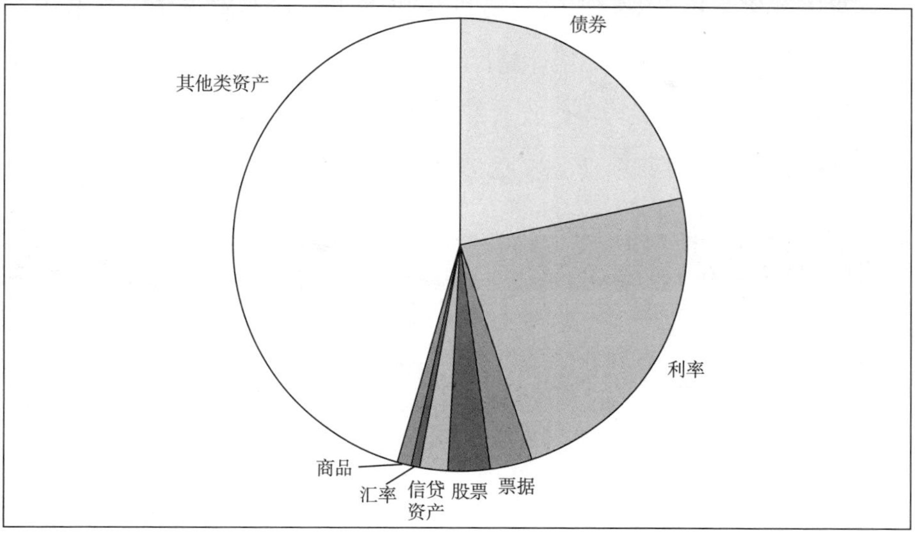

资料来源：Wind 资讯，建投研究院。

图4　2016 年 6 月底理财产品资产配置情况

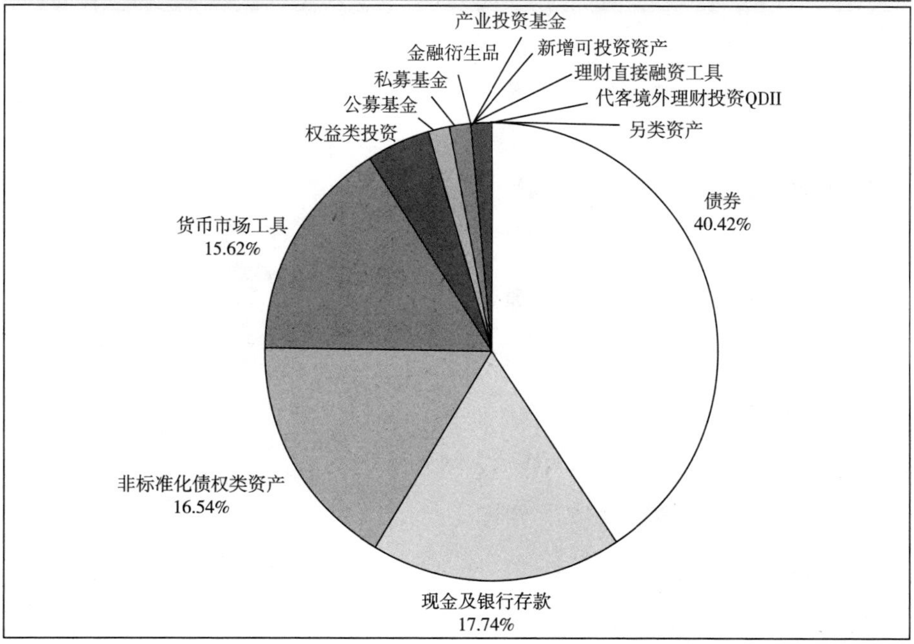

资料来源：中国理财网。

3. 收益率呈下降态势

2016年上半年，银行理财市场共有10.8万只产品发生兑付（其中有8.73万只产品到期终止），累计兑付客户收益4723.8亿元，至6月末封闭式产品兑付客户加权平均年化收益率为3.98%，如图5所示。同时，相关银行业金融机构实现理财业务收益950.3亿元。

图5 银行业封闭式理财产品兑付客户加权平均年化收益率走势

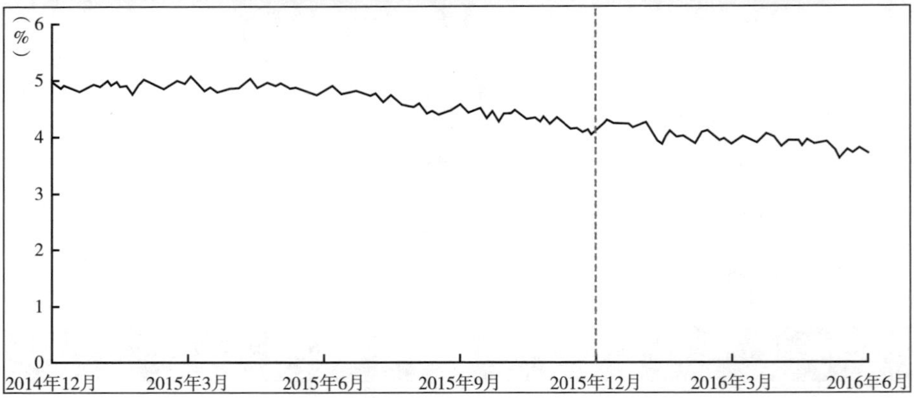

资料来源：中国理财网。

（二）2017年银行理财展望

1. 银行理财仍是资管行业的重要力量

尽管银行理财在产品和投资管理方面处于劣势，在渠道上的优势受互联网第三方机构的冲击有所减弱，但银行依托广泛分支机构、良好的信誉品牌和广大的储户、支付用户基础，短中期仍然是资管行业最重要力量。

2. 理财收益率下行或将成为常态

在我国经济增长将长期呈“L型”走势、货币政策宽松的大背景下，银行理财在资产端难以找到高收益的投资渠道，下滑趋势还将持续。同时，银行理财资金最大的去向是债券市场，债券市场利率走低也是银行理财产品收益率持续走低的原因之一。

3. 理财产品将向净值型转型

传统的预期收益型产品呈现一定的债券特性。但随着银行理财业务的发展，刚性兑付的弊端日益显著，尤其在“资产荒”的时期，刚性兑付的压力迫使收益率下降，影响理财产品的吸引力。而净值型产品具有更多权益类特性。对银行而言，为了减轻刚性兑付的压力，发展权益融资市场、向净值型产品转型是趋势。从2016年银行理财半年报来看，净值型理财产品占比6.05%，较2015年底的5.83%有所上升。

四　信托业务

（一）2016年信托业务概况

1. 泛资管挤压效应递减，资产规模增速回升

截至2016年3季度末，全行业68家信托公司的受托资产管理规模已达18.17万亿元，环比增长5.11%，延续了上半年增速稳步回升的趋势；同比增长16.32%，相比2季度增速有明显反弹。3季度信托资产规模增速的回升，不仅说明证券市场波动对信托行业的冲击效应正不断被行业的稳步发展消化，而且反映了在监管收紧的背景下，泛资管市场竞争对信托行业资产规模的挤压效应正逐渐减弱。

2016年前3个季度，信托资产规模的环比增速分别为1.70%、4.25%和5.11%，不仅扭转了2015年3季度环比负增长的局面，而且基本回归到前几年较快的增长轨道上。与2015年3季度环比负增长1.56%相比，增速已回升了6.67个百分点。2016年信托资产规模增速的持续回升，反映了信托行业不断提炼自身优势进而平稳发展的趋势。未来，随着泛资管行业监管的逐渐协同化，信托行业的竞争优势将重新凸显，此外在股市回暖迹象逐渐明了、年末“冲规模”效应的叠加影响下，信托资产规模未来持续增长的预期或将进一步加强。

2016年的信托行业资产管理规模并未如2015年一般出现大幅波动（见图6），这主要归功于二级市场相对平稳的发展。但从长期趋势来看，行业资产管理规模增速整体放缓的现象不容忽视。一方面，政策层面延续“去通道化”的监管思路，一定程度上制约了信托规模的增长。虽然2016年资管行业密集出台的各类新规客观利好信托通道业务，但事实上随着信托行业转型与核心竞争力培育进程的加快，通道业务对信托资产管理规模的贡献并不会显著增加。另一方面，信托行业由高速增长转入平稳发展，也是转型升级时期新老动力相互转换的必然结果。

图6　2012～2016年信托行业资产管理规模

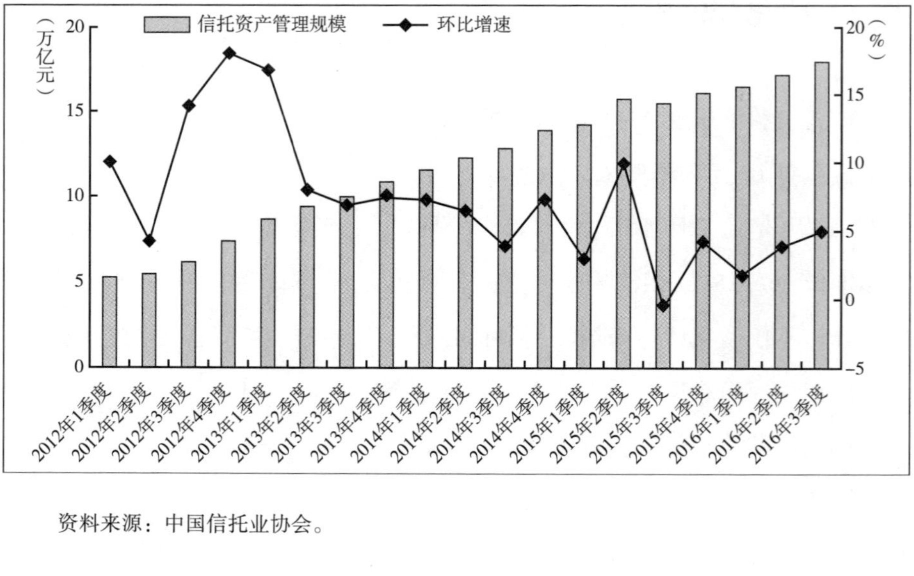

资料来源：中国信托业协会。

2. 固有业务收入对营业收入支撑弱化，信托业务收入贡献反弹

从经营效益情况来看，2016年前3个季度全行业累计实现营业收入730.80亿元，同比减少11.11%；累计获得利润总额518.64亿元，同比减少5.48%，营业收入表现有所回落。2016年前3个季度，信托行业收入和利润同比同时下降，很大程度上与前期因证券市场繁荣而形成的固有业务收入支撑快速弱化有关。

分业务类型来看，2016 年前 3 个季度实现固有业务收入 216.44 亿元，同比下降幅度高达 39.11%，固有业务收入的收缩在 3 季度继续形成对信托行业营业收入数据的拖累。可见，信托公司营业收入依赖固有业务投资收益，固有业务投资收益又进一步依赖二级市场行情的发展模式并不可持续。信托业务收入方面，前 3 个季度共实现收入 514.35 亿元，同比增长 10.22%，增速与 2014 年和 2015 年相比持续回升，并且显著高于营业收入和固有业务收入，反映了 2016 年证券市场降温之后，更多由信托业务贡献力量。从增速情况来看，2012 ~2015 年，固有业务收入增速均高于甚至远高于信托业务收入增速，但 2016 年，信托业务收入对信托公司营业收入增长的贡献已明显超过固有业务收入（见图 7）。

图7　2012 ~2016 年 9 月行业经营效益增速情况

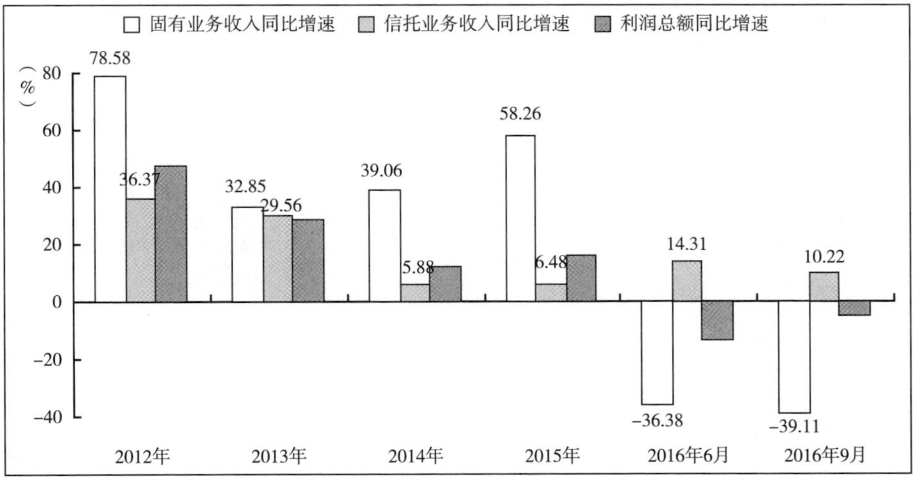

资料来源：中国信托业协会。

进一步从收入构成来看，信托业务收入作为信托公司的主营业务收入，在信托公司的营业收入中占据主导地位。2014 年下半年至 2015 年上半年，受泛资管行业竞争加剧、市场利率持续下行以及证券市场繁荣带动固有投资收益增加等因素的共同影响，信托业务收入占比受到较大挤压，出现了大幅回落的现象。但2015年下半年以来，信托业务收入占比重新回升，2016年前3个季度，信托业务收入占比同比分别提升了17.10个百分点、13.77个百分点和18.09个百分点，重新回到70%以上的高水平（见图8）。可见，在泛资管市场竞争格局变化、市场利率水平趋向稳定以及二级市场恢复理性情况下，信托行业的收入结构也逐步恢复合理格局，信托主业地位长期来看将重新获得强化。

图8　2012～2016年3季度信托行业营业收入与信托业务收入情况

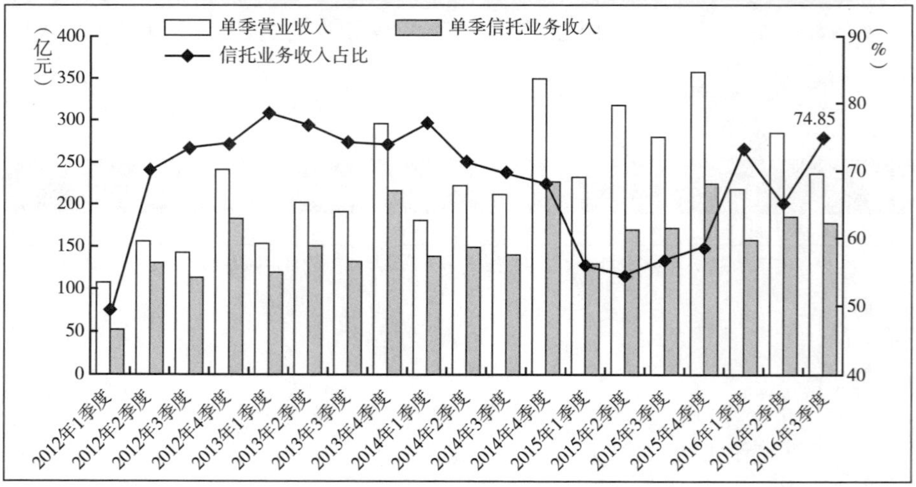

资料来源：中国信托业协会。

3. 信托结构持续优化，信托资产质量稳步提升

2016年前3个季度，信托结构持续优化，信托资产质量也稳步提升。具体来看，不同分类的信托资产有不同的发展特征。

从信托资金来源看，集合信托规模近年来一直呈整体上升的态势，2016年3季度末，全行业集合信托规模为6.33万亿元，同比增速高达19.76%；规模占比也回升至34.84%，为近年来除2015年2季度外的最佳表现（见图9）。2016年以来，集合信托规模恢复稳定的增长，延续了近年来规模整体上行、占比相对高位的长期趋势。从更长期来看，自2013年开始，集合信托规模占比一直呈稳步上升态势，这表明信托资产主动管理能力逐渐增强，这也是信托公司在规模增速放缓的情况下依然保持较高赢利增速的主要原因。单一类信托近年来延续了较快下滑的趋势，2016年3季度末，单一类信托规模为9.69万亿元，同比增长5.33%，低于信托资产总规模增速；规模占比为53.33%，同比下降近5个百分点，已为历史最低水平。财产权信托虽是各信托资金来源中占比最小的一类，但其规模在2016年延续了较快的增长速度。2016年3季度末，财产权信托规模为2.15万亿元，同比增长72.65%。

图9　2012～2016年3季度按资金来源分类的信托资产规模及占比

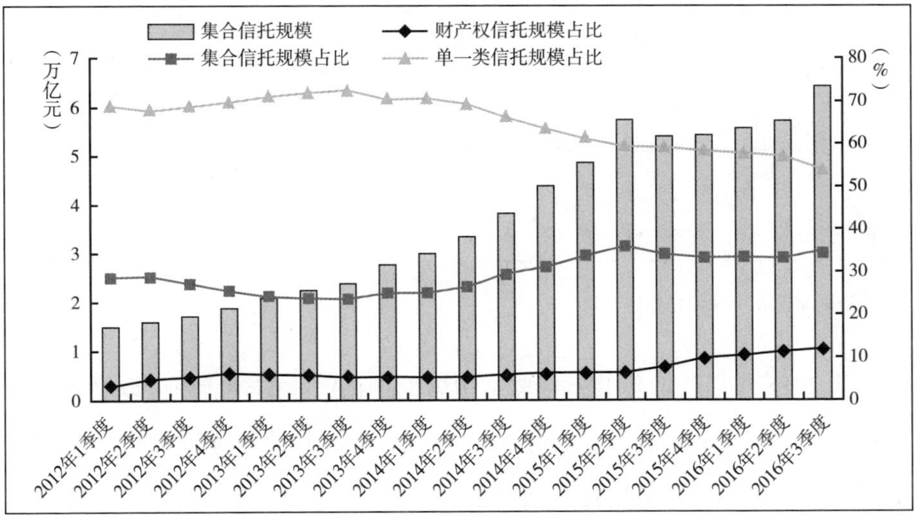

资料来源：中国信托业协会、中建投信托研究中心。

从信托功能分类来看，融资类信托、投资类信托和事务管理类信托"三分天下"的格局正在发生转变，投资类信托和事务管理类信托占比呈延续上升态势，融资类信托占比持续下降。具体来看，2016年3季度末融资类信托、投资类信托和事务管理类信托的占比分别为22.11%、32.19%和45.71%，与2015年初相比的变化分别为下降9.21个百分点、下降3.33个百分点和增长12.55个百分点（见图10）。融资类信托不论是规模还是占比均呈较快回落的趋势，投资类信托占比受证券投资类信托存续规模下降的牵制出现了一定下滑，事务管理类信托占比则快速提升。总体而言，信托的投资属性正在逐渐增强，回归本源的发展路径日益清晰。

图10　2012～2016年3季度按功能分类的信托资产规模及占比

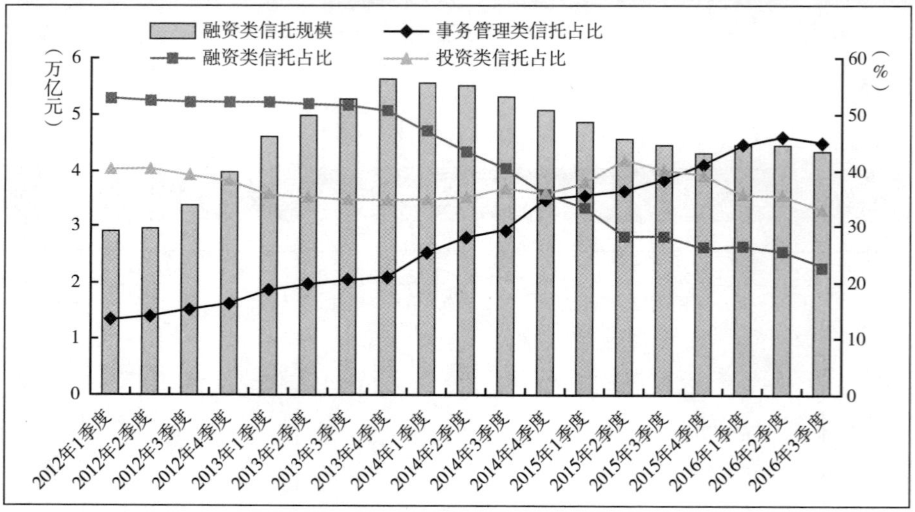

资料来源：中国信托业协会。

从2016年信托业年会上银监会主席助理杨家才的讲话中可以看到，从监管角度对信托业务进行重新分类，未来信托行业的业务体系将涵盖债权信托、股权信托、标品信托、同业信托、财产信托、资产证券化、公益信托及事务信托八大类，这也将引导信托结构的进一步优化。

4. 传统业务收缩明显，证券与同业业务受青睐

从信托资产投向来看，基础产业和房地产业等传统信托业务近年来持续收缩，投向证券市场和金融机构的信托资产则保持了较高的增幅，投向工商企业信托的规模占比则在近两年出现了反弹（见图11）。

图 11 2012～2016 年 3 季度行业信托资产投向变化

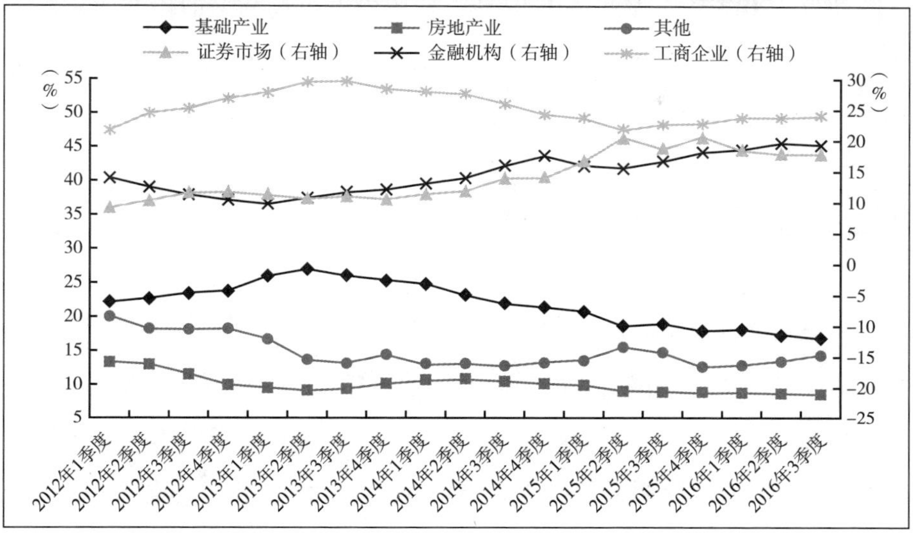

资料来源：中国信托业协会。

投向基础产业和房地产业的信托占比在 2016 年 3 季度末分别为 16.60% 和 8.45%，与 2015 年初相比，分别下降 4.15 个百分点和 1.48 个百分点；从更长的区间观察，基础产业信托和房地产业信托较近 5 年内的最高点分别下降了约 10 个百分点和 5 个百分点，传统业务收缩明显。在当前经济持续低迷的背景下，基础设施投资成为拉动国内需求的重要力量，但在中央对地方严控负债行为、优化负债结构的背景下，市政类信托展业空间不断缩小。就房地产业来看，全国整体房地产开发投资依然不振，随着各地调控政策的出台，交易活跃度迅速下降，房地产业隐含风险不断累积，信托公司对房地产业的展业风险评估也趋向谨慎，房地产业信托占比已创近 5 年新低。

投向证券市场和金融机构的信托占比，在 2016 年 3 季度末分别为 17.72% 和 19.10%，与 2015 年初相比，分别上升了 1.16 个百分点和 3.35 个百分点；从更长的观察区间看，证券市场信托和金融机构信托较近 5 年内的占比最低点上升了 9～10 个百分点，增长趋势明显。2016 年，在股市恢复相对平淡的行情之后，债市的持续繁荣为证券市场信托提供了持续增长的动力。2016 年 4 季度和 2017 年，债市随着市场利率的抬升而逐步进入“去杠杆”和“去泡沫”周期，而股市的回暖迹象也随着楼市和债市的调整逐渐显现，因此未来证券市场信托的增长格局将更加复杂。

（二）2017年信托业务发展展望

1. 泛资管行业变局下信托地位或将回升

2016 年，在大金融监管的趋势下，泛资管市场监管不断升级，行业格局也随之悄然发生改变。在新时期的泛资管市场中，私募基金与互联网金融监管逐渐完善，券商资管与基金子公司的监管套利空间不断收窄，银行理财发展的监管界限更加清晰，并且表外理财未来将被纳入广义信贷范畴进行 MPA 考核，信托公司的监管关注点则逐渐转向风险的实质性处置。总体来看，泛资管行业变局下信托公司的优势或将凸显，行业地位也将回升。

信托公司的优势主要体现在两个方面。一方面，信托公司已经建立了清晰的业务规范体系及发展方向。在财富管理领域，信托公司直销能力逐步提升，同时财富管理业务不断走向深化；在私募投行领域，信托公司除了深耕传统的债权市场，在股权投资、资产证券化等领域也不断深入发展，信托行业以资产管理为载体、以财富管理和私募投行为侧翼的业务体系不断丰富和完善。另一方面，信托公司具有完备的风险控制体系。当前信托行业已形成涵盖净资本管理、信托公司恢复与保障机制、信托赔偿准备金及信托业保障基金等诸多机制在内的完善的风险控制与防范体系。

信托公司行业地位的提升主要体现在信托牌照价值的回升上。2016 年，商业银行理财监管新规、信贷资产收益权转让业务细则先后将信托计划作为相应业务唯一的通道，这体现了信托在泛资管市场中被充分认可的市场作用与行业地位。不仅如此，信托的牌照价值还体现在牌照的稀缺性和集中性上。2015 年，泰康、安邦分别入股国投信托和天津信托；2016 年 8 月，富德生命人寿正式获批受让国民信托 93.44% 的股权；近期在北交所挂牌转让的四川信托 30.25% 股权受到了多方追逐，成为市场热点。可见，近年来不论是包括保险在内的金融资本还是产业资本，都对可实现多市场混业经营的信托牌照产生了越来越浓厚的兴趣。未来，只要信托牌照发放不放开，这一趋势还将继续保持。

2. 资产获取能力的差异加剧行业分化

虽然从 2016 年末开始，市场流动性出现紧张趋势，但总体而言，2017 年整个市场“资产荒”的局面仍将难以得到根本改善。对于信托行业而言，资产端投资标的稀缺主要体现在以下几方面。市政行业，由于地方政府的融资渠道不断拓宽，在地方债务严格治理的背景下，符合条件的市政平台逐渐以低成本的发债融资取代高成本的信贷和信托融资，交易对手的选择与合作难度不断增加；房地产业，在政策转向后，房地产业发展接近拐点，多数信托公司已对房地产领域的展业持谨慎态度；证券投资行业，同样展业受阻，债市泡沫已逐步破裂、股市回稳前景也尚不明确，风险敞口依然较大；创新业务领域，信托对资产证券化及类 REITs 业务的参与更加依赖对基础资产的获取。因此，从信托公司自身角度来看，虽然业务转型不断推进，但在资产证券化业务、国际化业务、PPP 投资及消费信托等各创新领域，信托公司及信托资金适应投资市场的转变仍需一个过程。

因此，在一定的风险管控水平下，资产获取能力将成为衡量信托公司经营能力的重要标尺，同时也成为行业内部分化加剧的重要源泉。在全面风险监管下，部分资产获取能力较弱的信托公司将难以有效开展信托业务，从而面临信托资产规模特别是集合信托规模增速不断下滑甚至负增长的局面。显然，集合信托资产规模的萎缩将在很大程度上制约营业收入尤其是信托业务收入的增加，进而影响公司利润的创造。相反，资产获取能力强且具有良好风控能力的信托公司，将在行业竞争中获得更好的业绩。

2017 年，“得资产者得天下”的行业格局将继续维持，其中资产获取能力较差的信托公司将更多依靠单一类信托以求得生存；资产获取能力较强但风控措施不到位的信托公司短期内或许可以快速冲高规模，但长期暴露的风险敞口不可小视；只有资产获取能力强且具有完备风控体系保障的信托公司才能在未来长期的行业竞争中真正占得优势。

3. 资本扩充仍将成为行业发展重要动力

资本实力是衡量信托公司综合实力的一个重要指标，也是在净资本管理、行业评级等监管政策约束下进一步驱动业务拓展、鼓励业务创新的重要动力。2016 年以来，信托公司做大资本规模的冲动愈加明显，一方面体现在延续 2014 年的“增资潮”，另一方面体现在 2016 年集中释放的上市需求，而这一势头也将在 2017 年持续。

在刚性兑付、监管政策与监管评级导向以及产品创新要求的约束下，信托行业已逐渐展现出一种重资产经营的特征，而增资扩股是短期内实现做大资本的快速途径。2016 年以来，包括光大兴陇信托、民生信托、长安信托、华信信托及昆仑信托等在内的十多家信托公司已经完成增资工作，其中既有如长城新盛信托、西藏信托等原本资本规模较小的公司，也有华润信托、昆仑信托及光大兴陇信托等增资后资本规模跻身行业前列的公司。2017 年，信托公司的增资行为在一定范围内势必将得以延续，行业平均注册资本规模将不断创造新高。

挂牌上市是做大资本的一条有效途径，信托行业的上市热情在 2016 年也实现了快速释放。2016 年，无论是山东信托赴港谋求上市，还是多家信托公司拟通过重大资产重组实现“曲线上市”，都受到了市场的广泛关注。2016 年 12 月以来，已有江苏信托、昆仑信托和五矿信托三家成功实现“曲线上市”，为行业其他拟上市企业提供了范本。上市无疑能给信托公司带来诸多好处，包括增强资本实力、完善公司治理、激励利益相关者以及提升公司品牌价值和影响力等。近年来，随着资本监管条例的逐步出台，信托行业通过上市融资缓解资本压力的需求进一步加大，为此，信托行业一直在努力弥补上市要求中的短板，包括翔实产品信息披露、建立信托业保障基金及加强净资本约束等。但是，由于监管层面目前仍持谨慎态度，在短期内实现A股的独立上市仍存在较大的监管壁垒，信托公司仍需保持充分耐心。

4. 信托收益率未来将逐步止跌回升趋稳

一般而言，信托产品的预期收益率与同期市场利率水平变化趋势相近，同时受信托产品市场的供求因素波动影响。截至2016年底，人民币存款基准利率已超过14个月没有下调，人民币存款准备金率水平也已维持10个月未调，但同期的固定收益类信托产品预期收益率已从9%左右回落至6%左右，下降幅度近3个百分点。信托产品预期收益率的快速下降，一方面体现了“资产荒”背景下资金相对资产的议价能力不断下降；另一方面反映了信托产品仍然存在较高的性价比，市场的认可程度在不断提升。

从国际货币环境角度看，美联储已于2016年底如期加息，全球其他主要经济体货币政策转向及加息的预期不断升温，国内也逐渐出现流动性趋紧的现象，加息可能性也有所增加。从国内宏观角度看，不论是GDP、工业增加值和进出口，还是社会消费品零售、CPI和PPI，均一定程度上出现了趋稳甚至回暖的迹象，央行“放水”的时代即将过去，同时央行加息的经济基础也逐渐稳固，资产价格特别是利率上行的预期将逐渐增强。从信托市场的供求角度看，信托资产端出现了一部分展业机会，如对平台企业和房企发债监管收紧后，一部分融资需求已流回信托；同时，在资金端对接银行理财则因监管政策的变化而难度不断加大，信托产品的市场供求关系将在2017年出现一定程度的逆转。综合以上国际、国内货币环境及产品供求关系等多方面因素，在市场不出现大的风险事件的情况下，2017年信托市场的产品收益率或将出现止跌、回升并趋稳的局面。

五　券商资管

（一）2016年券商资管概况

1. 发展概况

2016 年，证券公司资产管理业务保持快速发展势头，券商资管在规模、主动管理能力等方面都有长足进步。截至 2016 年 3 季度末，证券公司共发行各类资产管理产品 22887 只，总规模突破 15 万亿元，达到 157669 亿元，较 2015 年底增长了 33%（见表 2）。

表 2　2016 年 3 季度末证券公司资产管理产品情况

类　别	2016 年 3 季度		2015 年	
	产品数量（只）	规模（亿元）	产品数量（只）	规模（亿元）
集合资产管理计划	3646	21339	3242	15574
定向资管计划	18505	130872	14830	101580
专项资管计划	330	3265	156	1794
直投子公司直投基金	406	2192	—	—
合计	22887	157669	18228	118948

资料来源：中国证券投资基金业协会。

从结构上来看，定向资管计划仍占据最大份额，截至 2016 年 3 季度末，证券公司共发行了 18505 只定向资管计划产品，规模为 130872 亿元，增长 29%，占比达到 83%，但相对于 2015 年底的 85%，比重有所下降；集合资产管理计划共发行了 3646 只产品，规模为 21339 亿元，增长了 37%，占比从 2015 年的 13% 提升至接近 14%；专项资管计划规模为 3265 亿元，增长 82%；另外，证券公司直投子公司直投基金共有 406 只，规模为 2192 亿元。

整体上看，2016 年证券公司资产管理业务延续了近年来的快速发展态势，但随着证券公司资管规模的快速扩张，其年度增幅逐步回落。2012 ~

2015 年，其每年的增幅均超过或接近 50%，2016 年增幅有所回落，至 2016 年 3 季度增长 33%，全年增长不足 50%（见图 12）。

图 12　2008 年以来证券资产管理业务规模变化

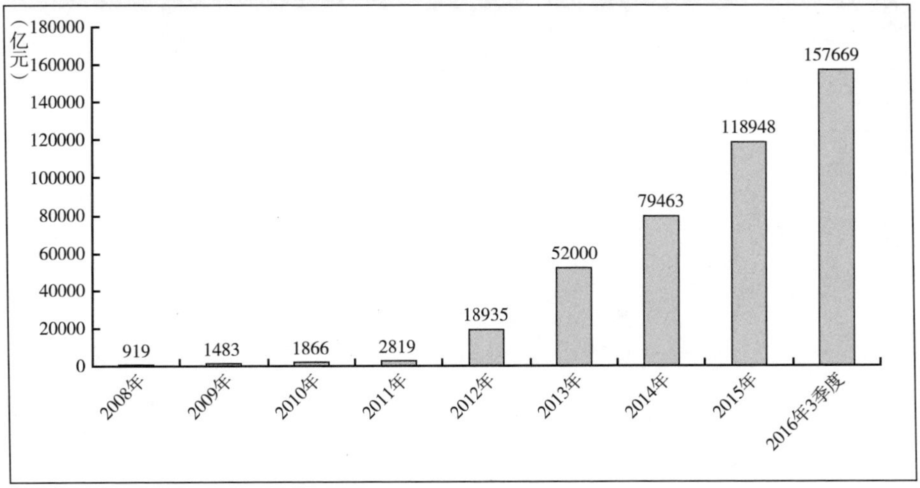

资料来源：中国证券投资基金业协会、中国证券业协会。

2. 市场格局

随着证券公司对资产管理业务越来越重视，行业竞争更为激烈，更多中小型证券公司加大了资产管理业务的拓展力度，表现在行业竞争格局上就是市场集中度下降。截至 2016 年 3 季度末，资产管理规模排名前 10 的证券公司合计总规模达到 7.6 万亿元，市场占比 48%，较 2015 年底的 50% 下降了 2 个百分点（见表 3）。

2016 年资产管理规模排名前 10 的券商与 2015 年底相同，但前 10 名内部排名发生了较大变化。中信证券以超过 1.6 万亿元的规模继续排名榜首，也是唯一一家规模过万亿元的公司；海通证券资管和华泰证券资管规模均超过 8000 亿元，分别居第 2 名和第 3 名；而 2015 年排名第 2 的申万宏源证券下滑至第 7 名。从更能代表证券公司资产管理能力的主动管理资产规模来看，资产管理规模排名前 10 的公司中有 8 家进入主动管理资产规模前

10位，其中，中信证券以5912亿元的主动管理资产规模，依然排名第1，而齐鲁证券资管和中金公司取代海通证券资管和招商证券资管，进入主动管理资产规模前10位（见表4）。

表3　2016年3季度末资产管理规模排名前10的证券公司

排名	机构名称	规模（亿元）
1	中信证券	16429
2	海通证券资管	8273
3	华泰证券资管	8220
4	中信建投证券	7692
5	广发证券资管	7011
6	国泰君安证券资管	6755
7	申万宏源证券	6539
8	中银国际证券	5347
9	招商证券资管	5238
10	华福证券	4504
合计		76008

资料来源：中国证券投资基金业协会。

表4　2016年3季度末主动管理资产规模排名前10的证券公司

排名	机构名称	规模（亿元）
1	中信证券	5912
2	广发证券资管	4999
3	华泰证券资管	2388
4	国泰君安证券资管	2353
5	华融证券	1806
6	中银国际证券	1745
7	申万宏源证券	1693
8	齐鲁证券资管	1448
9	中信建投证券	1387
10	中金公司	1141
合计		24872

资料来源：中国证券投资基金业协会。

3. 新发产品

2016年，证券公司新发集合理财产品5791个，合计发行2827亿份，与2015年相比，虽然新发产品数量增长了14%，但发行份额下滑了19%。

从新发产品的结构看，由于2016年初股票市场受熔断机制等因素影响出现大幅下滑，影响了投资者的信心，而债券市场全年大部分时间表现强势，吸引了较多资金关注，因此债券型集合理财产品发行份额达到1374亿份，占比49%；股票型产品782亿份，占比为28%；混合型产品487亿份，占比17%；货币型产品184亿份，占比为6%（见图13）。

图13　2016年证券公司新发集合理财产品结构

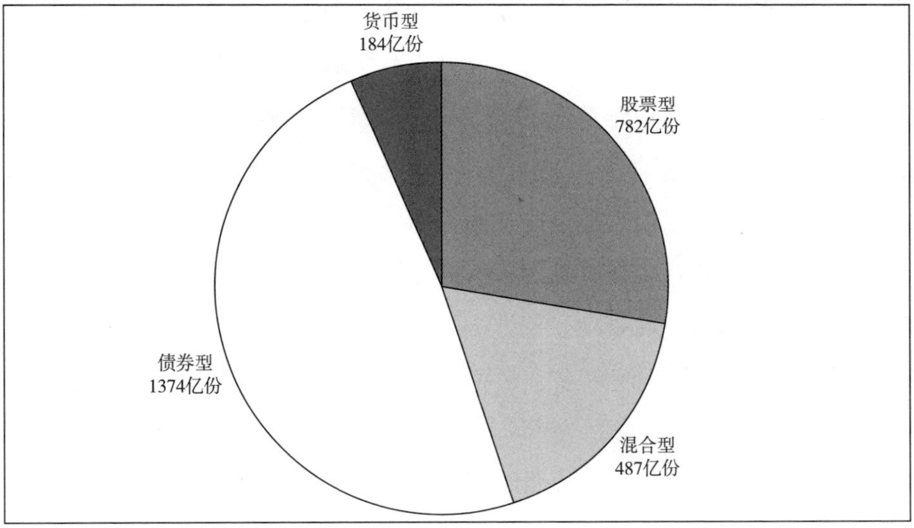

资料来源：Wind资讯。

（二）2017年券商资管发展展望

2017年，在证券公司全面监管、从严监管的背景下，风险控制和合规管理将是证券公司资产管理业务的工作重点。监管环境由以“松、宽、软”为主逐渐转变为回归监管本位、从严治理，监管框架更加明晰化、合理化，券商行业规范化程度不断提升。在全面监管的前提下进行业务创新，有助于证券公司资产管理业务保持良性向上发展的态势。展望2017

年，在规范中发展将成为证券公司资管业务发展的主基调。

首先，证券公司资产管理业务将保持增长势头，但增速有所下降。券商资管业务拥有产品、业务及客户方面的优势，可以进行跨资本市场和货币市场的资源配置，并且能协同经纪业务、投行业务获取项目资源。从产品方面看，券商资管能够依托资产证券化、衍生品业务等发行具有券商特色的产品。2017 年，在居民理财需求的推动下，券商资产管理规模将保持增长势头，但受杠杆约束与通道业务下降影响，业务增速将有所下降。

其次，去通道业务，发力主动管理业务。2016 年一系列资管新规发布后，券商资产管理业务的深度与广度将不断提升。目前券商资管业务通道规模占比较大，未来通道业务将被进一步压缩，资管规模增速有所放缓，倒逼资管业务提高主动管理能力，向主动管理方向转型。通道业务的利润空间进一步压缩。主动管理是资管业务的核心竞争力。资管业务加大主动管理业务力度，集合计划占比逐步提高，产品创设能力较强、流动性较高的券商有望获得竞争优势。

最后，积极申请公募基金资格。2015 年以来，证券公司积极申请公募基金牌照，截至 2016 年底，共有 12 家券商获得公募基金牌照。在券商大集合产品停止发行后，公募牌照能帮助券商进入 1000 元以下门槛的大众理财市场，有利于扩大客户范围、丰富产品线、提高竞争力。在券商大集合产品停止发行且监管政策鼓励公募基金等标准化产品发展的背景下，2017 年将有更多证券公司申请公募基金牌照，积极进军公募基金领域。

六　保险资管

（一）2016年保险资管概况

1. 规模

截至 2016 年末，我国保险资金投资余额为 109066.46 亿元，比上年增加21620.65亿元，增幅24.72%。2016年保险资金投资规模是2010年的3.39倍。从增长趋势看，2015年9月至2016年6月，保险资金投资呈现加速增长态势（见图14）。

图14 2010~2016年保险资金投资余额变化趋势

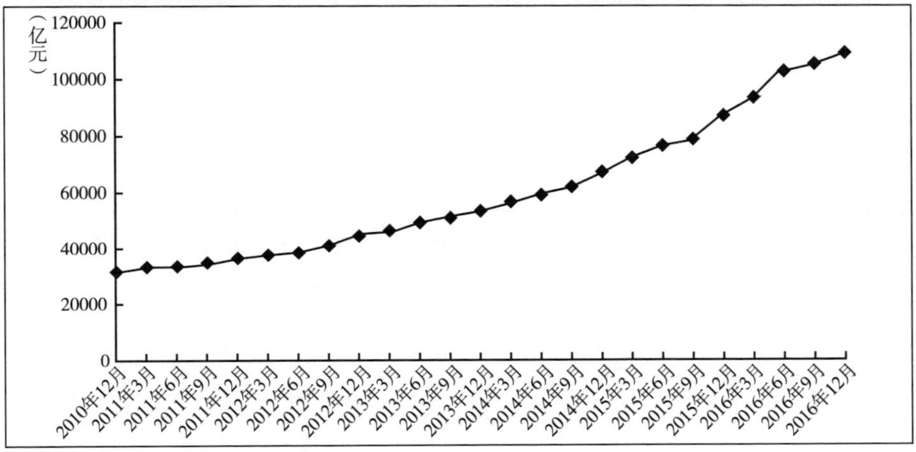

资料来源：建投研究院根据保监会有关数据整理。

2. 资产管理结构

在保监会放开保险资金投资渠道和比例的新政下，保险资金投资从过去以中低风险为主，转变为高中低风险均有涉及，尤其是在经济结构调整的背景下，资产配置更趋多元化。截至2016年末，我国保险资产管理规模为109066.46亿元，其中，债券43050.33亿元，占比39.47%，占比呈下降态势；股票和证券投资基金17788.05亿元，占比16.31%，占比相对减小；其他投资48228.08亿元，占比44.22%，继续保持增长态势，与2013年占比23.96%相比，提高了20.26个百分点（见表5）。

3. 2016年保险资金投资债券概况

2013~2016年，保险资金投资债券的余额平均保持8.88%的增长速度，截至2016年末，投资债券余额43050.33亿元。2016年1季度债券投资余额突破4万亿元大关，受债券市场波动影响，2016年4季度增幅出现回落（见图15）。

表5　2013～2016年保险资金投资各类资产占比情况

单位：亿元，%

资产类型	2013年	占比	2014年	占比	2015年	占比	2016年	占比
债券	33375.42	61.54	35599.71	52.35	38446.42	43.97	43050.33	39.47
股票和证券投资基金	7864.82	14.50	10325.58	15.18	16968.99	19.41	17788.05	16.31
其他投资	12992.19	23.96	22078.41	32.47	32030.41	36.63	48228.08	44.22
合计	54232.43	100.00	68003.7	100.00	87445.82	100.00	109066.46	100.00

资料来源：建投研究院根据保监会有关数据整理。

图15　2015～2016年保险资金债券投资余额变化趋势比较

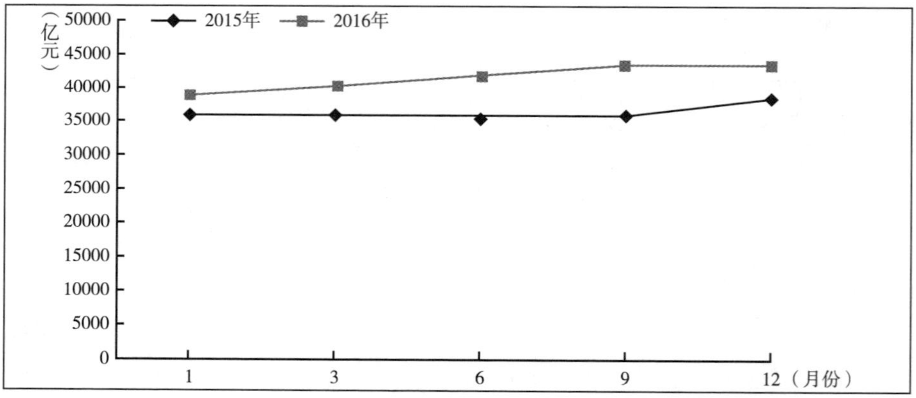

资料来源：建投研究院根据保监会有关数据整理。

4. 2016年保险资金投资股票和证券投资基金概况

我国保险资金投资股票和证券投资基金的规模在2014年、2015年保持两位数增长，2016年增速有所下降，年末投资股票和证券投资基金的余额达17788.05亿元，是2013年的2.26倍。从2016年各季度的变化看，3季度保险资金用于投资股票和证券投资基金的资金余额有明显回落（见图16）。

5. 2016年保险资金其他投资概况

近年来，保险公司用于投资债券、股票和证券投资基金以外资产的其他投资呈现大幅增长趋势，2013～2016年，其他投资年平均增幅达55.19%，

图16　2015 ~2016 年保险资金投资股票和证券基金余额变化趋势

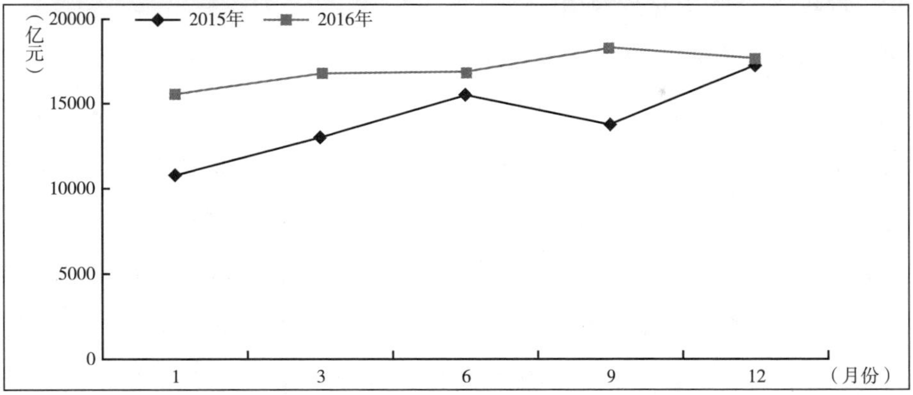

资料来源：建投研究院根据保监会有关数据整理。

2016 年余额达到 48228. 08 亿元，是 2013 年的 3. 71 倍。2016 年 2 季度，保险资金其他投资急剧增长，一举突破 4 万亿元，年底接近 5 万亿元（见图 17）。

图17　2015 ~2016 年保险资金其他投资余额变化趋势

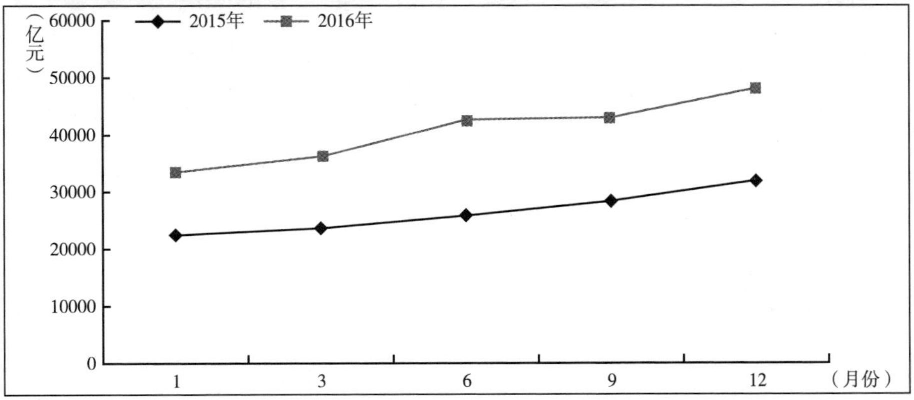

资料来源：建投研究院根据保监会有关数据整理。

（二）2017 年保险资管发展展望

1. 保险资管规模将继续保持增长态势

随着我国保险业资产规模的快速增长、新保险主体的不断涌现，保险资管的规模还将继续呈现增长态势，资产规模将进一步增加，预计2017年将接近或超过15万亿元规模。

2. 保险资管呈现差异化发展态势

目前保险资管整体有三类发展模式：第一类是专注于管理母公司资金的公司；第二类是第三方业务占比较大的公司；第三类是处于起步阶段的公司。三类发展模式之间差异较大，第一类模式及投资理念坚守传统，以负债驱动资产配置为主；第二类模式市场化程度较高，综合投资能力接近或达到充分竞争的大资产管理市场的标准；第三类模式正按照市场化理念和模式塑造提升。保险资管机构已具备由保险公司的附属投资机构向独立的资产管理机构转变的动力和能力，并呈现差异化发展态势。

3. 保险资金全球化配置是大趋势

随着中国经济与金融市场的对外开放，我国保险资金“走出去”步伐加快，截至2016年底，保险资金境外投资约占行业总资产的2.3%。在保费规模不断扩大、“资产荒”多重压力下，保险资金的必然选择是做好多元化全球资产配置，注重选择具有稳定现金流和较高投资收益的优质项目，有效分散国内市场投资风险。尽管受反全球化、人民币贬值压力影响，但预计2017年保险资金“走出去”步伐不会停止。

七　公募基金

（一）2016年公募基金概况

1. 公募基金发展概况

2016年，公募基金保持稳定发展态势，资产管理规模持续增长，但增幅下降。截至2016年底，我国境内共有公募基金管理机构121家，较2015年增加了9家，其中，基金管理公司108家，取得公募基金管理资格的证券公司12家，保险资管公司1家。

截至2016年底，公募基金管理机构共管理公募基金产品3820只，较2015年增加了1133只；合计管理公募基金8.86万亿份，较2015年增加了1.18万亿份，增幅为15%；公募基金净值为9.09万亿元，较2015年增加了7495亿元，增幅为9%（见图18）。虽然2016年公募基金净值规模保持增长，但相比2015年87%的增幅，增速明显下降。

图18　2007~2016年公募基金净值变化

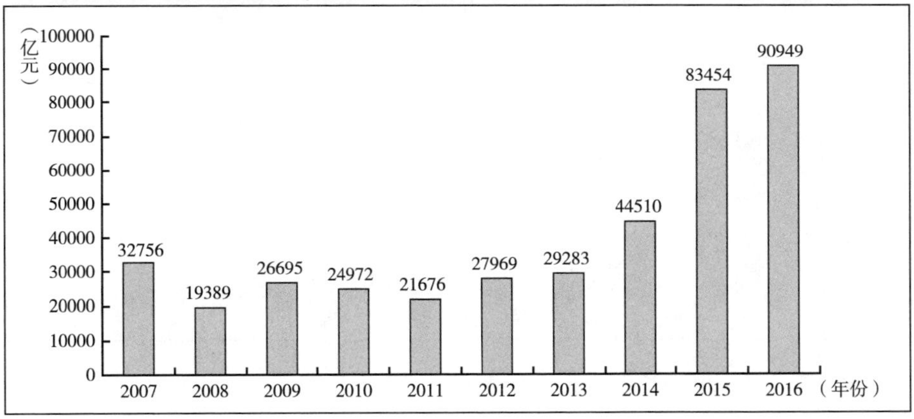

资料来源：Wind资讯。

（1）公募基金结构

2016年，公募基金市场结构的最大特点是债券型基金占比大幅增长，固定收益类产品占比接近70%，权益类基金占比明显下降。货币市场型基金净值为4.47万亿元，占比为49%，仍是第一大类基金，但规模同比下降了2.35%；混合型基金净值为2.1万亿元，占比23%，规模同比下降了8.18%；债券型基金净值1.79万亿元，占比20%，规模同比上涨了153%，是净值规模涨幅最大的产品；股票型基金净值为6430亿元，占比为7%，规模同比下降了8.18%；QDII基金净值为779亿元，占比为0.86%，受人民币贬值预期影响，QDII基金受到追捧，规模同比增加了38%；另类投资基金净值为229亿元，占比为0.25%（见图19、表6）。

图19 2016年底公募基金产品净值结构

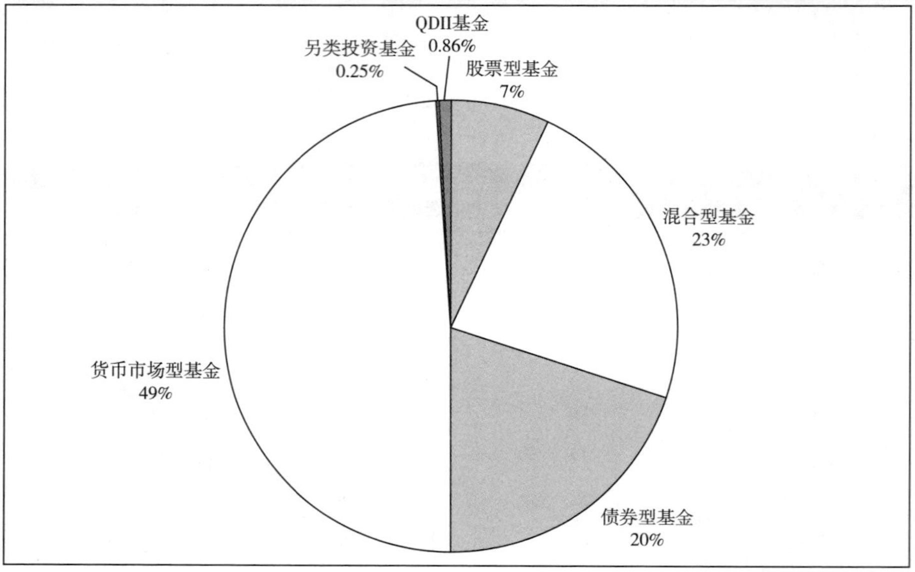

资料来源：Wind资讯。

表6 2015~2016年各类公募基金规模变化

基金类型	2015年净值(亿元)	2016年净值(亿元)	同比变化(%)
股票型基金	7007	6430	-8.24
混合型基金	22823	20956	-8.18
债券型基金	7057	17868	153.19
货币市场型基金	45761	44687	-2.35
另类投资基金	240	229	-4.58
QDII基金	565	779	37.98
合计	83454	90949	8.98

资料来源：Wind资讯。

从2016年公募基金的结构来看，即便不计混合型基金里的偏债混合型基金，仅货币市场型基金和债券型基金合计的固定收益类产品的净值规模已经达到6.26万亿元，占比达到69%。固定收益类产品占比提升的原因，一方面是以银行委外资金为主成立的绝大多数公募基金都是债券型基金，另一方面是在股票市场大幅振荡情况下，股票型基金对投资者吸引力仍然不大。

（2）新发基金情况

2016年新发基金数量首度突破千只，但募资能力明显下降，平均发行规模不及2015年的一半。根据Wind资讯数据，2016年新发基金1151只，较2015年增加329只；合计发行10826亿份，同比减少5607亿份，降幅为34%（见图20）。新发基金平均发行规模为9.4亿份，较2015年的20亿份下降了53%。

图20 2007~2016年新发基金数量和规模

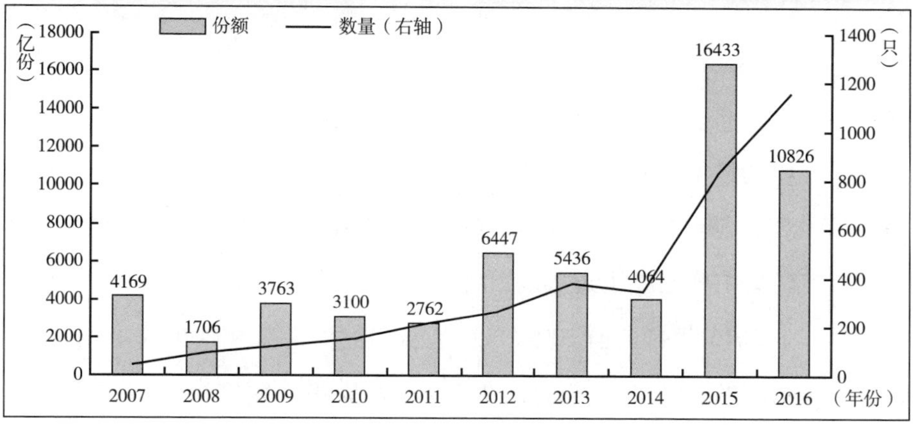

资料来源：Wind资讯。

从新发基金的结构来看，混合型基金新发数量和规模居所有基金类别之首，债券型基金的发行迎来爆发式增长。混合型基金全年新发569只，发行份额4555亿份，占比为42.08%，平均发行规模8.01亿份，发行数量虽然较2015年增加了135只，但发行份额减少6819亿份，下降了60%。新发债券型基金大幅增长，全年新发407只，合计发行4492亿份，发行份额占比41.49%，发行数量同比增加了327只，募资额大幅增加了585%。新发货币市场型基金67只，发行份额1163亿份。新发股票型基金77只，发行份额455亿份。其他类型基金发行数量和规模相对较少（见表7）。

表7 2016年新发基金募集情况

基金类别	发行数量（只）	发行份额（亿份）	发行份额占比（%）	平均发行规模（亿份）
股票型基金	77	455	4.20	5.91
混合型基金	569	4555	42.08	8.01
债券型基金	407	4492	41.49	11.04
货币市场型基金	67	1163	10.75	17.36
另类投资基金	6	21	0.19	3.43
QDII基金	25	140	1.29	5.59
合　计	1151	10826	100.00	9.41

资料来源：Wind资讯。

（3）市场竞争格局

2016年，随着公募基金管理机构继续增加，行业竞争更为激烈，公募基金市场集中度延续了近年的下滑趋势。行业排名前10名的公司有所变化，其中2015年排名前10的广发基金和汇添富基金跌出前10名，博时基金和招商基金则跻身行业前10名。天弘基金凭借余额宝的规模扩张，以8450亿元的净值继续位居第1，其净值同比增长了25%，高于行业平均增幅，工银瑞信基金凭借工行背景，以4603亿元的基金净值上升至行业第2名，较2015年底上升了2个名次，易方达基金和华夏基金分别排名第3和第4，但基金净值同比分别下降了25.64%和30.75%，其他排名前10的公司基金净值都有不同幅度的增长，其中博时基金的净值从2059亿元增至3762亿元，增幅达到83%，在前10名的公司中增长幅度最大（见表8）。

表8 2016 年公募基金净值排名行业前 10 的公司

排名	基金公司	基金数量(只)	基金净值(亿元)	净值市场占比(%)
1	天弘基金	52	8450	9.22
2	工银瑞信基金	99	4603	5.02
3	易方达基金	107	4283	4.67
4	华夏基金	92	4140	4.52
5	南方基金	116	3915	4.27
6	建信基金	82	3771	4.11
7	博时基金	163	3762	4.10
8	嘉实基金	112	3537	3.86
9	招商基金	116	3455	3.77
10	中银基金	76	3421	3.73
	合计	1015	43337	47.27

资料来源：银河证券。

2016 年，行业排名前 10 的基金公司公募基金净值合计 4.33 万亿元，占比为 47.27%，较 2015 年的 49.30% 下降了约 2 个百分点，延续了 2014 年以来的下滑趋势（见图 21）。

图21 2007~2016 年公募基金市场集中度变化

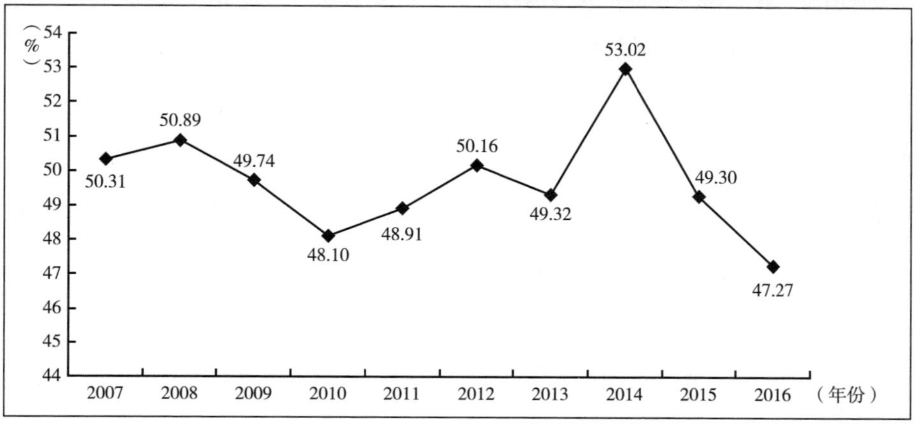

资料来源：银河证券。

（4）投资业绩

2016年沪深股票市场普遍下跌，再加上年底的债市风波，导致股票型基金净值明显下跌，而QDII基金和其他基金中的黄金基金整体表现较好。根据银河证券数据，股票型基金平均净值增长率为-11.87%，混合型基金平均净值增长率为-9.08%，是表现最弱的两大类基金。而其他基金（以黄金基金为主）平均净值增长率为16.8%，表现最好；QDII基金受海外市场走强和人民币贬值的影响，平均净值增长率为6.07%，表现也相对较好（见表9）。

表9　2016年各类基金平均净值增长率

基金类别	统计基金数量（只）	参与平均基金数量（只）	平均净值增长率（%）
股票型基金	689	553	-11.87
混合型基金	2196	1154	-9.08
债券型基金	1127	568	-0.40
其他基金	14	9	16.80
货币市场型基金	533	351	2.60
QDII基金	15	12	6.07
封闭式混合基金	71	13	-2.57
封闭式债券基金	288	155	2.05

资料来源：银河证券。

2. 基金公司非公募业务发展概况

2016年基金公司非公募业务快速增长。截至2016年3季度末，基金公司非公募业务总规模已达6.24万亿元，较2015年底增长了55%（见图22）。非公募业务中的专户理财继续快速增长，全国社保基金受托管理和企业年金受托管理业务保持稳定增长。

（1）专户理财

2016年，基金公司专户理财业务维持了近年来快速增长的势头。截至2016年3季度，专户理财业务规模为5.02万亿元，较2015年底增加了2.17万亿元，增幅为76%（见图23）。

图22　2009～2016 年3 季度基金公司非公募业务总规模

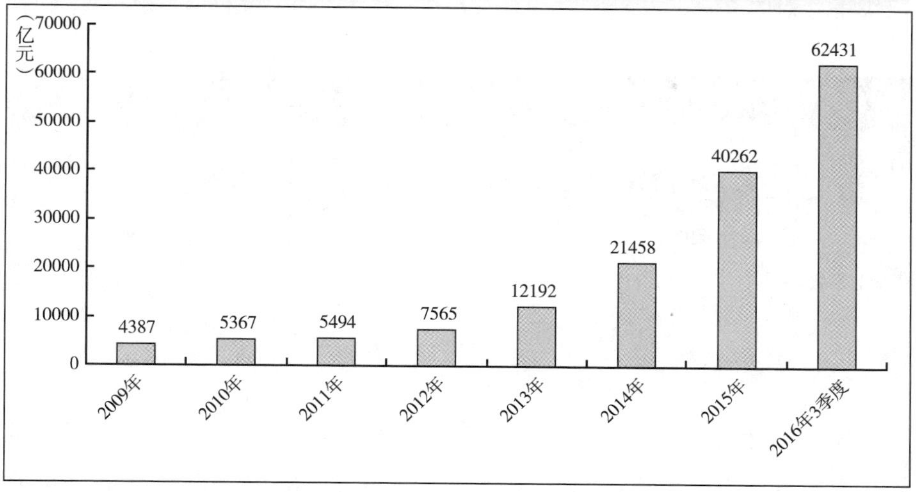

资料来源：中国证券投资基金业协会。

图23　2009～2016 年3 季度基金公司专户理财业务规模

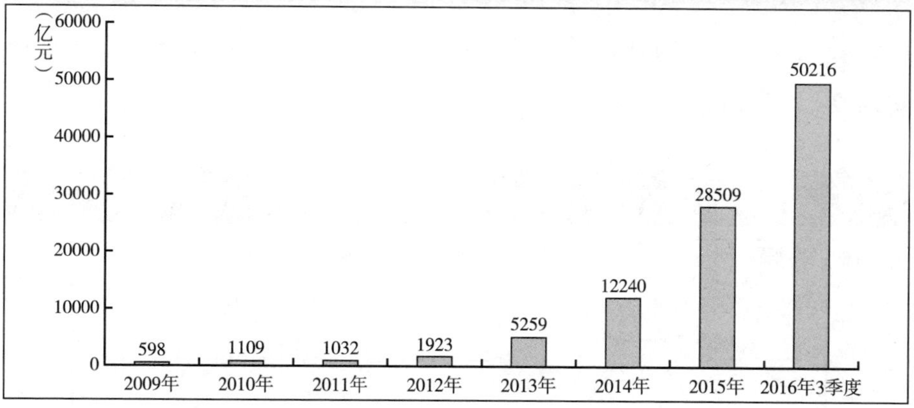

资料来源：中国证券投资基金业协会。

从专户理财业务结构来看，一对一产品无论是规模占比还是增长速度都明显领先于一对多产品。2016 年3 季度末，一对一产品数量为3481 只，资产规模4.1 万亿元，分别较2015 年增长了74.4%和92.7%；同期一对多产品数量从3109 只增长至3291 只，增幅为5.9%，资产规模从7246 亿元增长至9239亿元，增幅为27.5%（见表10）。一对一产品的增长速度远远快于一对多产品。

表10 2015~2016年3季度基金公司专户理财业务发展情况

产品类型	2015年		2016年3季度	
	产品数量（只）	资产规模（亿元）	产品数量（只）	资产规模（亿元）
一对一产品	1996	21263	3481	40977
一对多产品	3109	7246	3291	9239

（2）全国社保基金受托管理

全国社保基金自成立以来规模稳定增长，2015年底，全国社保基金资产总额为1.91万亿元，较2014年增长了24.63%。全国社保基金除全国社保理事会进行直接投资外，近年来更为重视专业化、市场化投资，委托给基金公司等专业化投资机构投资的规模越来越大，占比越来越高。2015年底，全国社保基金委托专业投资管理人运作的规模为10356亿元，委托投资占全国社保基金资产总额的54.11%，委托投资占比创历史新高(见图24)。

图24 2006~2015年全国社保基金规模及委托投资占比变化

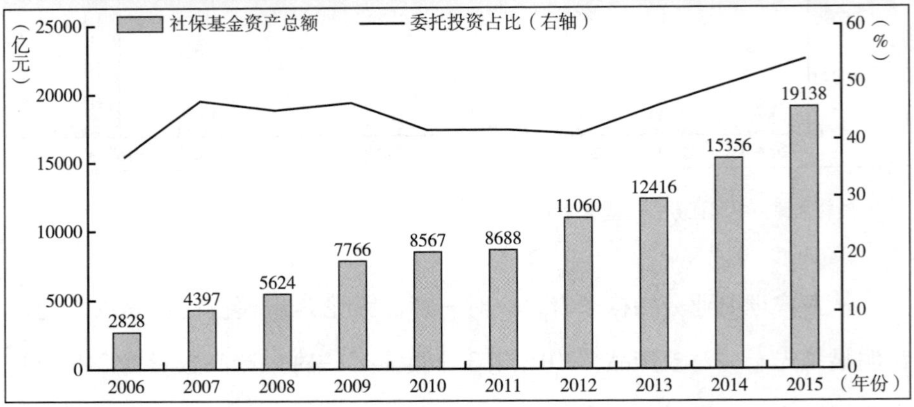

资料来源：全国社保理事会。

根据全国社保理事会的数据，截至2015年底，全国社保基金自成立以来的累计投资收益额为7908亿元，年均投资收益率为8.82%。从社保基金历史收益率变化情况来看，2006~2008年由于A股市场的大幅波动，年度投资收益率波动较大，但近几年投资收益率逐步趋于稳定，2014~2015年的年均投资收益率保持在10%以上，其中2015年为15.19%，社保基金专业化运作起到了较好的保值增值作用（见图25）。

图25　2006~2015年全国社保基金投资收益率变化

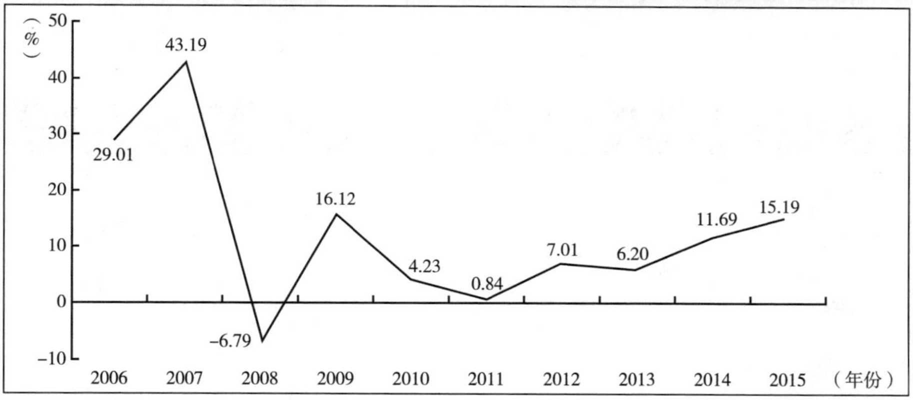

资料来源：全国社保理事会。

基金公司凭借专业化的投资管理能力，一直是全国社保基金最为重要的投资管理人。截至目前，全国社保基金共选聘了18家投资管理人，其中16家为基金公司。截至2015年底，基金公司所管理的全国社保基金规模为8111亿元，占全国社保委托投资额的78%。2016年3季度末，基金公司管理的社保基金进一步增加至8242亿元，但增速较之前有所放缓（见图26）。

（3）企业年金受托管理

截至2016年3季度末，全国共有76058家企业建立企业年金，参加职工2324万人，积累资金10666亿元，实际运作资金10391亿元，其中由基金公司管理的企业年金规模为3973亿元，占比为38.24%（见图27）。从

图26　2012～2016 年 3 季度基金公司管理全国社保基金情况

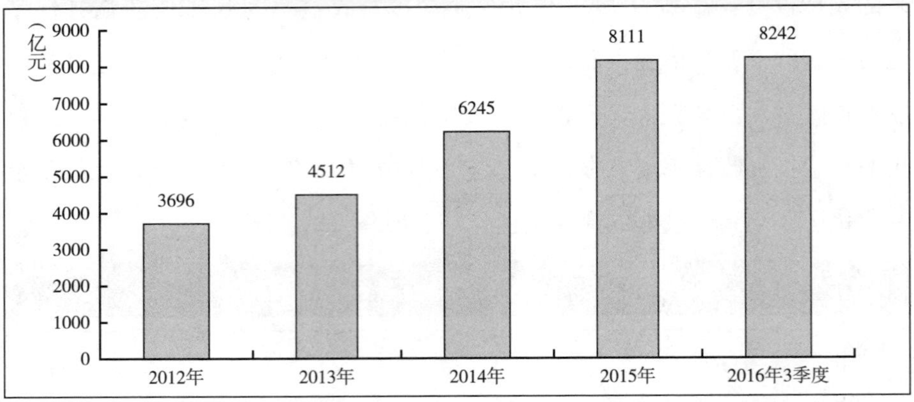

图27　2009～2016 年 3 季度基金公司管理企业年金规模

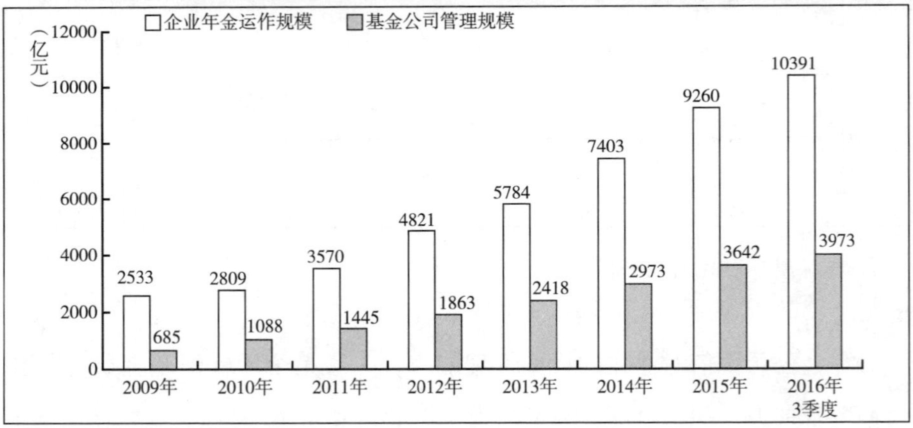

资料来源：人力资源和社会保障部。

收益率来看，2012～2015 年企业年金加权平均收益率分别为 5.68%、3.67%、9.3%、9.88%，2016 年前 3 个季度的加权平均收益率为 2.63%。

从 2016 年前 3 个季度的情况来看，企业年金发展速度明显下降。一是建立企业年金的企业仅比 2015 年底增加 604 家，参加职工仅增加了 7.7 万人，积累资金增加了 12.21%，均较以往年度增长速度明显下降。随着建立企业年金的企业数量增速放缓，企业年金规模的增长将主要来自存量规模的自然增长。

3. 基金子公司业务发展概况

2012 年底基金子公司获准成立以来，2016 年是其监管模式发生颠覆性变化的一年。2016 年 5 月，监管部门就《基金管理公司子公司管理规定》和《基金管理公司特定客户资产管理子公司风险控制指标管理暂行规定》广泛征求意见。11 月 29 日，证监会正式发布上述两部法，这两部法规有两个核心要点：一是提高了基金子公司设立门槛；二是对基金子公司实施以净资本约束为核心的风控管理和分级分类监管。两部法规的颁布对基金子公司未来的发展模式将产生重大影响，随着监管的收紧，基金子公司将告别野蛮生长时代。

2016 年，基金子公司业务发展速度明显放缓，尤其是上述两部法规开始征求意见后，基金子公司资产管理规模基本停止增长。截至 2016 年 3 季度末，基金子公司共发行了 16040 只产品，较 2015 年底减少了 52 只；管理资产规模为 11. 15 万亿元，较 2015 年底增长了 30%（见图 28）。从产品结构上看，一对一产品 8974 只，资产管理规模为 8. 45 万亿元，占比为 76%；一对多产品 7066 只，资产管理规模为 2. 7 万亿元，占比 24%，一对一产品规模远大于一对多产品。

图 28　基金子公司资产管理规模变化

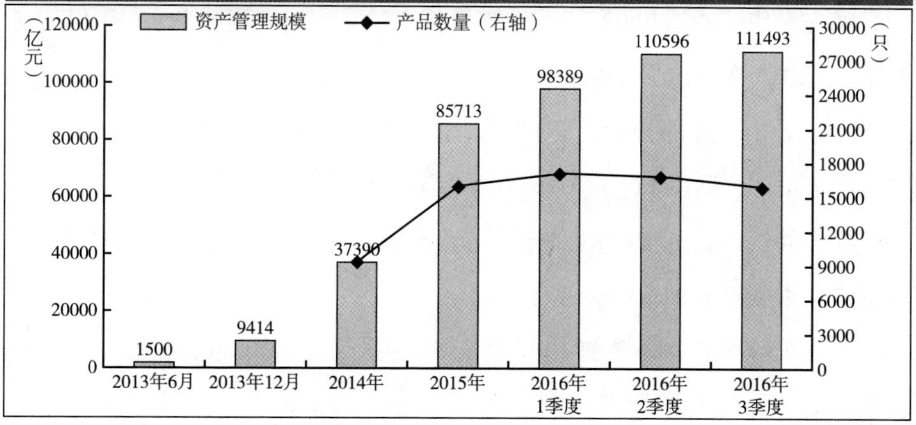

资料来源：中国证券投资基金业协会。

从季度数据可以看出，从2016年2季度开始基金子公司业务扩张速度明显下降，3季度基本陷入停滞。1季度，无论是产品数量还是资产管理规模都较2015年底有明显增长；2季度，虽然资产管理规模继续增长，但产品数量环比减少了281只；3季度，资产管理规模仅较2季度增长0.81%，而产品数量进一步减少了896只（见表11）。如果与1季度末的17217只产品数量相比，3季度末产品数量已经减少了1177只。很显然，2季度以后基金子公司新发产品数量已经开始小于到期兑付产品数量，基金子公司获准成立以来快速发展的势头已经逆转。

表11　2015～2016年3季度基金子公司业务概况

时间	2015年	2016年1季度	2016年2季度	2016年3季度
管理规模（亿元）	85713	98389	110596	111493
产品数量（只）	16092	17217	16936	16040

资料来源：中国证券投资基金业协会。

大公司增速低于小型公司，行业集中度有所下降。2016年3季度末排名前10的基金子公司合计资产管理规模5万亿元，较2015年底增长了20%，较行业整体增速低了10个百分点。前10大公司资产管理规模行业占比44.86%，与2015年底的48.48%相比，行业集中度有所下降。

平安大华汇通以7902亿元的规模排名第1，招商财富以6859亿元排名第2，2015年排名第1的民生加银资产因违规开展资金池业务，受到暂停产品备案6个月的处罚，资产管理规模从8068亿元下降至6811亿元，排名降至第3（见表12）。2015年排名第4和第7的融通资本财富和天弘创新资产的资产管理规模也都有不同程度的减少，跌出前10名，建信资本和南方资本则跻身前10名。

从股东背景看，排名前10的基金子公司，8家属于银行系，不少银行系基金子公司的资产管理规模也远远超过了基金母公司。从中也不难看出，基金子公司业务规模的快速扩张，主要还是依赖通道业务。

表12　2016 年3 季度排名前10 的基金子公司

排名	公司名称	管理规模（亿元）
1	平安大华汇通	7902
2	招商财富	6859
3	民生加银资产	6811
4	建信资本	6290
5	博时资本	5174
6	浦银安盛资产	4442
7	鑫沅资产	3697
8	兴业财富资产	3026
9	南方资本	2925
10	交银施罗德资产	2892
合计		50018

资料来源：中国证券投资基金业协会。

（二）2017年基金公司业务发展展望

1. 公募业务将继续稳步发发展

公募基金是所有资产管理类别中受监管最为严格的，也是所有资产管理业务中最公开、透明的类别，同时代表了当前政策面最为鼓励发展的方向。2016 年，由于证券市场的震荡和银行委外业务的发展，固定收益类公募基金发展相对较快，而权益类基金发展相对缓慢。受2016 年爆发的债市风波以及银行委外资金受限的影响，权益类公募基金的发展可能更受重视，而权益类基金受 A 股市场走势影响较大，其发展速度将在很大程度上取决于市场表现。

2. 公募业务市场竞争更为激烈

在当前的监管导向下，公募业务的发展受到青睐，包括券商、私募等机构都希望进军公募领域，目前在证监会排队申请公募牌照的机构已有几十家。未来随着更多机构获得公募牌照，行业的竞争将更为激烈。随着不同类别机构进入公募领域，已经出现了自然人控股的基金公司，基金公司的竞争将不仅体现在产品上，同时还体现在不同的体制、机制和发展模式上。

3. FOF 业务有望落地并快速发展

基金中的基金（FOF）是指将 80% 以上的基金资产投资于经证监会依法核准或注册的基金份额的基金。自 2016 年 9 月证监会公布《公开募集证券投资基金运作指引第 2 号——基金中基金指引》后，基金公司积极申报 FOF 产品，因为它们都看好 FOF 业务的发展前景。根据欧美公募基金发展的经验，未来中国 FOF 业务的市场规模将达到万亿元以上，这将是未来基金公司重点发展的产品，有望在 2017 年落地并取得快速增长。

4. 养老金业务的发展将更受重视

近年来，包括社保基金、企业年金在内的养老金业务日益受到基金公司的重视，这类资金由于其长期、稳定的特点受到青睐。未来随着机关和事业单位企业年金的落地和基本养老保险基金的市场化投资运营，养老金业务将更受基金公司重视。2016 年 12 月，全国社保理事会评出了 21 家基本养老保险基金证券投资管理机构，其中基金公司 14 家，未来随着基本养老保险基金市场化运营，养老金业务的重要性将进一步提升。

5. 基金子公司发展格局将产生变化，发展速度将大幅放缓

基金子公司管理新规的出台明确了以净资本为核心的风控体系，近年来推动基金子公司爆发式增长的通道业务受限，基金子公司快速发展的势头将受到抑制。同时，以净资本为核心的风控，意味着基金子公司的业务规模将在一定程度上和净资本实力挂钩，基金子公司将出现增资潮，股东实力强、具有增资能力和意愿的公司发展前景相对较好，而股东实力较弱的公司将集中精力发展主动管理业务，降低对净资本的依赖。

八　私募资管（含 PE/VC、阳光私募）

2016 年是私募基金强化监管的一年。中国证券投资基金业协会自 2014

年2月7日起正式开展私募基金管理人登记、私募基金备案和自律管理工作，截至2015年底，在中国证券投资基金业协会登记的私募基金管理人超过2.5万家，备案的私募基金超过2.4万只。

2016年2月5日，中国证券投资基金业协会发布《关于进一步规范私募基金管理人登记若干事项的公告》（本文以下简称《公告》），对私募基金管理人依法及时备案私募基金提出更为严格的要求。在中国证券投资基金业协会登记的私募基金管理人在既定期限内未备案首只私募基金产品的，将被注销登记资格。

根据中国证券投资基金业协会披露的数据，截至2016年底，合计有12834家机构被注销，一大批无展业能力的空壳机构被注销，行业构成得到优化。同时，3308家私募基金管理人在《公告》发布后完成登记。

截至2016年底，在中国证券投资基金业协会登记的私募基金管理人（含私募证券投资基金、私募股权投资基金和私募创业投资基金）17433家，较2015年底的25005家减少了7572家，降幅为30%，但备案的基金数量和认缴规模则继续快速增加，备案基金为46505只，增长了83%；基金认缴规模突破10万亿元，达到10.24万亿元，增长了97%；基金实缴规模7.89万亿元，增长了90%（见表13）。2016年底，私募基金从业人员27.2万人，较2015年底的37.9万人下降了28%。

表13　2014~2016年私募基金管理人及管理规模情况

年份	管理人数量（家）	基金数量（只）	认缴规模（万亿元）	实缴规模（万亿元）
2014	4955	7665	2.13	1.49
2015	25005	25369	5.21	4.16
2016	17433	46505	10.24	7.89

资料来源：中国证券投资基金业协会。

（一）私募股权投资基金

2016 年，私募股权投资基金规模保持快速增长的势头。2016 年底，受登记新规影响，在中国证券投资基金业协会登记的私募股权投资基金（含私募创业投资基金）管理人 9206 家，较 2015 年减少了 4035 家；备案的基金数量达到 17932 只，增长了 116%；实缴规模 4.69 万亿元，增长了 142%（见表 14）。

表 14　2014 ~2016 年私募股权投资基金管理人及管理规模情况

年份	管理人数量（家）	基金数量（只）	实缴规模（亿元）
2014	3366	3417	9098
2015	13241	8287	19390
2016	9206	17932	46897

资料来源：中国证券投资基金业协会。

（二）私募证券投资基金

1. 规模概况

截至 2016 年底，受登记新规的影响，在中国证券投资基金业协会登记的私募证券投资基金管理人有 7781 家，较 2015 年减少了 3184 家；备案基金 27015 只，较 2015 年增长了 78%；实缴规模 27661 亿元，较 2015 年增长 60%（见表 15）。

表 15　2014 ~2016 年私募证券投资基金管理人及管理规模情况

年份	管理人数量（家）	基金数量（只）	实缴规模（亿元）
2014	1438	3766	4640
2015	10965	15182	17290
2016	7781	27015	27661

资料来源：中国证券投资基金业协会。

2. 新产品发行

根据Wind资讯数据，2016年私募证券投资基金共新发1.5万只，合计募集资金1981亿元。从月度发行情况看，7月发行新产品数量最多，达2969只（见图29）。从发行结构看，股票型基金发行规模最大，达1561亿元，占比达79%，其次为债券型基金360亿元，占比18%，其他类型产品发行规模相对较小。

图29　2016年私募证券投资基金月度新产品发行数量

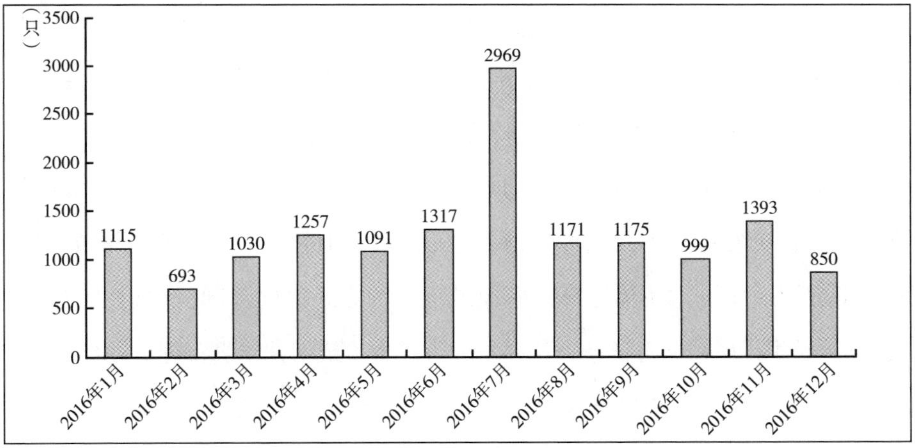

资料来源：Wind资讯。

九　小结：2017年资产管理机构面临的挑战与机遇

2016年12月召开的中央经济工作会议强调，要把防控金融风险放到更加重要的位置，下决心处置一批风险点，着力防控资产泡沫，提高和改进监管能力，确保不发生系统性金融风险。对于2017年的资产管理行业来说，无论是宏观经济环境还是监管政策导向，防风险都是首要任务，2017年，资产管理机构既面临积极回归资产管理业务本源所带来的机遇，也面临不容忽视的挑战。

（一）资产管理机构面临的挑战

与欧美等成熟海外市场相比，我国的资产管理行业仍处于发展的初级阶段，监管环境和业务模式都还不够完善和成熟，资产管理机构之间的竞争更多停留在低水平的同质竞争上，差异化竞争的格局还远未形成。随着近年来资管行业规模的快速扩张，其中隐藏的风险和挑战也不容忽视。

一是在分业监管的大环境下，不同资产管理机构面临的监管标准、监管尺度还有待进一步统一与明确。不同监管机构在类似产品的投资范围、募集推介、投资者适当性等方面尚存在较大分歧。监管标准的不统一在导致监管套利的同时，也存在引发局部甚至系统性金融风险的可能。

二是部分业务脱离服务实体的本质，抬高了实体经济融资成本。资产管理机构的蓬勃发展离不开实体经济的“哺育”，但是从资产管理业务的现状看，部分资金未进入实体经济，而通过不同的方式借助不同的渠道“以钱炒钱”，延长了投融资服务链条，抬高了融资成本，最终并未真正创造社会价值。

三是资产管理机构的核心竞争力尚未形成，风控能力不足。与国际一流的资产管理机构相比，我国资产管理机构在核心竞争力、诚信意识和风控能力方面尚存在不小的差距，部分机构过于注重短期利益，借助通道业务进行监管套利，忽视长远发展，部分产品层层包装嵌套，使得资管产品的风险在不同机构、不同市场间互相传导，降低了风险识别的可能性。当前，我国资管机构风控能力还跟不上业务发展的需要，产品链条的不断延伸容易引发系统性风险。

（二）资产管理机构面临的发展机遇

首先，居民财富的持续增长和财富管理需求的日益增加将推动我国资产管理业务持续增长。近年来，随着我国经济的快速发展，居民财富实现了持续稳定的增长，其财富管理需求也不断提升。当前房产在居民资产配置中的比重超过 50%，随着房地产业景气度的显著下降，房产配置比例明显收缩，金融资产逐渐成为居民资产配置的热点。

其次，利率市场化和人民币国际化将推动资产管理行业的发展壮大。近年来，我国利率市场化进程不断加快，利率市场化的推进也带来了居民理财意识的觉醒，当前我国居民资产配置已经出现从以存款和房产为主向以其他金融资产为主过渡的新趋势，居民资产合理配置的要求加快了资产管理行业的发展步伐。随着人民币国际化的推进，居民尤其是较为富裕的人群资产配置国际化的需求也将不断提升，这在推动资产管理机构业务发展的同时，也对其全球化配置能力提出了新的要求。

再次，养老金市场的扩大需要强大的资产管理机构。随着我国社会逐步走向老龄化，社保基金、企业年金乃至商业化养老保险的规模不断扩大，养老金出于保值增值的要求需要强大的资产管理机构进行专业化运营。从欧美等国家的经验来看，资产管理行业的发展壮大一般都伴随养老金规模的增长，二者存在相互促进的关系。

最后，监管升级不断促进我国资管行业向成熟方向发展，资管行业发展将出现分化。2017 年对信托业是一个难得的发展机遇期，尽管监管将进一步加强，但机遇远大于挑战；保险资管仍将继续保持较好的发展势头，但发展规范化要求将有所高；券商、基金公司应该也有机会，但挑战大于机遇，创新发展的压力增大。

投资人群：结构、行为与策略分析

文玉春

文玉春，统计分析师，美国加州大学洛杉矶分校访问学者，
中国建银投资有限责任公司博士后

投资提示

- 我国家庭财富全球排名和超高净值个人数量排名居全球前列。进入经济新常态后，私人财富累积增速将进一步放缓，高净值人群金融服务需求和非金融服务需求呈现新特征。

- 机构投资者进入快速发展时期，初步形成证券公司、信托公司、保险公司、合格境外机构投资者、社保基金、企业年金、投资公司等各种机构投资者竞争合作的多元化格局。

- 政府投资引导基金由政府牵头，吸引企业、机构和民间资本参与，通过市场化运作的方式进行资源配置的重点倾斜，体现着国家政策的导向性，叠加了资金、管理经验、先进技术和政策制度等多重效应，孕育着许多商业价值和投资机会。

- 产业资本是推动制造升级的主要力量，围绕创业创新和并购重组两大主题，在以“互联网+”、智能制造、消费升级、医疗健康等为代表的新经济中探寻价值洼地，加快布局。

经过30多年的持续高速增长，我国经济建设取得了巨大的成绩，中国经济成为世界第二大经济体。经济社会的发展也带动了私人财富的迅速积累。目前中国家庭财富全球排名第3，仅次于美国和日本。人均可支配收入快速增长，我国高净值个人[①]数量位居全球第2，仅次于美国。预计未来5年内中国拥有百万美元以上的富翁人数将暴增73%，到2021年中国拥有亿万美元的富豪人数将至少新增420人。将催生一大批机构投资者，其中，国内股权投资已形成“1万家+7万亿元+20万人”的市场规模。[②] 产业与资本将加速融合，产业需要借助资本的力量以实现成长和扩张，资本同样需要产业的深度绑定与协同，才能将自身的资金优势发挥到最大。围绕创业创新和并购重组两大主题，产业资本在以“互联网+”、智能制造、消费升级、医疗健康等为代表的新经济中挖掘价值洼地、加快布局。政府产业引导基金成为当前产融结合的主要实现路径，在加快政府职能转变、促进创新创业、鼓励股权投资的政策背景下，我国政府产业引导基金进入快速发展时期，在规模和行业领域上呈现双拓展趋势。

目前，我国的投资人群基本上由高净值客户、金融机构、政府、企业、境外投资人构成，通过天使投资、PE/VC、并购基金、PIPE基金覆盖创新创业全生命周期的风险投资产业链。随着经济进入新常态，资本市场不断完善健全，我国投资人群加快多元化发展。高净值人群金融服务需求和非金融服务需求呈现新特征。蓬勃发展的产融结合行为，正汇成一股引领经济发展和促进产业升级的新动能。政府部门在为创业投资提供政策、法律支持的同时，也直接参与资本的运作。

---

① 关于高净值人群的界定，较为一致的观点认为，主要是指可投资资产大于100万美元（600万元人民币）的人群，其中，“可投资资产”包括离岸资产，“净值”是指不包括住宅、车辆、收藏品等非流动资产的可供投资资产，高净值人群也是金融资产和投资性房地产等可投资资产较多的社会群体。

② 倪正东：《2016年中国股权投资市场回顾与展望》，私募通研究报告，2016年12月6日。

一　高净值人群

高净值人群规模快速增长的背后，是由经济基本面来决定的，主要靠GDP增长、人口红利、资本市场、新兴投资产品等因素支持。在过去几年，我国居民个人财富实现了快速积累，我国家庭财富全球排名和超高净值个人数量排名位居全球前列。进入经济新常态，经济增速放缓导致私人财富累积增速进一步放缓，我国高净值人群发展呈现新趋势和新特征。

（一）我国高净值人群规模全球排名相对靠前，但未来发展速度总体将放缓，其中超高净值人群呈现快速发展

我国高净值人群规模全球排名相对靠前，发展速度放缓，但是超高净值人群呈现快速发展，逐渐加快分化，将会造成越是最富有的人越富有，出现“赢者通吃，大者恒大”的格局。

1. 目前中国家庭财富全球排名相对靠前

瑞信研究院最新发布的《2016年全球财富报告》显示，2016年全球财富总值约256万亿美元①，呈现“金字塔”形分布，② 亚太和北美是财富产生的主要区域。2008年以来，全球家庭财富增长的主要部分来源于金融资产，但2016年非金融资产成为全球家庭财富增长的首要因素。

截至2016年底，估计中国个人可投资资产总额达到122万亿元。其中，高净值家庭财富约占全部个人资产的42%（见图1），全年高净值人群可投资总额达到51.24万亿元。目前，中国家庭财富全球排名第3，仅

---

① 资料来源：2016年12月2日瑞信研究院发布的《2016年全球财富报告》。

② 全球财富金字塔底层的35亿成年人人均拥有的财富不到1万美元，这个群体拥有的总财富仅占全球总财富的2.4%。而3300万百万富翁在人数上仅占全球成年人口的0.7%，却拥有全球45.6%的财富。

次于美国和日本。我国属于高净值人群的总人口为1590万人，其中，超高净值人群[①]人口数量是10100人，占全球超级富豪总数的9%，数量位居第2，仅次于美国的55400人（见图2）。[②] 由于2016年房地产投资回报优于股票，所以中国家庭的房产在非金融资产中的占比上升至53%，较2015年占比增长3个百分点。

图1 全国个人持有的可投资资产总额

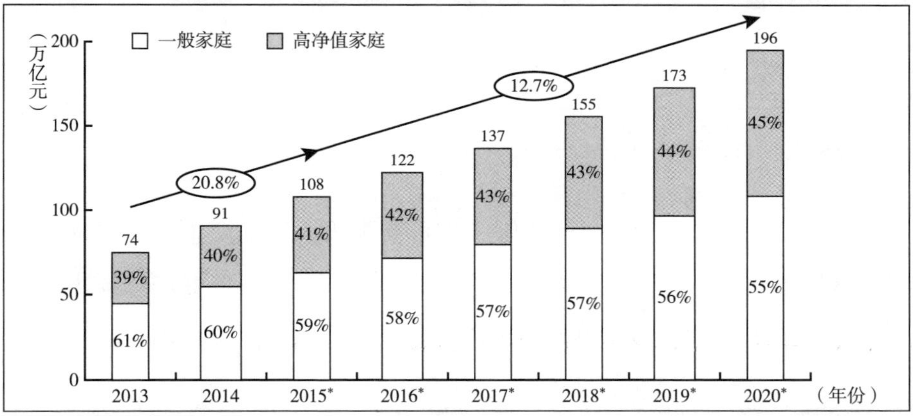

*为预测数据。

资料来源：前瞻产业研究院《2013～2020年全国个人持有的可投资资产总额》，2016年7月26日。

胡润将高净值人群定义为个人资产1000万元以上的人群[③]。根据胡润研究院调查数据，截至2016年5月，中国大陆地区千万元级高净值人群人口约134万人，比2015年增加13万人，增长率达到10.7%。亿万元级高净值人群人口约8.9万人，比2015年增加1.1万人，增长率高达14.1%。[④]

---

① 此处超高净值人群是指那些净资产超过5000万美元的人士。

② 资料来源：瑞信研究院2016年11月23日发布的《2016年全球财富报告》。

③ 千万元级高净值人群资产包括个人所拥有的固定资产和流动资产。固定资产包括自己所拥有的上市或未上市股权、自住房产、投资性房产；流动资产包括股票、基金、债券、存款、保险等。

④ 资料来源：2016年11月20日泰康与胡润研究院联合发布的《2016年中国高净值人群医养白皮书》。

图2 世界主要国家超高净值人群人口数量

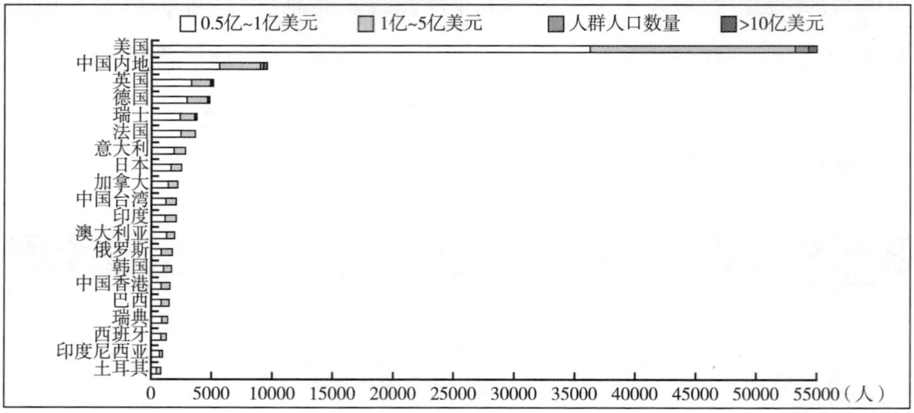

资料来源：James Davies，Credit Suisse Global Wealth Datebook，August 2016。

九次方大数据认为，目前我国人均可支配收入突破2万元，高净值家庭财富约占全部个人资产的41%，全年高净值人群可投资资产总额达到37万亿元。2016年底，我国高净值家庭数量达到224万户（见图3）。

图3 中国高净值家庭数量

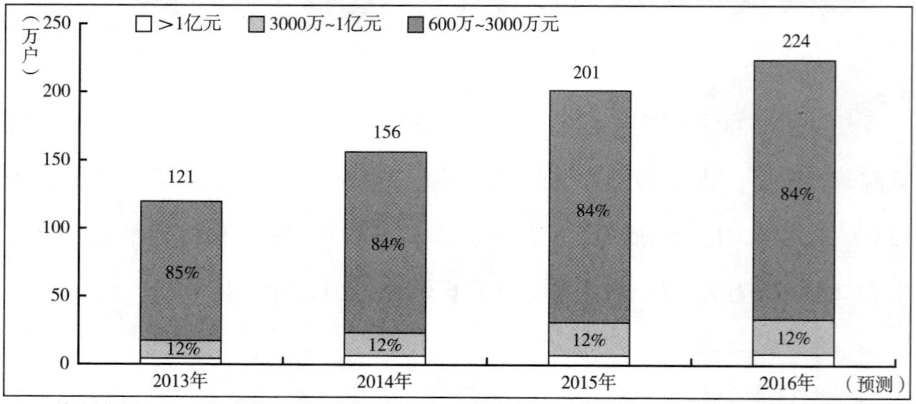

资料来源：九次方大数据《大数据揭秘中国高净值人群资产配置及投资动态》，2016年9月23日。

2. 2016年中国家庭财富出现缩水

受经济增长放缓和人民币贬值的影响，再加上股权价格的调整，

2016 年中国的整体财富缩水了 6800 亿美元，成年人平均财富为 2.2864 万美元（约合人民币 15.8 万元），同比下降了 3.7%。相应的，中国的百万富翁数量没有增长，反而减少了 4.3 万人。而中国超高净值人士达 1.1 万人，比 2015 年增加了 640 人，仅次于美国排在全球第 2 位。

3. 未来中国高净值人群规模增长或呈现放缓态势，但超高净值人群增速依然较快

随着供给侧结构性改革的深入推进，基于中国加快新旧动能接续转换、人口红利增长、资本市场转型、新兴投资产品快速发展等因素，居民人均可支配收入或将实现快速增长。预计未来私人财富积累进一步增加，将以 13% 左右的年均复合增长率增长。与私人财富规模相比，我国高净值家庭数量的增长或将呈现放缓态势。

九次方大数据认为，随着中国经济结构转型，得益于过去 5 年强制刺激政策周期而出现的高净值人群规模增速将放缓。我国的高净值家庭数量的增长也将结束过去 3 年年均 30% 的高速增长，未来将以约 11% 的年均复合增长率增长。其中，超高净值人群规模增速较快，年均复合增长率或将达到 16%。

瑞信研究院预计，未来 5 年中国亿万富豪的新增数量将超过整个欧洲亿万富翁新增数量之和，到 2021 年中国亿万富豪人数将至少新增 420 人。

4. 互联网等行业发展促进“新富人群”涌现

近年来，政府出台的鼓励行业创新等政策进一步激发了大众创新的活力。譬如，2017 年 1 月 22 日，国家互联网信息办公室和财政部共同发起了 1000 亿元规模的中国互联网投资基金，专注于互联网领域投资，这将催生许多基于互联网技术或平台的新型致富模式和“新富人群”。

这部分“新富人群”迈入高净值人士行列的时间尚短，他们中大部分因从事互联网等信息产业以及生物医药、节能环保、高端制造等创新型行业而在近几年实现了个人财富的快速增长。从职业构成来看，“新富人群”以一代企业家为主，他们在新兴行业通过自主创业致富，另外还有部分是职业经理人或企业高管。近80%的“新富人群”是50岁以下的年轻高净值人士。在投资行为偏好方面，“新富人群”眼界开阔、思维活跃，投资风险偏好较强，也更易接受线上私人银行服务。

（二）高净值人群区域分布差距较大和结构日趋多元化

高净值人群的分布和区域经济发达程度相关性很大，主要分布在经济发达的地区。金融资产是高净值人群财富增长的主要因素，近年来，非金融资产也日益成为高净值人群财富增长的因素。这使得我国高净值人群基本构成日趋多元化。

1. 从分布区域看，广东千万富豪最多且增长最快

以高净值人群的长期居住地为参考依据，从区域分布看，高净值人群所占比例最高的区域是华东地区，达43%；华北地区位居第2，占23%；华南地区位居第3，占19%；其后依次是西南、华中、东北、西北四地，总和仅占15%。

从省份分布看，广东取代北京成为2016年千万富豪最多的省份，其千万富豪数量为24.0万人，其增幅也最高，达到17.65%；北京千万富豪人数排名第2，共23.8万人，比2015年增加了2.4万人；位居第3的是上海，比2015年增加2.4万人，达到20.5万人；浙江排名第4，比2015年增加1.4万人，达到16.0万人。

这4个省份共拥有高净值人口84.3万人，占全国的63%。除此之外，拥有千万富豪超过5万人的省份还有江苏。福建、山东、四川和辽宁的千万富豪均已超过3万人。相比2015年，所有省份的高净值人群人口数均有所上升。

2. 从基本构成看，我国高净值人群主要包括企业主、“金领”、炒房者和职业股民

长期以来，金融资产是我国家庭实现财富增长的主要因素。然而，近年来，非金融资产也是家庭财富增长的重点因素。与之相对应，我国高净值人群基本构成日趋多元化。根据胡润百富 2016 年 8 月 29 日发布的《2016 年胡润千万富豪财富报告》，中国高净值人群基本由 4 部分人组成。

——企业主。企业的拥有者，这部分人占 55%，比例较上年没有增长。企业资产占其所有资产的 56%，他们平均拥有约 230 万元的可投资资产（现金及部分有价证券），20 万元以上的车和价值 190 万元以上的住房。

——“金领”。“金领”主要包括大型企业集团、跨国公司的高层人士，他们拥有公司股份、可观的年薪、分红等稳定的高收入。这部分人占比比较稳定，占 20%。他们财富中现金及有价证券部分较上年有所增长，占比提高至 25%。他们平均拥有 470 万元以上的自住房产，价值 40 万元以上的汽车。

——炒房者。炒房者主要指投资房地产、拥有数套房产的财富人士。占千万富豪的 15%，比例比 2015 年增加 5 个百分点。一线城市房价猛涨，是这部分人群比例上升的主要原因。房产投资占他们总资产的 89%，现金及有价证券占比为 6%。

——职业股民。他们是从事股票、期货等金融投资的专业人士。这部分人群随着中国股市的回落占比下跌，为 10%。在他们的财富中，现金及股票占总财富的 43%。职业股民平均拥有 370 万元以上自主房产、160 万元以上投资性房产和价值 40 万元以上的汽车。

3. 从行业看，私人财富加快向以 TMT 为代表的新经济转移

从行业来看，金融和贸易行业居高净值人群所处行业的前两位，合计占比超过 40%（见图 4）。其他行业分布比较均衡。从年龄来看，30 岁以下的高净值人群行业分布集中度较高，金融和 TMT① 占比达到 80%，其中

① TMT，指的是科技、媒体和通信行业，由对应 3 个英文单词（Technology，Media，Telecom）的第一个字母组合在一起。

金融行业占比超过60%；在30岁以下和30～49岁两个年龄段中，TMT均排在第2位。以TMT为代表的新经济正在以前所未有的速度带动私人财富的转移；贸易和房地产业的高净值人群主要集中在40～59岁；而60岁以上的高净值人群主要来自制造业、能源、医药/生物科技/医疗器械等传统行业。

图4 高净值人群行业分布

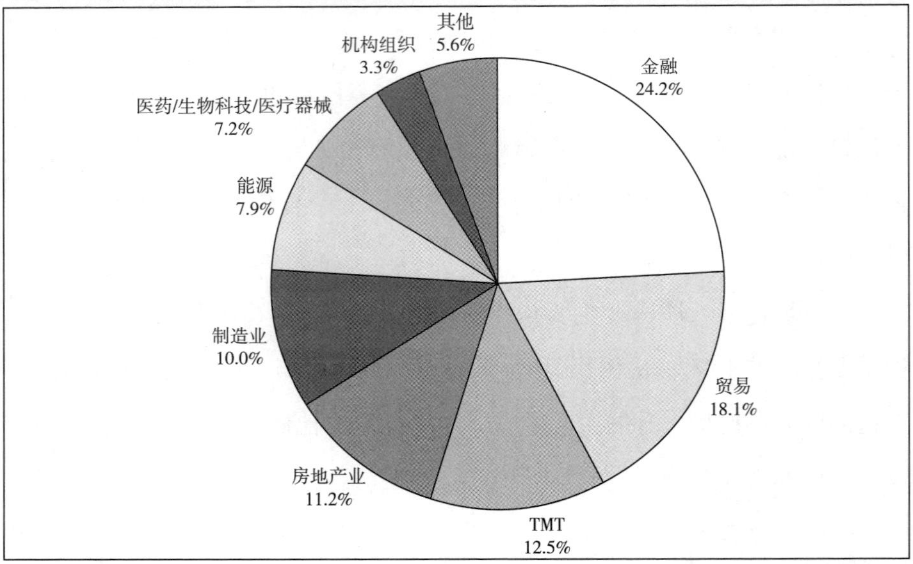

资料来源：九次方大数据《大数据揭秘中国高净值人群资产配置及投资动态》，2016年9月23日。

（三）高净值人群投资偏好正在转变

近年来，我国高净值人群的财富管理需求越来越多元化。尤其是2015年“股灾”以来市场波动加剧，加上人民币贬值预期增强，中国高净值人群的投资偏好正发生改变，从以往一味看重投资回报率转为更加强调多元化，对分散投资风险的要求越来越高（见图5）。

图5　目前我国高净值人群投资偏好

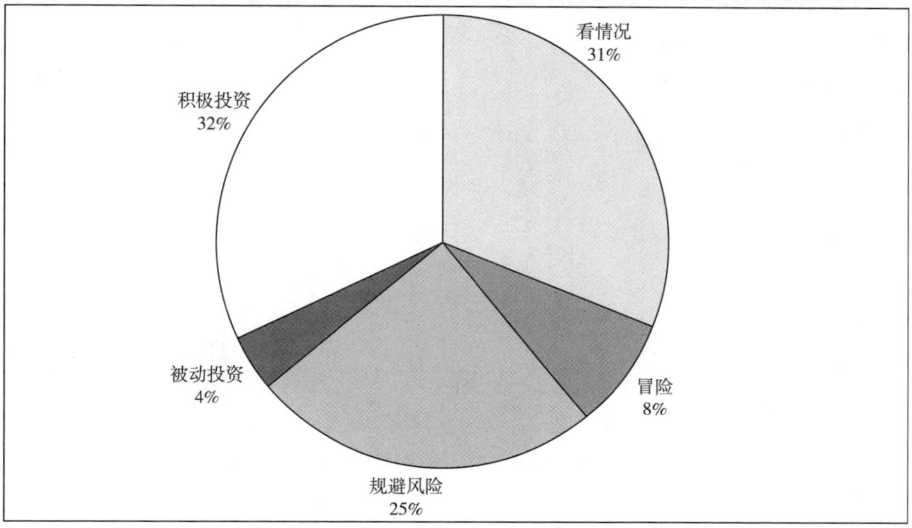

资料来源：招商银行和贝恩公司联合发布的《2016 中国私人财富报告》。

1. 目前高净值人群资产配置的主要方式

在高净值人群资产配置中，股票、债券及基金占比最高，占 59.5%，这与该群体多为企业主有关，从财富形成的特征来看，国内富豪的财富大部分来自私营企业的上市融资，因此，企业股权是其财产的主要组成部分。高净值人群资产配置的其他重点包括：PE/VC 占比 57.2%，固定收益产品和投资性房产占比均超过 45%（见图 6）。胡润研究院对 449 位个人资产在 100 万元以上的富豪进行的调研显示，2016 年，房地产重新成为高净值人群最主要的个人投资方向，选择股票的比例较 2015 年下降 5 个百分点。[①] 29% 的受访者将房地产作为投资首选，比 2015 年增加 4 个百分点。64% 的受访者认为未来两年的房地产价格会稳健增长。同时由于深圳房价的迅猛涨势，广东首次取代北京成为千万富豪最多的省份。

① 参考胡润研究院 2017 年 1 月 19 日发布的《2017 至尚优品——中国千万富豪品牌倾向报告》。

图6 目前高净值人群主要资产配置方式

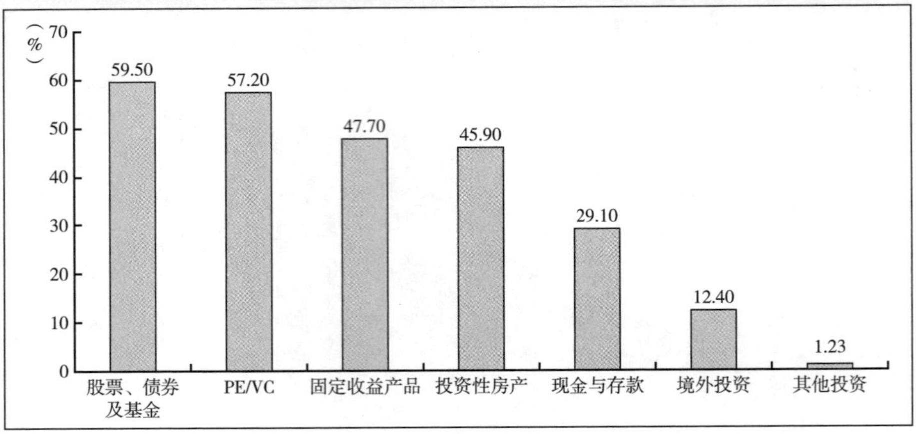

资料来源：九次方大数据《大数据揭秘中国高净值人群资产配置及投资动态》，2016 年 9 月 23 日。

2. 目前高净值人群偏爱的投资理财方式

从理财方式看，存款和不动产投资仍然是高净值人群最主要的投资理财方式，98% 的高净值人士使用这两种方式进行投资理财；90% 的高净值人士有购买保险的习惯；购买金融投资产品的高净值人士占比 72%；31% 的高净值人士进行艺术品投资；20% 的高净值人士将资金投入 PE/VC（见图 7）。在投资理财的实际资产配比中，存款和不动产的比例也是最高的，均超过 30%；其次是金融投资产品，占比 15%，且呈现资产级别越高，金融投资产品配比也越高的趋势；投资保险的高净值人士的比例虽然很高，但资产配比不高，只有 5%。

3. 未来高净值人群投资偏好的变化趋向

趋势一：逐渐注重以新经济为目标的私募股权投资，对创新行业和消费服务业相对看好。

近年来，随着中国经济转型及以“互联网 +”、智能制造、消费升级、医疗健康等为代表的新经济的发展，高净值人群加强了对私募股权的投资。

图7　目前高净值人群偏爱的投资理财方式

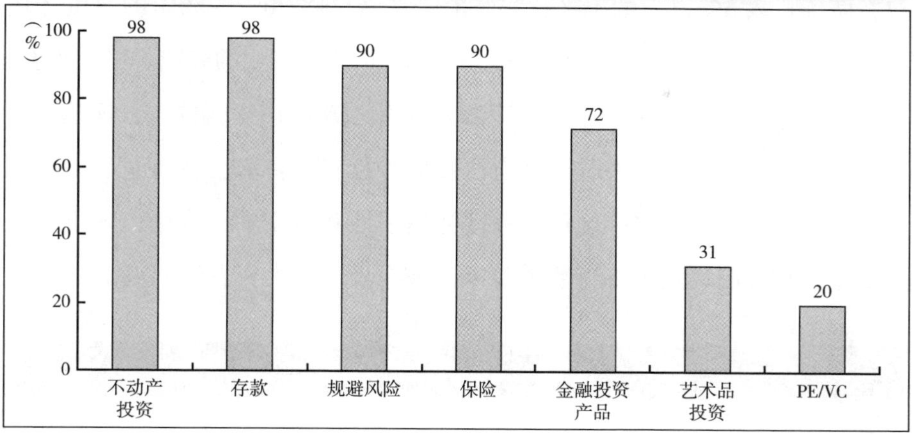

资料来源：九次方大数据《大数据揭秘中国高净值人群资产配置及投资动态》，2016年9月23日。

在中国宏观经济进入“新常态”的背景下，高净值人群对国企改革、垄断行业向民营经济开放、全民创新等对内深化改革政策，以及“一带一路”、人民币汇率国际化等对外开放政策尤为关注。根据招商银行和贝恩公司近期做的调查研究，高净值人群对未来1～2年实业投资的观点呈现分化，约19%的受访者考虑在未来两年增加实业投资，约57%的受访者选择保持投资，而有24%考虑减少投资。针对实业投资的不同领域，仅有不到10%的受访者考虑增加对传统制造业的投资，投资热情相对集中在创新行业和消费服务业。

趋势二：跨境投资需求更加多元，境外投资热度持续上升。

高净值人群境外投资的目的从“分散风险”开始向“主动寻求境外收益”转变。固定收益类产品、股票及股票型基金、投资性房地产仍然是境外投资的主要投资类别，然而与两年前相比，股票等收益较高的权益类产品在境外资产中的占比有小幅上升。报告数据显示，已拥有境外投资的高净值人士在高净值人群中的占比从2013年的33%上升到37%。而谈及未来境外投资的资产比例，已拥有境外投资的高净值人士超过半数会考虑增加境外投资，另有40%左右的人士预计该比例将大致保持不变。

同时，近八成高净值人士计划增加境外投资比例（见图8）。其中，

36%的受访者表示目前已经把5%～20%的资产投向境外；22%的人表示仅在海外投入5%以下的资产；22%的受访者已将20%～50%的总资产用于配置境外资产；另有5%的人在境外投入了50%以上的资产。平均来看，受访的高净值人士的境外资产占其总资产的比例为16%。首先，这几项数据的对比说明中国的富裕阶层日渐注重境外投资，目前已在有意识地扩大境外资产的比例；其次，这种投资行为是理性和节制的，高净值人士普遍追求稳健和控制风险，将半数“身家”放在境外的投资者比例很小。

图8　未来高净值人群计划增加投资的资产类别

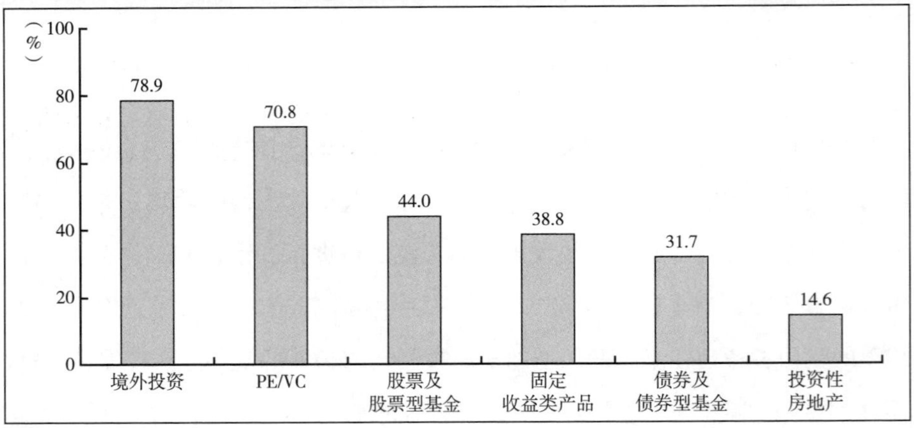

资料来源：云何数据，2016年9月23日。

在高净值人群境外目标市场选择方面，中国香港、美国和加拿大是中国内地高净值人群最为偏好的3个市场。而目前超过50%的中国内地高净值人群的境外资产集中在这3个市场区域内，其中美国占比最高，达到23%，中国香港和加拿大分别占比15%和12%（见图9）。

境外资本市场较成熟，对投资人的吸引力大，我国投资人在境外的股票投资热情高涨，投资股票的资金占比高达39%。且由于境外房产具备性价比高、收益稳定、永久产权等诸多优点，加上中国人本身就热衷于购房，以致在所有的境外投资类型中房地产仍然备受青睐（见图10）。

图 9　未来高净值人群计划境外投资目的地

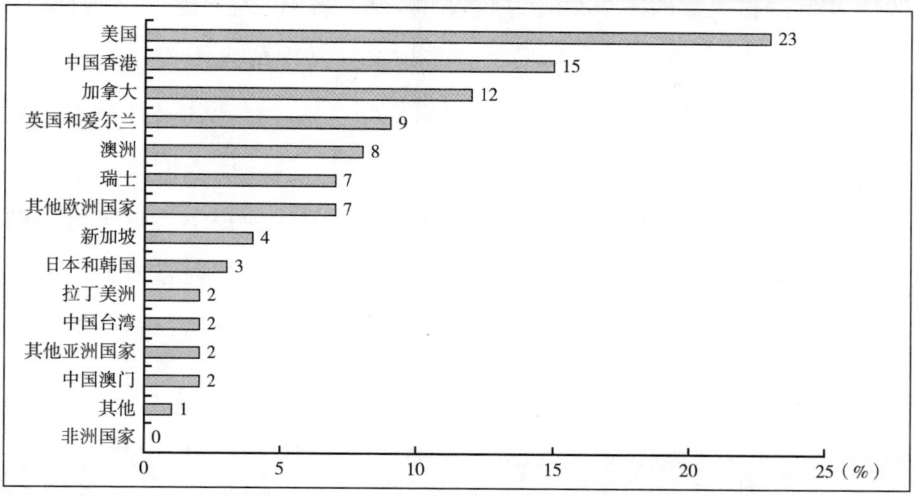

资料来源：云何数据，2016 年 9 月 23 日。

图 10　高净值人群最为关注的境外投资项目

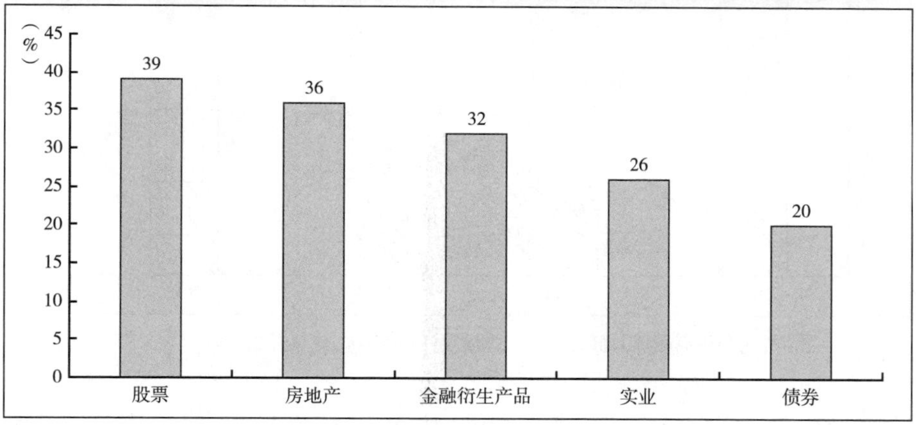

资料来源：云何数据，2016 年 9 月 23 日。

趋势三：在实现“物质财富保障”的基础上，日趋关注精神财富的传承。

高净值人群仍然希望将“财富保障”作为首要目标，在实现财富稳健增长的基础上顺势而为。高净值人群将投资策略的重点放在安全、稳健的成长性投资产品中。对“子女教育”投入占比呈上升趋势。通过对2015年高净值人群的需求统计，超过20%的高净值人士把“财富保障”列为核心需求（见图11）。同时，越来越多的高净值人士关注“财富传承”。“财富传承”的内涵超越物质财富规划，如今已成为高净值人群普遍考虑的重要命题，其内涵也在不断丰富发展。高净值人群希望精神财富伴随物质财富一并传承。在实现财富稳健增值的前提下，越来越多的高净值人群开始系统性地思考和规划将物质财富和精神财富有效、有益地传递给下一代，对“脚踏实地”“勤奋”“拼搏”等个人品质和素质的传承非常重视。

图11 高净值人群最为关注的境外投资项目

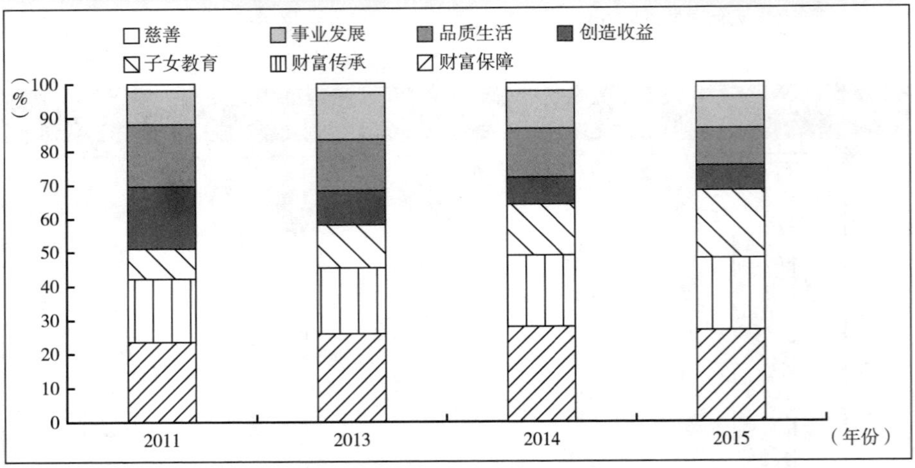

资料来源：《中国高净值人群为什么大规模投资海外?》，铁鱼置业，2016年8月31日。

趋势四：高净值人群养老方式仍以纯居家养老为主，渐向中高端社区养老转变。

长期以来，纯居家养老是我国居民养老的普遍方式。但是，随着我国健康养老产业的发展，各种新型养老产品不断推出，高净值人群对养老方式规划有了较大变化，养老观念逐渐开放，正在逐步减少对家庭的依赖。越来越多的高净值人群青睐中高端社区养老。有关数据显示，2015年纯居家养老方式占比77%，中高端社区养老方式只占15%，而2016年中高端社区养老方式占比上升到28%，纯居家养老方式下降到57%，社区养老、公办养老院、民办养老院等养老方式占比也有较大提升（见图12）。这一数据变化反映了高净值人群对于家庭的依赖大大减少，他们的观念也变得更加开放。

图12　2015~2016年我国高净值人群养老方式规划变化分布

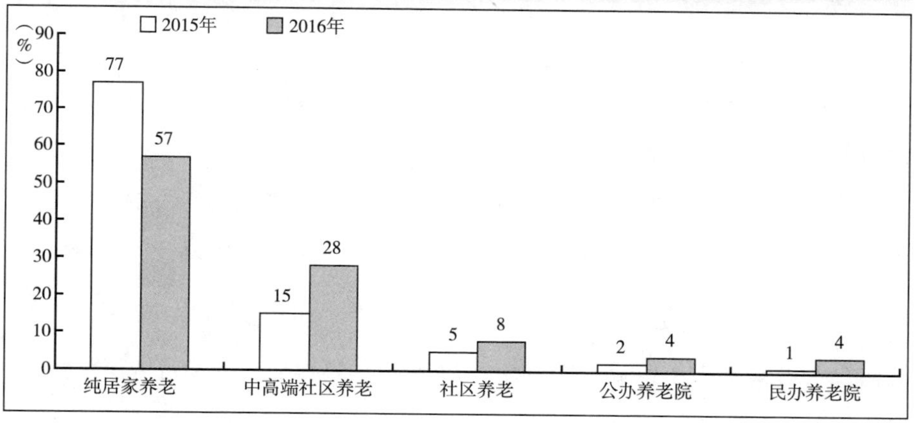

资料来源：智研咨询《2016~2022年中国养老护理市场深度调查及投资前景预测报告》，2016年10月08日。

二　机构投资者

随着监管部门针对资产管理市场出台一系列“新政”，券商、基金、保险等金融机构纷纷进入资产管理市场，中国资本市场将迎来“大资管”时代。由于各类金融实体开展的资管业务基本趋同，因此银行、信托公司、第三方理财公司、证券公司、保险资管公司、基金专业子公司、各类投资公司等金融机构将在同一平台上开展业务，形成了以证券投资基金为主，社保基金、企业年金、保险公司、证券公司、信托公司等其他机构投资者[①]共同参与的多元化局面。

随着资本市场的改革创新和体系完善，我国机构投资者日益成为服务实体创业创新的重要力量。机构投资者在投资来源、投资目标、投资方向等方面与个人投资者存在很大差别，更容易发挥促进国民经济结构调整、新旧经济交替和新旧动能转换的主导作用。

（一）机构投资者的基本属性

机构投资者的基本属性决定其不同于个人投资者，机构投资者在投资行为上也与个人投资者存在较大的差异。

（1）集合投资的规模性。机构投资者通过筹集资金进行金融投资。无论是基金、券商的自营资金还是委托理财，都发挥着规模经济和分散投资所具有的降低风险的功能。规模经济可以降低投资者的平均成本。同时，机构投资者集中中小投资者的资金，形成一定规模后可投资于小投资者不能投资的不易分割的大型资产。

（2）代客理财的中介性。机构投资者采用的集合投资方式存在两层委托关系。第一层关系是基金持有人（最终委托人）将其资金交由机构投资者（中间代理人）进行投资组合；第二层关系是机构投资者（中间委托人）再将基金资产以买入股票或债券的方式委托给上市公司的经理人（最终代理人）进行经营。

（3）投资运作的专业性。随着证券市场投资者专业化分工的演进，机构投资者的专业优势日益得到广大有委托投资理财需求的投资者的认可。机构投资者具有专家理财、投资经验丰富、信息资料充分、投资手段先进等特点。机构投资者获取信息和处理信息的能力相对较强，主要依赖对公

① 机构投资者主要是指一些金融机构，包括银行、保险公司、投资公司、信托公司、信用合作社、基金公司、股权投资机构等组织。

开信息的研究而不是私人信息。

（4）股权投资的收益性。机构投资者作为投资代理中介，需要定期将投资收益分配给委托人，要满足委托人的收益要求以及其他有关资产安全性和流动性的要求，使得机构投资者一般不追求股份的投机性，也不偏好股权的支配性，而要凭借人才、网络和资金实力的优势，力求通过组合投资和长期投资在一个长周期中获得稳定均衡的收益。

（二）机构投资者多元化格局

2006 年至今，机构投资者进入快速发展时期，初步形成了以证券投资基金为主，证券公司、信托公司、保险公司、合格境外机构投资者、社保基金、企业年金、投资公司等其他机构投资者相结合的多元化格局。随着我国机构投资者数量的不断增长、投资规模的扩大以及整体质量的提高，证券市场投资主体的机构化日益明显。

当前，由于中国经济存在一定的下行压力，因此，对实体经济的直接投资存在较大的风险，很多资金尤其是规模较大的资金需要进行资产配置，这是机构投资者产生和多元化发展的重要因素。向机构投资者方向发展是一国资本市场成熟的重要标志，应对资本市场的各种创新包括制度、产品和机构创新给予重视和包容，因为这些都是资本市场生命力的来源。

1. 国内股权投资规模现状：1 万家 +7 万亿元 +20 万人

中国证券投资基金业协会公布的最新数据表明，截至 2016 年，国内股权投资机构超过 1 万家，1 万家股权投资机构管理资本量总计超过 7 万亿元，按照规模来算中国已成为全球第二大股权投资市场，登记的从业人员已超过 20 万人，其中参与基金业考试的人数已达数万人（见图 13）。

图13 2016 年国内股权投资规模

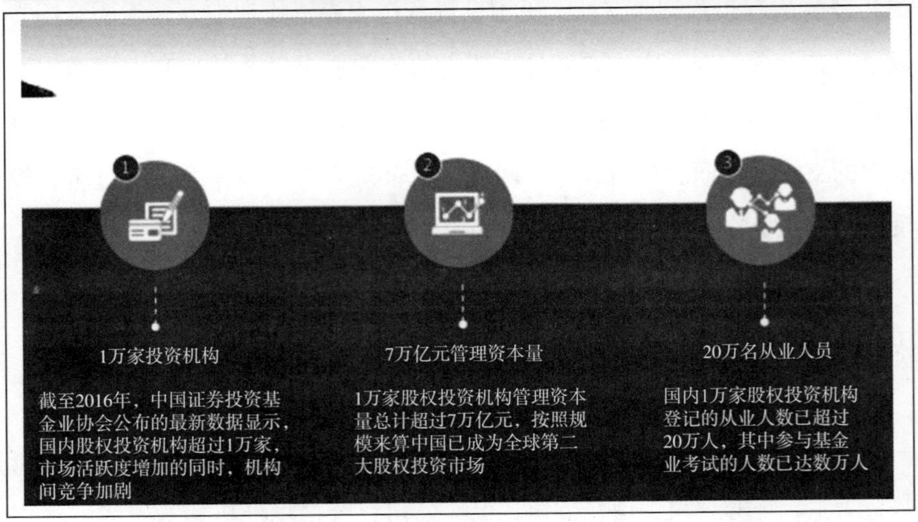

资料来源：倪正东《2016 年中古股权投资市场回顾与展望》，2016 年 12 月 6 日。

2016 年 1 ~ 11 月，股权投资市场新募资基金数量为 2191 只，新募资基金总额为 1. 15 万亿元。其中，人民币募资基金 2092 只，总额为 9853 亿元。外币募资基金有 99 只，总额为 1691 亿元（见图 14）。

图14 股权投资市场募资情况

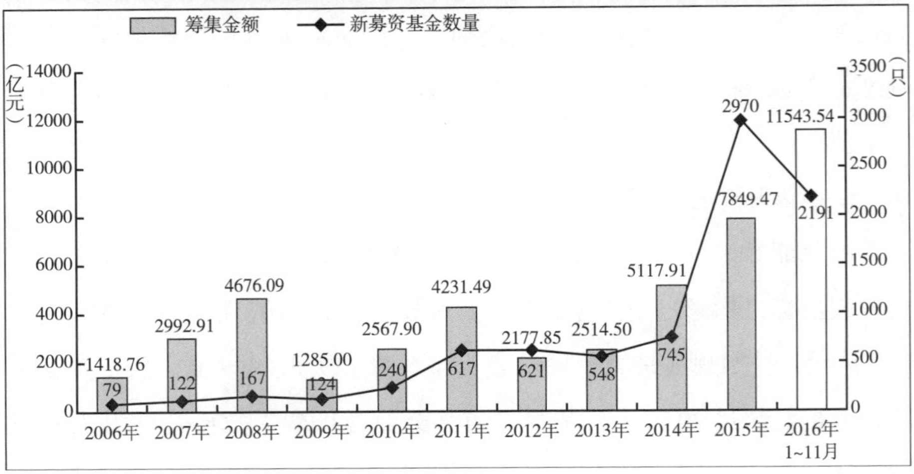

资料来源：Zero2IPO Research，2016 - 12 - 06。

2016年，股权投资退出数量和格局已发生巨大变化（见图15）。从投资方式来看，PE/VC退出回报，IPO依然回报最高；从行业来看，互联网行业收益依然突出（见图16）。

图15　股权投资退出情况

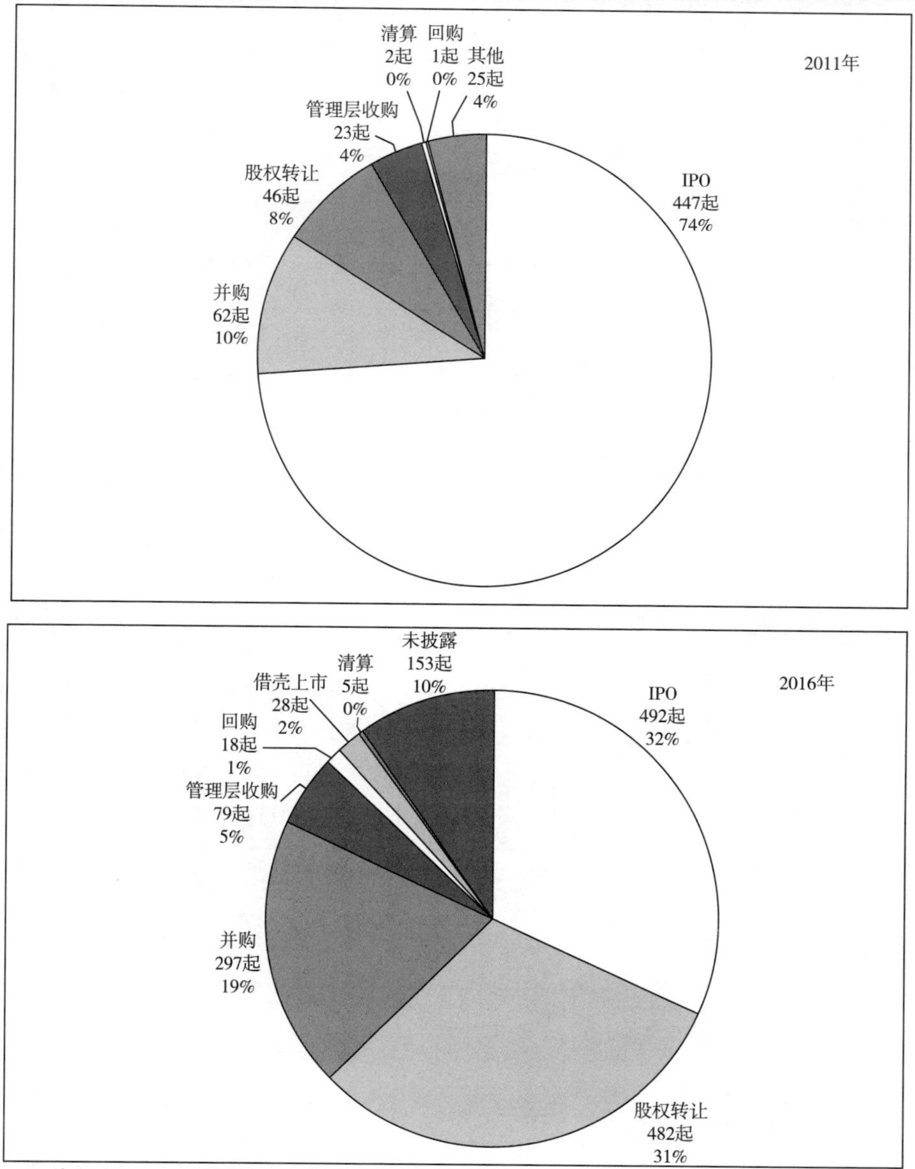

资料来源：Zero2IPO Research，2016-12-06。

图16 2016年股权投资回报情况

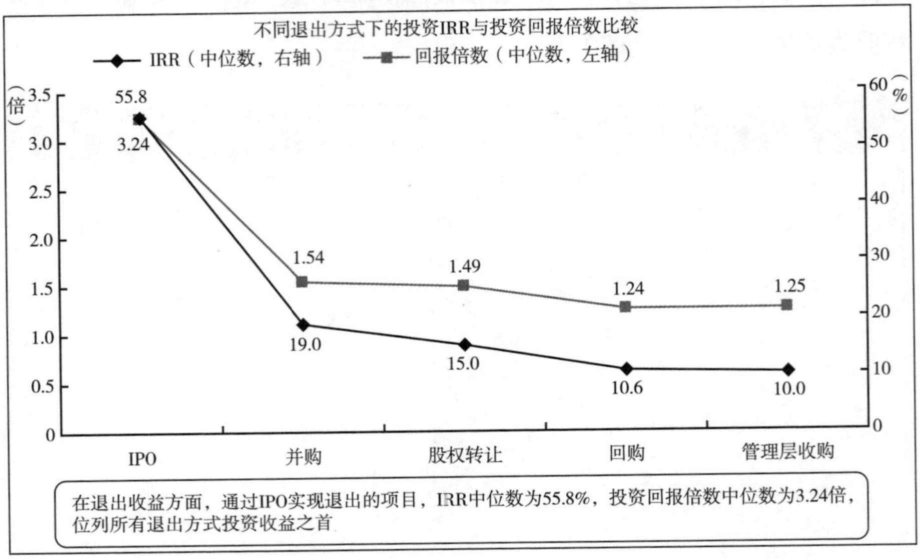

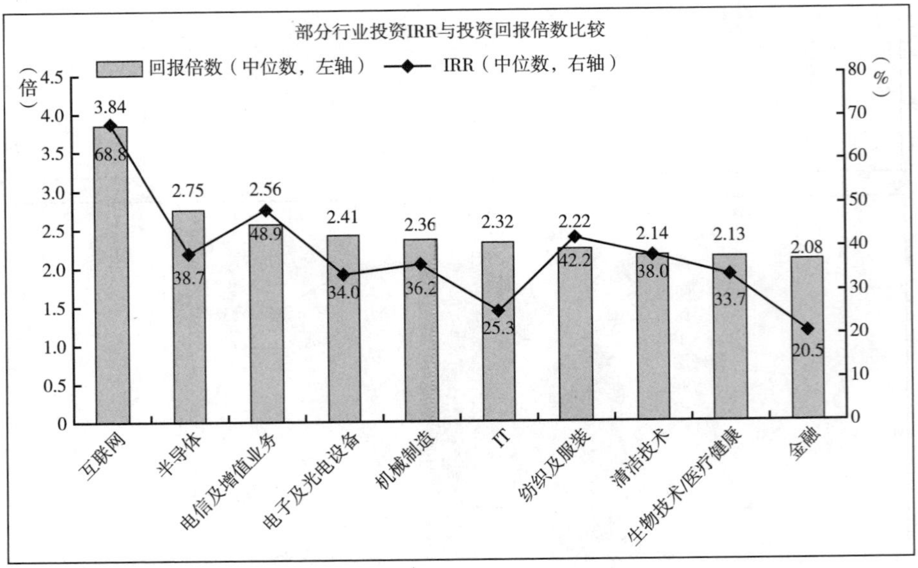

资料来源：Zero2IPO Research，2016－12－06。

2. IPO市场情况

截至2016年11月底，全球范围内有231家中企完成上市。沪深两市新增 IPO 总数量 182 家，位列全球所有交易所之首。从 PE/VC 的 IPO 渗透率来看，2016 年前 11 个月国内 PE/VC 支持的 IPO 达到 143 家，创下近 4 年新高。2007 ~ 2016 年 11 月国内 PE/VC 机构在企业 IPO 的渗透率由 38.8% 上涨至 61.9%。IPO 市场同比下滑，环比回升显著，2016 年前 11 个月，IPO 规模仍显著低于 2015 年同期水平，但 3 季度以来中企在境内外市场 IPO 数量达到 149 家，较前 2 个季度有显著回升（见图 17）。

图 17 IPO 市场情况

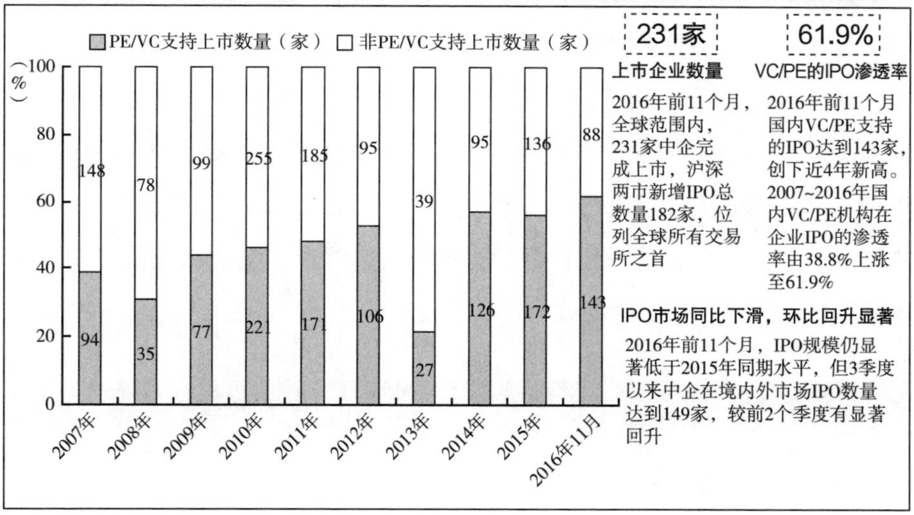

资料来源：Zero2IPO Research，2016 - 12 - 06。

3. 基金管理人分布情况：主要集中在广东、北京和上海等发达省份

截至 2016 年 12 月底，在中国证券投资基金业协会备案的私募机构达 1.7 万余家，包括私募证券投资基金、私募股权投资基金、私募创业投资基金等机构类型。私募证券投资基金管理人共计 7946 家，占比 44.48%；私募股权投资基金管理人共计 8039 家，占比高达 45.00%；私募创业投资基金管理人共计 1427 家，占比达 7.99%；其他投资基金管理人共计 451 家，占比高达 2.52%（见表 1）。

表 1　国内基金管理人分布情况

基金管理人类型	注册机构数量（家）
私募证券投资基金	7946
私募股权投资基金	8039
私募创业投资基金	1427
其他投资基金	451
合计	17863

资料来源：证券投资基金协会，2016 年 12 月。

4. 信托产品市场规模：跨入“18 万亿时代”

近年来，我国信托业资产规模保持增长态势，2016 年信托资产跨入“18 万亿时代”，同比增长 16.33%（见图 18）。固有资产规模首次突破 5000 亿元关口，利润总额增速回升。规模增长提速的主要原因包括银行表外业务和理财业务监管趋严，通道业务从券商和基金子公司重回信托；股市走强，投资类集合信托发行强劲；PPP 加速落地，撬动相关信托融资需求旺盛等。

图 18　信托业信托资产规模变化趋势

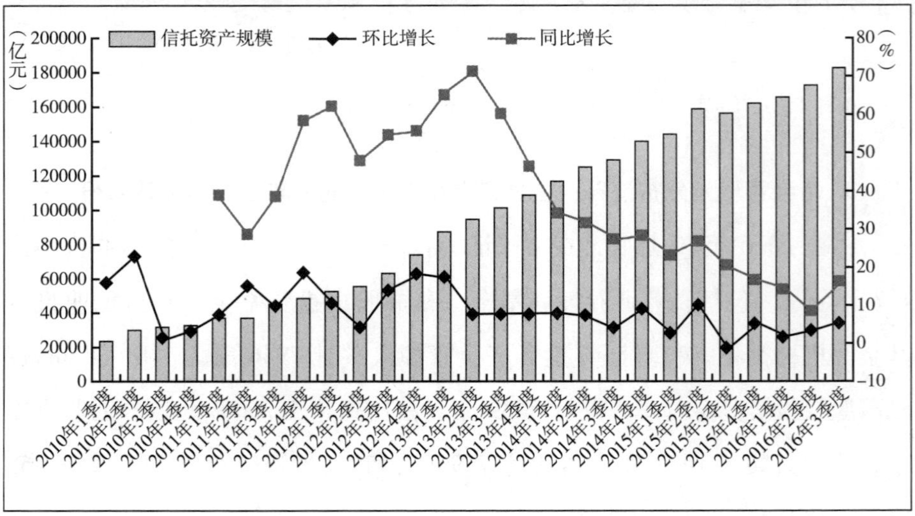

资料来源：中国信托业协会，2017 年 1 月 3 日。用益金融信托研究院整理。

事务管理类信托稳占半壁江山。截至2016年3季度末，全行业事务管理类信托资产规模突破8万亿元大关，达到8.30万亿元，较上季度净增8829亿元，占信托总资产的比例达到45.71%，接近信托总资产的半壁江山。而同期投资类信托资产规模为5.85万亿元，较上季度仅净增1219亿元，占比则下滑至32.19%；融资类信托资产规模仅4.01万亿元，较上季度净减760亿元，占比继续降至22.11%（见图19）。事务管理类信托比重攀升主要是因为当前的资金市场环境与货币政策对传统信托业务造成了一定冲击，融资类信托占比自2015年以来就一直处于下降趋势，信托业务中的非融资功能逐渐显现并不断深化，传统债权业务被逐步弱化和压缩。由于支持信托业过去几年高速增长的因素逐渐弱化甚至消失，信托公司主营业务开展将面临巨大挑战。在市场压力和政策引导的双重推动下，信托业的业务结构开始朝向更加符合信托本源和市场需求的方向优化升级，而事务管理类信托正好符合信托的功能定位。

图19　信托资产按功能分类的规模变化趋势

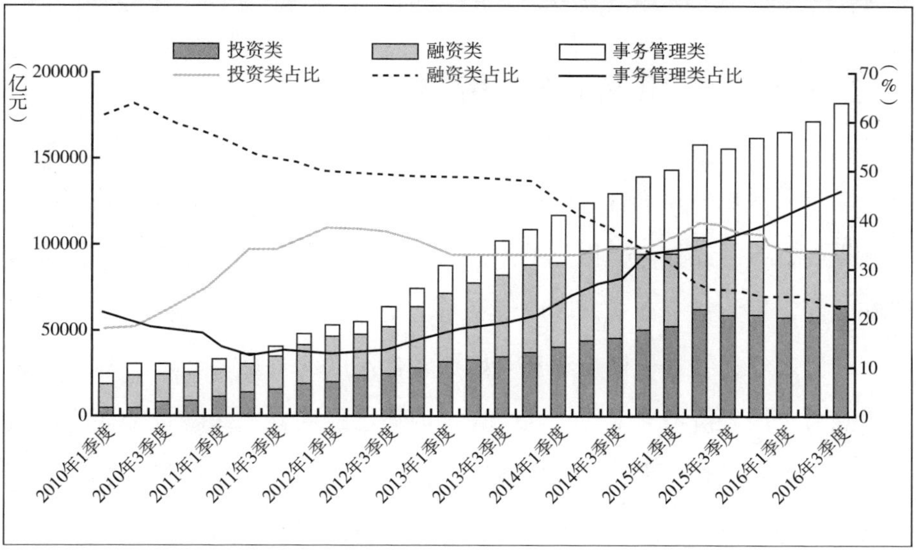

资料来源：中国信托业协会，2017年1月3日。用益金融信托研究院整理。

5. 保险资管市场规模：2016 年同比增长 17.3%

受低利率环境以及“资产荒”等因素影响，数万亿元保险资金难以找到合适的投资项目。据中国保险资产管理业协会统计，2016 年 22 家保险资产管理公司共注册各类资产管理产品 152 项，合计注册规模 3174.39 亿元，同比分别增加 25.6% 和 17.3%，主要投向为基础设施、不动产、棚户区改造、保障房等实体经济和民生保障领域。①

具体来看，152 项资产管理产品包括基础设施债权投资计划 57 项、不动产债权投资计划 77 项、股权投资计划 18 项，注册规模分别为 1477.53 亿元、1001.86 亿元、695 亿元。

截至 2016 年底，保险资产管理公司累计发起设立各类债权、股权和项目资产支持计划 651 项，合计注册（备案）金额 16524.89 亿元，投资项目覆盖全国。保险资金以债权、股权计划形式支持“一带一路”建设，投资规模达 5922.64 亿元；以债权计划形式支持棚户区改造，投资规模达 968.06 亿元；以债权计划形式支持京津冀协同发展，投资规模达 736.40 亿元。

（三）机构投资者投资多元化发展趋势

随着中国机构投资者数量不断增加、投资规模不断扩大以及整体质量不断提高，国内证券市场投资主体机构化的趋势将更加明显。机构投资者正在改变它们的投资方式，以应付不断转变的市场环境和挑战。

趋势之一：各种机构投资者开始探索合作进行多元化投资。

随着中国经济增速下行，“L 型”走势已经确立，保险资金面临的负债压力逐渐增大，需要提高资产配置效率，分散风险，覆盖负债端成本。而低利率周期持续，实体经济低迷，地方经济欠缺活力，资产荒、项目荒

① 资料来源：《2016 保险资管公司资管产品规模情况》，新华网，2017 年 1 月 3 日。

愈加严重，这些都对保险资产配置提出了严峻的挑战。探索通过与专业的PE机构合作，配置部分跨越经济周期的资产，增强抵御风险的能力，获取超额回报，越发为各家保险公司看重。

随着保险资金投资渠道的放开和“走出去”战略的实施，私募股权投资、非标投资、境外投资逐渐成为保险资管机构资产配置的重要方向。

趋势之二：关注的行业领域从传统的工业制造领域向信息技术、民生制造、医疗健康等行业发展。

近年来，各个机构投资者关注的行业领域有所差别，并且在不同的投资时段关注的行业领域也有所差别。经济进入新常态，宏观经济面临下行压力，实体经济不景气，资产荒让市场投资变得更加艰难。机构投资者关注的行业领域从最初较为单一的行业领域，不断向新兴行业领域拓展。行业领域多元化发展趋势明显。以股权投资者为例，随着新一轮科技革命和产业变革的发展、《中国制造 2025》战略的推出以及国内消费需求的不断升级，机构投资者选择的基础产业不断拓展。以互联网、移动互联网、物联网等为代表的新一代信息技术，以健康医疗、生命科学、养老等为代表的民生制造业，以机器人、节能环保、新材料、新能源等为代表的新兴产业，都成为各大机构投资者密切关注的领域。

趋势之三：在国际市场的投资比重趋于上升。

近年来，许多投资机构增加境外投资，除了出于分散投资的考虑之外，亦因为本土市场已不能满足它们的投资需要。一些亚洲市场规模较小，没有足够的流动性容纳大额交易。而且，境外市场可提供本土市场缺少的投资机会。举例来说，由于亚洲固定收益市场发展相对较晚，债务投资者（如退休基金及保险公司）通常在境外市场物色较长存续期、收益率较高的债券，以满足公司长期债务管理的需求。

亚洲地区政府放宽条例措施并积极推出支持政策，也使近年来亚洲机构流入境外市场的资金不断增加。例如，中国的保险公司目前可通过合格境内机构投资者制度（QDII）将保费资金投向境外市场，而将非保费资金或公司股本投资于境外市场更不受QDII额度限制，预期中国的保险公司在境外市场的投资比重将会上升。投资于国际市场还可以大大降低投资组合之间的相关性，长远看有助于分散投资组合的整体风险。

趋势之四：直接投资与另类投资比重不断上升。

随着资产规模不断扩大及投资团队经验更加丰富，加上二级市场容量有限，我国的机构投资者不断增加在另类资产以及直接投资方面的配置。私募股权投资基金、对冲基金、基础设施基金以及直接的项目投资都在机构投资者的组合中从无到有。对欧美发达市场的房地产以及基础设施的直接投资是过去两年的投资主题之一。

三 政府投资引导基金

近年来，在加快政府职能转变，促进创新创业、鼓励股权投资政策背景下，我国政府投资引导基金进入快速发展时期，在规模和行业领域上呈现双拓展趋势。据有关数据统计，截至2016年初，国内已成立近800只政府投资引导基金，规模达2.18万亿元，仅2015年就新设立了297只，规模1.51万亿元，孕育着许多商业价值和投资机会。

政府投资引导基金采用政府牵头、吸引企业、机构和民间资本参与、通过市场化运作的方式进行资源配置重点倾斜，体现着国家政策的导向性，叠加了资金、管理经验、先进技术和政策制度等多重效应。

（一）政府投资引导基金的意义：产融结合的主要实现路径

政府投资引导基金本质上是一种融资媒介①，是指国家和地方政府为

① 2005年，国务院十部委联合发布的《创业投资企业管理暂行办法》第一次提出政府投资引导基金的概念。

了引导目标产业的发展而创设的产业融资平台。政府投资引导基金成立的目的，就是撬动更多的民间资本，促进产业与资本的对接和融合。

1. 政府投资引导基金有助于打破实体经济融资难瓶颈

当前，我国实体经济和创业活动面临融资难、融资贵等现实问题，迫切需要破解。政府投资引导基金本质上是一种融资媒介，它通过金融资本的手段为产业引入活水，是增加创业投资资本供给的重要政策工具之一。政府投资引导基金能够加快推进产融结合，既可以深化原有的银企合作机制，引导信贷资金更好地服务实体经济，又可以拓宽金融资本支持创新创业活动的渠道，有利于发现和培育新的市场机会，壮大新兴产业，提升产业核心竞争力，更好地推动和落实“大众创业、万众创新”。

2. 政府投资引导基金有助于帮助企业提质增效

如果说产业和资本的融合是企业改革和经济发展的“催化剂”，那么政府投资引导基金就是产融结合的主要实现路径。政府投资引导基金以金融创新为突破口推进科技、制度的耦合支持企业发展，发挥增加生产、促进销售、降低成本、盘活资产、提高收益等基础性作用，治愈企业资产虚胖，还原企业专用性资产的真实价值，通过推动企业资产股权化释放流动性，可以有效地推进供给侧结构性改革。

3. 政府投资引导基金有利于助力产业“走出去”与“引进来”

当前，我国正在积极开展国际产能和装备制造合作，但是企业涉外项目的融资难问题仍较为突出。深化产融结合，完善包括政策性金融、商业资本在内的综合金融支持体系，创新产业链融资、国际融资租赁、外保外贷等新型融资方式，有助于改变完全依靠“内保外贷”的资金供给现状，为“走出去”企业提供更好的融资支持，促进企业国际化战略的实现，打造开放经济升级版，助力“一带一路”战略实施。

4. 政府投资引导基金有利于提高产业扶持政策的精准性

经济新常态下，政府扶持产业发展、管理行业的方式方法发生转变——改变过去“撒胡椒面”式补贴、资助少量企业的办法，探索实施普惠性措施，扩大间接支持政策的覆盖范围，创新财政资金分配方式。政府资金寻求与资本的结合，设立政府层面的产业引导基金，撬动和引导社会各种资本投入，这是一项重要的探索。产业引导基金体现了政府政策的导向性，能够在更大范围、更大程度上调动各种资源，拓宽实体经济融资渠道，推动产业转型升级和结构调整。从中央到地方，如雨后春笋般涌现的大量政府引导类产业投资发展基金，已成为目前产融结合的主要实现路径。

（二）当前政府投资引导基金的市场格局：规模和行业领域的双拓展

2002 年，中关村创业投资引导基金的成立标志着我国政府投资引导基金发展的开端。随着一系列国家利好政策的出台，我国政府投资引导基金从之前的缓慢增长转而进入全国遍地开花井喷之势。众所周知，目前我国正处于产业结构升级转型的关键时期，任务十分艰巨。既要进行传统产业的改造和升级，也要进行战略性新兴产业的培育壮大，涉及面广、点多、链长，所需要的资金量巨大。政府投入与银行信贷远远满足不了需求，也不利于金融系统的稳定与抗风险，因此政府牵头，企业、机构和民间资本参与的投资基金发展正应其时。政府越来越重视基金在推动创业创新中发挥的重要作用，加速与市场携手增强创业创新动力。各地方政府的产业引导基金也纷纷进入快速发展时期。据清科集团数据统计，截至 2016 年初政府设立的各类产业引导基金接近 800 只，市场规模超过 2 万亿元，[①] 仅 2015 年就新设立了 297 只，规模 1.51 万亿元，分别是 2014 年新设立基金数量和规模的 2.83 倍和 5.24 倍（见图 20）。

① 清科观察：《2016 政府引导基金报告》，2016 年 3 月 30 日。

图20　2006～2015年政府投资引导基金成长趋势

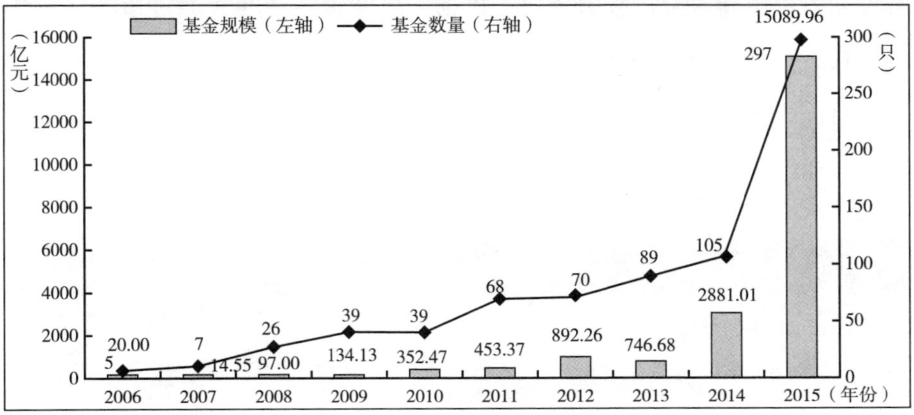

资料来源：私募通，2016年2月18日。

1. 国家层面的政府投资引导基金加快行业布局

在经济下行压力不断加大的情况下，稳增长成为当前政府的首要任务，政府通过政府投资引导基金来撬动社会资本，扩大财政资金的杠杆效应逐渐成为各级政府加快宏观调控、引导产业发展的重要手段。自2014年9月24日设立国家集成电路产业投资基金以来（见图21），工信部、国家发改委、财政部等部委根据特定行业和领域组建了一批国家级的产业引导基金，

图21　国家集成电路产业投资基金结构

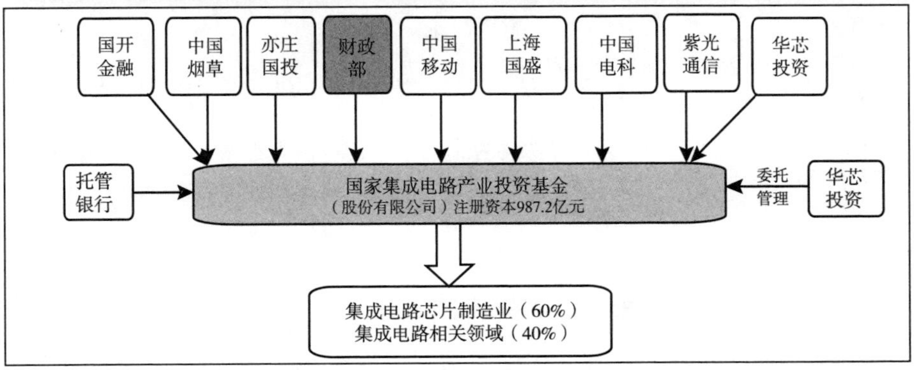

资料来源：深圳市创新投资集团《政府引导基金的探索与实践》。

从国家战略层面支持战略性、基础性、前沿性产业的培育和发展，政府牵头设立投资引导基金，吸引企业、机构和民间资本参与，通过市场化运作的方式进行资源配置重点倾斜。

目前，国家政府层面设立的产业引导基金如表2所示。从中可以看出，政府产业引导基金主要聚焦先进制造业尤其是智能制造业领域。

表2　目前国家层面设立的产业引导基金

设立时间	设立部门	基金名称	产业领域	初始规模
2014年9月24日	工信部、财政部	国家集成电路产业投资基金	重点投资集成电路芯片制造业，兼顾芯片设计、封装测试、设备和材料等产业，推动企业提升产能水平和兼并重组	200亿元
2014年9月26日	科技部	国家科技成果转化引导基金	重点投资集成电路芯片制造业，兼顾芯片设计、封装测试、设备和材料等产业，推动企业提升产能水平和兼并重组	300亿元
2016年1月	财政部	国家中小企业发展基金	中型、小型和微型企业①	600亿元
2016年6月	国家发改委、财政部、工信部	先进制造产业投资基金	聚焦轨道交通装备、高端船舶和海洋工程装备、工业机器人、新能源汽车、现代农业机械、高端医疗器械和药品、新材料等市场潜力大、产业基础好且符合产业发展趋势的重点领域	200亿元
2016年8月14日	国家发改委、财政部	国家新兴产业创业投资引导基金	助力创业创新和产业升级	400亿元
2017年1月22日	国家网信办和财政部	中国互联网投资基金	支持互联网创新发展	1000亿元

注：①根据工信部2011年6月18日发布的《中小企业划型标准规定》（工信部联企业〔2011〕300号）。

资料来源：建投研究院，2017年1月25日。

2. 地方层面的政府投资引导基金遍地开花

国家层面一系列大基金的出台，激发了各级地方政府设立政府投资引导基金的热情，各地方政府结合本地区制造业现状、产业基础和资源禀赋，纷纷积极引导设立政府投资引导基金，设立主体也由省级单位逐渐延伸至市级甚至区县级单位，政府投资引导基金的数量和规模都呈现爆发式增长，[①] 如表3所示。其中，国内最大的是2015年12月成立的湖北长江经济带产业基金，该基金实行引导基金、母基金、子基金三层架构，重点聚焦战略性新兴产业，设立一年多来，目前已设立母基金37只，规模已超过2000亿元，已经突破目标规模。

表3 近期全国各地部分政府投资引导基金情况

设立时间	基金名称	目标规模	重点支持领域
2015年2月1日	厦门市产业投资引导基金	100亿元	厦门市“5+3+10”的现代产业支撑体系
2015年2月28日	山西省战略新兴产业投资基金	100亿元	七大战略性新兴产业
2015年5月19日	重庆新兴产业基金	800亿元	电子信息、高端装备制造、新材料、生物医药、节能环保、新能源汽车等产业
2015年7月6日	浙江信息经济创业投资基金	50亿元	电子信息制造、软件和信息技术服务、应用电子、物联网、大数据和云计算、数字内容、网络安全、电子商务、智慧物流、互联网金融、信息化和工业化深度融合及信息基础设施建设等领域
2015年7月31日	江苏工业和信息产业投资基金	300亿元	围绕《中国制造2025江苏行动纲要》确定的15个重点领域
2015年08月05日	湖北省集成电路产业投资基金	300亿元	集成电路芯片制造业，兼顾设计、封测等上、下游产业链
2015年11月27日	贵州大数据国际产业投资基金	30亿元	大数据产业
2015年12月28日	湖北长江经济带产业基金	2000亿元	重点聚焦新一代信息技术产业、高端装备制造、新材料、生物医药、节能环保、新能源、新能源汽车七大新兴产业
2016年1月14日	北京启动高精尖产业发展基金	200亿元	符合首都城市战略定位、内生于城市创新要素、具有国际竞争力的高精尖产业
2016年02月27日	黑龙江设立百亿元工业投资基金	101亿元	重点投向绿色食品、生物制药、新材料、高端装备、新能源装备、新型农机装备、交通运输装备、矿产经济、林产品加工等领域以及上下游相关产业

① 投中专题研究：《2016年政府引导基金专题研究报告》，2016年4月27日。

续表

设立时间	基金名称	目标规模	重点支持领域
2016 年 2 月	上海设立集成电路产业投资基金	500 亿元	采用“1 +1 +3”模式：100 亿元设计业并购基金；100 亿元装备材料业基金；300 亿元制造业基金
2016 年 3 月 25 日	江西省制造业产业投资基金	100 亿元	新型光电、生物医药、新能源汽车等新兴产业
2016 年 9 月 12 日	陕西省集成电路产业投资基金	300 亿元	集成电路产业
2017 年 01 月 22 日	山东省新兴产业发展基金	500 亿元	推动全省产业转型升级和新兴产业加速发展

资料来源：建投研究院，2016 年 12 月。

我国地方政府投资引导基金数量的地域分布情况如图 22 所示。

图 22　全国地方政府投资引导基金地域分布（数量）

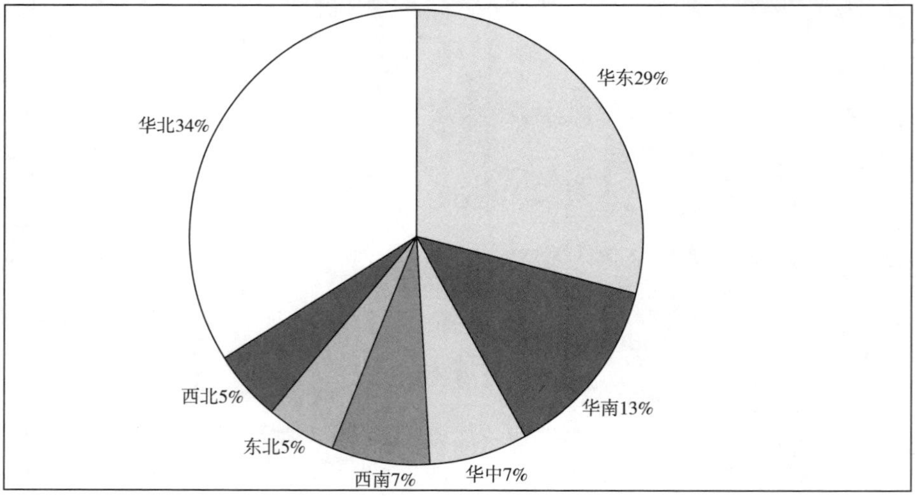

资料来源：投中集团研究院，2016 年 5 月。

在投资领域方面，我国政府投资引导基金对 TMT、医疗健康、消费品及服务行业的关注度最高，占比分别为 36.92%、23.08%、12.31%（见图 23）。在我国经济结构转型升级的大背景下，TMT 作为战略新兴产业的重要组成部分受到国家的大力支持，成为政府投资引导基金的投资重点，云服务、大数据等新兴科技产业也成为TMT中的投资热点。还有，由于健康越来越受国人的关注和重视，医疗健康产业极具投资潜力，已成为我国经济产业中一大“朝阳产业”，且医疗健康领域存在一定的技术壁垒，投资回报率较高，所以其也受到政府投资引导基金的追捧。除此之外，随着我国经济下行压力不断加大，稳增长成为我国政府的首要任务，消费品及服务作为稳定经济增长速度、拉动内需的新引擎，也是政府投资引导基金较为关注的领域。

图23　政府投资引导基金所关注的投资领域

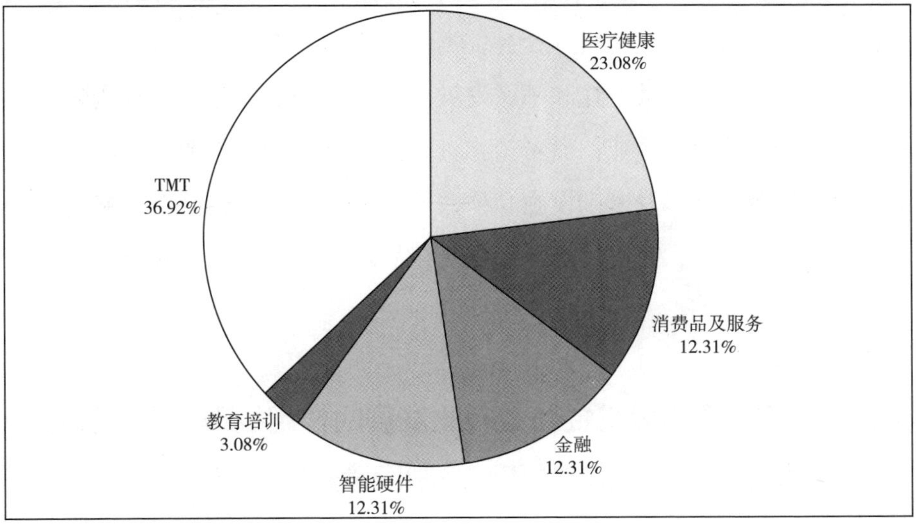

资料来源：投中集团年度GP调研报告，2016年5月。

3. 未来发展的两大趋势

随着政府投资引导基金对产业投资领域的深度参与，其发展逐渐呈现两大趋势：一是规模越来越大；二是覆盖范围越来越广。以政府投资引导基金为基础形成的一系列子基金，叠加了资金、管理经验、先进技术、资源网络和政策制度等优势，能够更好地服务于实体经济的发展，日益成为资本市场和经济社会的重要参与力量。

第一，政府投资引导基金规模越来越大。根据投中数据终端 CVSource 统计，2015 年我国共设立 227 只政府投资引导基金，披露的基金总规模为 9519.1 亿元，平均单只政府投资引导基金规模为 41.9 亿元，为 2014 年及以前平均单只政府投资引导基金规模的近 3 倍。并且，对百亿元以上规模的政府投资引导基金的统计发现，75.9% 的政府投资引导基金成立于 2015 年。这些大规模的政府投资引导基金都在发挥“四两拨千斤”的作用撬动社会资本，形成有效引导社会资金的合力。

第二，覆盖范围越来越广。在很长一段时间内我国政府投资引导基金的设立都以创业投资引导基金为主，以产业引导基金、战略引导基金为辅。而 2015 年出台的《政府投资基金暂行管理办法》开始聚焦主导产业，强调政府投资引导基金应引导社会各类资本投资经济社会发展的重点领域和薄弱环节，支持相关产业和领域发展。政府投资引导基金的投资领域不再只着眼于创业投资企业，而希望将资金用来支持创新创业、中小企业发展、产业转型升级以及基础设施和公共服务领域。随着国家对战略新兴产业支持力度的加大，我国将不断涌现支持战略性新兴产业的政府投资引导基金。

（三）政府投资引导基金助力产业发展的作用机理：叠加资金、管理经验、先进技术和政策制度等多重效应

政府投资引导基金体现了政策和宏观调控的导向性。产业引导基金除了为产业提供资金来源渠道外，还通过政府信用吸引民间资本、国外资本进入创业投资领域，同时也能通过设计相应的“让利机制”，吸引机构投资者的资金进入投资领域，降低其资本风险。具体来看，一方面，通过杠杆放大财政扶持资金，以市场化运作方式投入技术改造、技术创新和科研成果产业化等方面，加大产业重组、企业并购力度，促进经济发展方式改变、产业结构调整和资源优化配置；另一方面，顺应国家产业发展的政策

与方向，使注入行业的资本既能获取较高的回报率，也能实现更高的利用率，保证被资助行业在后期发展中具备较强的生命力。

但是，政府产业引导基金也有局限性，往往会违背“政府引导、市场主导”的原则。政府通过产业引导基金的方式介入产业发展，渗透到市场经营活动中，存在资源选择性配给问题，不利于市场公平竞争，特别是在一些竞争性领域，政府产业引导基金变相为部分私人部门提供补贴，滋生新的地方保护主义和政府干预方式，更有甚者可能让一些新兴的产业快速变成产能过剩行业，不利于行业长期健康发展。譬如，目前国内的光伏、机器人、3D 打印、新能源汽车等产业，受政府产业引导基金的刺激，近年来蜂拥而起、遍地开花，政府产业引导基金一个比一个规模大，在产业引导基金的推动下，有些产业已出现局部过热，影响了产业转型升级和创新发展。

（四）政府投资引导基金现一片蓝海：孕育着许多商业价值和投资机会

随着“中国制造 2025”“双创”“一带一路”“互联网 +”等国家重大战略的深入推进和实施，政府将设立更多的产业引导基金，来实现产业迈上中高端水平的目标。因此，政府投资引导基金孕育着许多价值发现和投资机会，无疑是一片“蓝海”。

1. 传统制造业升级

传统产业仍然是我国产业的主体，约占产业总量的 80%。在未来的产业升级过程中，政府将要在传统产业领域做出大动作，产业引导基金将发力低端制造业，推动低端制造业不断向研发和营销转移，向“微笑曲线”两端升级，产品的精细化程度也将有所提高。

2. 长周期战略行业

七大战略性新兴产业体现着国家战略，关系着国家和民族的命脉，与国民经济、国防建设和人民生活休戚相关，是全球各国必争的战略制高点。像高端装备制造、新一代信息技术、节能环保、新材料、生物、节能环保汽车等行业，资本投资要求较大，周期比较长，需要自上而下推动布局。

3. 国内优势技术输出

经济新常态下，国内的高铁、水电、核电、机械制造、通信设备等世界领先的优势产业，将借助“走出去”或“一带一路”战略输出技术、产能、管理和商业模式。

4. 企业海外并购

随着产品结构升级换代、高新技术广泛应用，自主创新的难度越来越大，资金消耗量也将变大，单独某一个企业的技术水平和资金能力不太可能支撑一些大型的技术开发活动。对于国内制造业来说，“并购”是一条快速实现产业布局的捷径。很多上市企业已经开展收购海外资产进行全球布局。有的企业把自己的研发中心建在海外，有的企业大量地购买海外资产，完善自己的产业链。

5. 产业过剩向国外转移输出

针对产能严重过剩的矛盾，中央提出了消化一批、转移一批、整合一批、淘汰一批“四个一批”化解产能过剩的思路。可以预测，产能过剩行业中的某些优势产业，如钢铁、水泥、玻璃、电解铝的技术和经验将被推广到全球，尤其是向“一带一路”沿线国家和地区输出。

（五）介入政府投资引导基金的逻辑：立足需求、瞄准供给

介入产业引导基金已成为资产配置切换和战略投资的重要切入点，立足于产业转型升级的融资需求，增加资金有效供给，加快资本跟进和布局。

1. 形成由机会导向向战略导向转化的投资思路

产融结合通过金融资本手段为产业引入活水，以金融创新为突破口推

进科技、制度的耦合支持实体经济发展。作为产融结合的主要实现路径，产业引导基金体现着政府对产业发展的政策导向，具有很强的政策指导意义。介入或布局产业引导基金必须要顺应产业政策导向，基于经济刺激的方向和手段，立足产业转型升级的融资需求，增加资本有效供给。自2008年金融危机以来，大类资产的走势和政策刺激的力度和方向呈现高度相关性。借鉴这一基本规律布局产业引导基金，必须改变以前的投资策略，用“产业链价值、资源整合和全球化”等替代“市场占有率、产能规模和集团化”。只有加快步伐从机会导向转向国家战略导向来布局产业，增加资本供给，才能在更大程度上撬动社会资本，整合各类资源带动经济的全面发展，改善经济资源配置。

2. 介入政府投资引导基金的可行方式

顺应大资管时代的来临和金融自由化的深化，介入产业引导基金，已成为众多投资机构标的资产配置切换和战略投资的一个重要切入点。布局政府发展基金项目主题既是资本的属性和趋势，也是做优、做大、做强的重要路径。应该更深程度地参与产业引导基金项目，开拓新的发展空间。建议机构投资者探索采取直接投资设立产业发展基金，以撮合交易、入股参股、提供财务顾问服务或资金托管等形式深入参与，挖掘其中的投资价值和机会。

3. 投资风险防控

要充分考虑项目风险、政策风险和期限错配等各种风险，注意政策性与市场化的不协调，把握好投资的切入点。

四　产业资本

从理论上说，金融发展到一定程度，产业资本和金融资本是必须要融合在一起的。产业与资本的融合是当下中国经济发展的一个重要趋势，产业需要借助资本的力量成长和扩张，资本则需要产业的深度绑定与协同以将自身的资金优势发挥到最大。目前，国家正在大力发展和完善市场体系、创新金融体系和监管体系，需要进行体制机制创新，让金融和产业真正融合，从而进一步推动产业和金融形成休戚与共的利益共同体。当前蓬勃发展的产融结合行为正汇成一股引领经济发展和促进产业升级的新动能。

（一）产业和金融融合的五大新趋势

经济新常态下的“产融结合”呈现一些新趋势和新特征，主要表现在以下几个方面。

1. 从“基于产业”到“良性互动”

传统“产融结合”的核心基于企业的主导产业，根据产业基础采用相应层次的产融战略。如今，以新型信息技术为依托的产融结合创新业态已成为发展趋势，企业为了更好地利用现代化的信息手段，通过产业升级与业务创新促进现代金融体系与实体经济紧密对接，帮助实体解决融资难、融资风险难控等问题，进而构建金融资本与实体经济融合发展、良性互动的产业形态。通过互联网平台，金融可以实现产业的互补，还可以降低企业的风险，同时金融行业带来的利润可以回报产业发展，实现产业“金融疏通血液，产业提供利润”的良性循环。

2. 从“由产而融”到“相互介入”

从世界范围来看，产融结合大体上可以分为“由产到融”及“由融到产”两种形式。在我国，由于政策规定银行业不能投资实业，所以我国产融结合的传统发展方式主要是“由产而融”。产业集团通过金融工具为企业的并购重组和业务发展提供资金支持。“互联网＋”时代的到来，推动了“信息经济＋实体经济＋金融经济”的三方互动融合。银行、证券、保险等金融企业更加重视对互联网信息技术的应用，积极介入新兴互联网企业等产业或建设互联网金融平台。同时，新兴互联网企业介入金融服务的功能创新，使得金融经济更加扎根于实体经济。

3. 从“规模经济”到“普惠金融”

传统的“产融结合”更多的是企业集团化、大型化的产物，集团企业利用产业的资源和品牌优势支持金融资本的发展，并以金融资本为后盾推动产业资本的发展，从而获取竞争优势，形成具有壁垒的“规模经济”。“互联网+”时代推动的大众创业、万众创新是面向大众的“普惠金融”。通过互联网技术，普惠金融最终将建立最为包容的广泛金融体系，能够更好地促进产融结合，并促进金融更好地服务实体经济发展，激发市场运转活力、破解中小企业融资难题。

4. 从“资本融合”到“信息融合”

“产融结合”过去偏重产业资本运作，通过金融与产业互动，参与资本市场，搞好资本运营。“互联网+”时代的“产融结合”则演变为双向的知识与信息的融合，表现为信息的融合、人才的融合和知识的融合。金融机构为企业提供各种中间业务服务，或者企业为金融机构提供行业、市场的咨询，从而实现人才、技术等方面的互补。数据信息成为最重要的生产要素之一，通过行业纵深合作，互联网金融平台可以集合支付、投融资、信息搜索、信用评价等多种金融功能，金融服务呈现跨界融合特征。

5. 从“闭环模式”到“开放经营”

伴随互联网带来社会协作分工机制的变化，原有的生产、分配、交换、消费流程都在发生变革，企业的业务边界也更加模糊。传统的“产融结合”重在以核心企业为依托，关注企业自身价值链的各环节，采取的是一种“闭环模式”。在互联网环境下，企业价值链的边界进一步拓宽，不仅着眼于核心企业自身业务链的价值传递，而且关注整个产业链不同企业之间的资源共享，采取的是“开放经营”模式。互联网思维促使企业重新审视其价值链和核心价值环节，通过改造、革新甚至摒弃某些价值环节，提升整个价值链的竞争力。同时，以用户需求和用户体验为中心的互联网思维将贯穿价值链的始终，将整个价值链打造为开放平台。

（二）产业资本布局的两大主题

产业资本产生于实体经济，产业资本和实体经济相互依托、相辅相成。实体经济是肌体，产业资本是血液，光有血液没有肌体，经济活不了；光有肌体没有血液，经济也活不了。产业的成长、企业的发展需要大量资金，离不开金融的支持。制造业的转型升级也需要资本的支持。产业资本的嗅觉是敏锐的，随着中国经济转型及以“互联网＋”、智能制造、消费升级、医疗健康等为代表的新经济逐渐兴起，产业资本正在加快布局，在新经济中挖掘价值洼地。目前国内的产业资本流动主要围绕创业创新和并购重组两大主题展开投资布局。

1. 创业创新

自2014年夏季达沃斯论坛提出了“大众创业、万众创新”构想以来，如今创业创新已成为一项国家重要战略，在互联网大趋势下，依托“互联网＋”等发展新技术、新产业、新业态、新模式，吸引创业者共谋共创，帮助更多人创业创新，形成小企业“铺天盖地”、大企业“顶天立地”的发展格局，实现创新驱动发展，打造新引擎、形成新动力。天生喜欢逐利的产业资本能够主动支持那些技术路径清晰、产业发展方向明确、相关市场需求较大的产业或技术，在助力制造业转型升级的同时，自身也获得一定的收益。

产业资本以资本、信息、技术和服务为纽带，以利益共享和风险共担为基础，促使生产要素和信贷资金双向流动，促进创业创新的实现。一是加强对重大共性关键技术研发及产业化融资的扶持；二是支持行业骨干企业整合产业链创新资源，促进新技术、新产品的工程化、产业化，推进产业链整体发展；三是推动企业与高等学校、科研院所等构建技术创新联盟，提高协同创新能力。

2. 并购重组

产业资本的另外一个变动方向就是在国内外进行战略性并购重组。推动并购重组，一方面是产业资本的内生需求，某些产业发展得比较成熟，并购资本能够快速进入发展较好的行业；另一方面是国家政策环境变化的需要，产业集中度的提高和产业链整合正是国家政策积极倡导和推动的方向。

产业资本的并购与 PE 的并购思路还是有很大差异的。产业资本更多在产业战略的驱动下进行整合，其优势是与产业接触，最终提升价值。这样不但节省时间，而且通过整合和产业的延伸可以实现战略价值提升。

在全球从工业革命进入信息文明的大时代背景下，科技力量正在推动大的产业更迭和产业变局，这对于传统产业将是巨大的冲击甚至颠覆。全社会各产业都在更迭或者变革的过程中，这本身就包括整合、重构和资源重新配置，自然也孕育着很多并购和整合的机会。许多传统产业被互联网改变，如手表、眼镜、汽车都在运用新媒体的思维、互联网的思维，这给产业资本提供了很多整合的机会。在当前全球产业更迭、中国 GDP 增速放缓以及国家经济转型政策支持的条件下，中国市场真正波澜壮阔的并购大潮还在后面。中国资本市场并购重组浪潮蓄势待发，产业资本早已觉醒。①

政策层面的引导也正在促进中国并购市场的快速深化发展。2013 年 1 月 22 日工业和信息化部、国家发改委、财政部等 12 个部委联合发布的《关于加快推进重点行业企业兼并重组的指导意见》（工信部联产业〔2013〕16 号）提出，将以汽车、钢铁、水泥、船舶、电解铝、稀土、电子信息、医药、农业九大行业为重点，推进行业兼并收购，鼓励大型骨干企业开展跨地区、跨所有制兼并重组，延伸产业链，并参与全球资源整合与经营。政策的强力支持对中国逐渐兴起的并购市场将是一个重大利好，产业资本参与并购的程度也将进一步加深。随着国民经济的发展和企业的日益成熟，并购重组必将成为推动中国经济增长和结构转型的重要力量。

---

① 《中国资本市场并购重组浪潮蓄势待发：产业资本觉醒》，投资界，2016 年 10 月 6 日。

（三）产业资本布局的四种方式

产业资本是嗅觉最为灵敏的主体。制造业的转型升级和结构调整、技术的创新、设备的升级更新、企业信息化改造、节能减排水平的提高等都需要大量的资金，离不开资本的支撑。围绕创新创业和并购重组两大主题，产业资本主要从创业兴业、产业技术创新、行业并购重组和设立投资基金四个方面展开布局，服务实体经济发展。

1. 整合资源进行创业兴业

中小企业是我国经济的生力军，是国民经济创业的主体，也是落实“双创”国家战略推进的主要载体。根据《关于印发中小企业划型标准规定的通知》（工信部联企业〔2011〕300 号）的中小企业划分标准，当前中小微企业已经超过 4000 万家，吸纳 2 亿多人就业，工商登记中小企业达到 1173 万家，占企业总数的 99.3%，成为国民经济不可或缺的重要组成部分。然而，中小企业的融资需求长期得不到有效解决，“融资难、融资贵”成为制约中小企业发展的主要瓶颈。

创业兴业将贯穿于整个“十三五”时期。积极培育创业主体，激发创业活力，不断形成适应经济新常态的“专精特新”中小企业，加快新旧动能转换，已刻不容缓。产业资本整合资金、服务、管理等各种资源，鼓励和支持创业者打破传统束缚和限制，采取各种合规、有效的方式努力创业。培育创业主体，支持留学归国人员、大学生和高校毕业生、科研院所专业技术人才、返乡农民工等各类创业主体。支持某些群体的二次创业。加大对种子期、初创期成长型小微企业支持力度，培育壮大新生小微企业群体。支持一批潜力大、成长性好，积累了一定资金、技术和管理经验的中小企业，顺应消费结构变化、产业结构调整带来的发展机遇加快发展。支持老少边穷地区、少数民族地区中小企业发展壮大。加大在中小企业技术研发、营销推广等方面的融资支持，帮助产业链上、下游中小企业创业兴业，尤其是注重加强对中小企业商业模式创新、经营业态创新的投资布局。

2. 加大研发投入进行产业技术创新

近年来，我国科技活动出现蓬勃发展势头，科技创新从以跟踪为主转向跟踪和并跑、领跑并存的新阶段，已处于实现从量的积累向质的飞跃、从点的突破向系统能力的提升的重要时期。我国在全球创新版图中的位置进一步提升，已成为具有重要影响力的科技大国。

从研发经费投入情况来看，我国研发经费支出占 GDP 的比例从 2010 年的 1.76% 上升到 2015 年的 2.10%（见图 24）。2015 年全国科技活动研发支出 1.4 万亿元，近 5 年增长了 100%，其中企业研发投入 1.1 万亿元，占全部研发支出的 78.6%，是科技创新投入的主体。研发人员全时当量达到 371 万人年，比 2010 年增加 50%。

图 24　近几年我国研发经费支出占 GDP 总量的比重

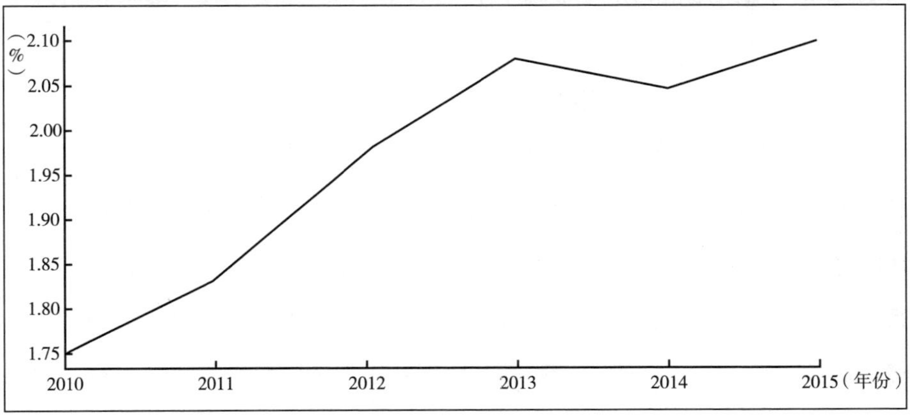

资料来源：Wind 资讯，建投研究院。

从研发资金构成情况来看，一方面，企业仍是研发支出的主体，占比超过 70%，近 5 年来平均增长率为 11.4%，政府资金稳定在 20% 左右；另一方面，研发经费支出的主要使用方向为基础研究、应用研究和试验发展 3 个方面，其中基础研究的投资稳定在 4.5% ~5%，应用研究和试验发展的资金投入分别占比约 12% 和 84%。相对发达国家而言，我国在基础研究方面的投入比较薄弱，原创能力存在很大提升空间。

从产业资本布局的情况来看，研发投入的主要方向包括技术购买、新产品开发、技术改造、消化吸收4个方面，其中主要的研发投入在新产品开发方面，2008～2015年平均增速16.8%。近几年在技术改造和消化吸收方面的投入呈平稳下降趋势，而技术购买方面的支出有一定增长。

随着经济进入新常态和科技创新国家战略的推进，产业资本未来将着力提高产业基础创新能力，预计主要从以下3个方面投资布局：一是关键基础材料、核心基础零部件（元器件）、先进基础工艺等产业基础创新能力，尤其是轨道交通装备、航空航天等领域，实施“一揽子”突破行动，解决重点领域发展的基础瓶颈；二是关键核心共性技术研发和转化应用，譬如新一代信息技术、高端装备、新材料、生物、新能源汽车、新能源、节能环保、数字创意等战略性新兴产业的技术创新；三是支撑民生改善和可持续发展的技术能力的创新和提高，突破资源环境、人口健康、公共安全等领域的技术瓶颈。

3. 并购重组提高行业集中度

随着要素比较优势和资源环境约束发生重大趋势性变化，支撑经济高速增长的传统动力开始减弱，新的竞争优势还在形成之中，“三期叠加”的矛盾和风险进一步显现。虽然经济长期向好的基本面没有改变，但短期经济下行压力持续增加。可以说，必须以创新促进经济增长方式转变、产业结构调整和升级，培育新的经济增长点，实现经济保持中高速增长和产业迈向中高端水平“双目标”。[①] 然而，自主创新的难度越来越大，资金消耗也日趋增加，单独某一个企业的技术水平和资金能力不太可能支撑一些大型的技术开发活动。因此，对于国内制造业企业来说，“并购”是一条快速实现产业布局的捷径。

从美欧等国家和地区的历史经济发展形势来看，经济形势平缓或低迷的时期往往是并购交易的好时机，其间企业间的并购交易也会更频繁。中

① 自熊彼特提出创新理论以来，创新是拉动全球各国长期经济增长的基础已达成共识。

国经济现在处于下行调整的波动中，对于有实力的企业来说，此时并购交易的性价比更高。近几年随着中国经济的发展，大型企业的“马太效应”也开始显现，如BAT向多个领域并购延伸，构建互联网产业的生态圈与产业链。同时，很多行业以规模取胜，不少企业采用并购整合的方式扩大规模效应，比如滴滴和快的的整合、大众点评与美团的整合，这些同质企业的整合有利于企业降低“烧钱”成本。

2016年并购重组仍较活跃，资本“抢食”并购重组如火如荼。2016年1～11月中国并购市场共完成交易2904起，同比提高18.2%；披露金额的并购案例总计2256起，共涉及交易金额1.34万亿元，同比上升49.2%，平均并购金额为5.94亿元（见图25）。2016年1～11月并购市场整体保持了较快的增长，国企改革、海外资产收购、产业转型、巨头合并等热点频现，推动并购规模再创历史新高，但2016年与以往不同的是监管层强调风险防控，政策制定和监管对于恶意收购、“花式”借壳等都起到了一定的抑制作用。预计2017年资本市场并购重组仍将活跃，将更重视引导资本“脱虚入实”。受传统产业“去产能”和供给侧改革政策影响，预计2017年钢铁、煤炭、化工等传统产能过剩行业还将产生更多交易机会，客观上会带来大规模并购交易比重的上升。

图25　2008年~2016年11月中国企业并购情况

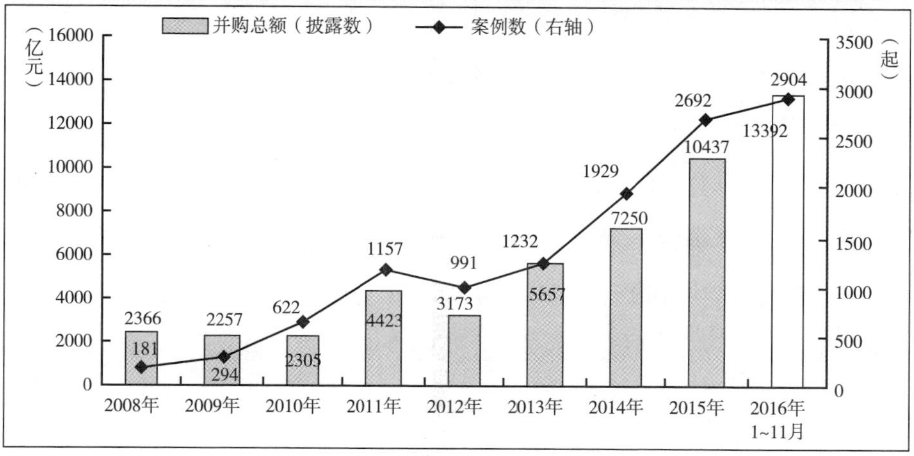

资料来源：Zero2IPO Research，2016－12－06。

并购重组在实践上还面临很多要解决的问题，如并购后的整合和战略协同等问题，目前还很难就产业之间的并购重组进行结论性判断，但从动机来看，并购重组符合转型升级的大趋势。目前，我国产业结构正处在调整时期，不少上市公司主营业务属于传统产能过剩产业，在这种情况下，预计以产业整合为目标的并购重组将持续成为热点。尽管多位行业人士预计 2017 年并购市场规模将有所下降，但在产业并购大逻辑推动下，大型并购有望出现。未来并购重组将更多采用产业并购基金形式，以及通过现金支付对价方式完成交易。行业方面，很多投资者认为，环保、房地产和大健康等行业存在大量的并购机会。而跨境并购将呈现向互联网、高科技、传媒等新经济领域转向的趋势。

4. 设立投资基金进行业态布局

2012 年以来，产业资本通过设立投资基金方式开展产业布局的日渐增多。当前，发起设立产业并购基金正逐渐成为资本市场的一种风尚。以上市公司为例，据初步统计，2014 年，共有超过 86 家上市公司参与发起设立产业并购基金，基金总规模超过 700 亿元。到 2015 年这一数字已约是 2014 年的 4 倍达到 365 家。进入 2016 年，这一热潮依旧未改，截至 1 季度末共有超过 80 家上市公司参与发起设立产业并购基金，其中 30 家基金规模超 10 亿元，基金总规模超过 400 亿元。①

这些基金基本上为上市公司量身定制，上市公司实质上主导投资及决策流程。从基金组织形式来看，主要是结构化基金与平层基金；从基金设立的模式上看，主要有三种常见的模式，上市公司或子公司 + PE（如东阳光科联合九派资本设立新能源产业并购基金），上市公司 + 关联方 + PE（如中恒集团设立医药产业并购基金），上市公司 + 券商/券商系基金（如昆明制药联合平安证券旗下基金设立医药产业并购基金）。

① 资料来源：《上市公司参与发起设立产业并购基金模式 & 案例分析》，并购天下，2016 年 8 月 20 日。

从未来趋势看，上市公司与 PE 或券商合作设立并购基金进行协同并购的模式仍是相当长时间内的发展趋势，投资并购的领域将进一步拓宽；热点行业主要集中在工业 4.0、大健康、文化、环保、新能源、先进制造等热门行业，其中涉及智能制造领域的基金，无论是基金数量还是资金总量都占很大的比重，主要分布在机器人、智能装备、物联网、云计算、大数据、3D 打印、先进材料、智能家居、互联网金融、VR、人工智能、汽车电子、智能硬件、智慧城市、智能环保等行业。

（四）重点领域产业资本的投资布局趋势

下面选择文化传媒、健康养老、机器人、节能环保等领域，对产业资本的投资布局进行分类研究，研判产业资本未来的投资趋势和方向。

1. 文化传媒产业：从“资本炒作”变为“布局控股”，加速产业链整合

近年来，随着文化传媒产业被确立为我国经济支柱产业之一，越来越多的资本进入文化传媒产业，投资目的也从原来的“资本炒作”变为“布局控股”，加速推动行业洗牌。

部分新型文化传媒企业的净资产收益率远高于传统制造业的资本投资回报率，文化传媒产业对金融资本的较高回报也是该行业能持续吸引实力资本进入的关键因素。

同时，互联网、移动互联网等新媒体领域为业外资本进入提供广阔天地。互联网以及移动互联网行业的快速发展已经开始逐步对文化传媒行业的长期发展产生影响，特别是在商业模式和企业战略等方面。在主流媒体向新媒体业务延伸、互联网以及移动互联网领军企业参与传统行业改造以及泛媒体领域快速成长等行业发展趋势中，各方面资本有望获得投资机会。近年来，国内互联网媒体领域投融资事件数量增长较快，如图 26 所示。

图26　近年来国内互联网媒体领域投融资事件数量增长情况

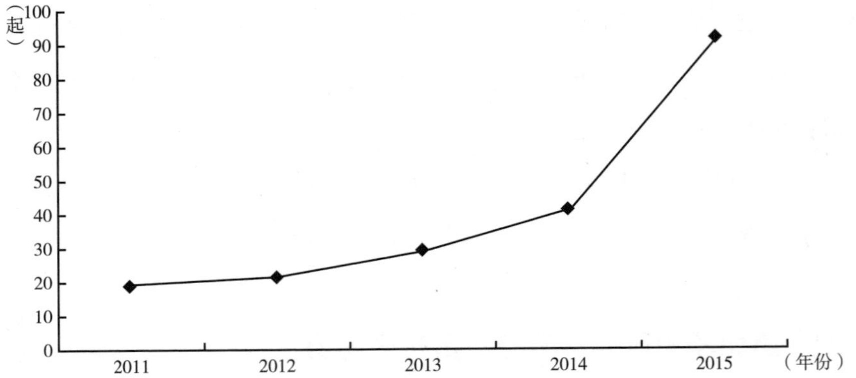

资料来源：崔保国主编《中国传媒产业发展报告（2016）》，社会科学文献出版社，2016。

今后一段时期，产业资本将沿着两条主线加速推动文化传媒行业洗牌。一条是产业资本将市场与政策有机结合，推进媒介融合向纵深发展；另一条是泛娱乐时代的IP并购与全产业链运营，以此深挖IP价值，实现产业链的多元拓展。

2. 健康养老产业：资本由盲目进入逐渐回归理性

人口老龄化是中国当前和未来一段时间面临的国情，规模庞大且快速增长的老年人口以及缺口巨大的养老服务需求，都预示着养老产业进入重要发展时期。养老产业以其数量庞大的消费人群及广阔的产业前景吸引着众多资本。在2015年资本盲目进入养老产业后，2016年资本逐渐回归理性。2016年宜华健康对亲和源的收购拉开了资本收购优质养老标的热潮。优质的养老标的被资本争相追投，尤其是因人口结构改变而焕发生机的成熟养老企业或将成为资本追逐的下一轮热点。从近期主要资本并购案可以看出，资本青睐标的具有三大核心特征。一是轻资产运作模式。自行购置地产开办养老机构的重资产运作养老标的已不再吸引资本的目光，而靠租赁地产提供机构养老服务或直接提供居家上门养老服务的轻资产运营模式受到资本的青睐。养老产业是资金回报周期较长的产业，并且产业的赢利点在于服务满意度的提升而非硬件的投入，因此，依靠轻资产运作并着力于养老服务的机构在养老行业普遍难以赢利的情况下才能获得利润，谋得长期生存的能力。二是成熟可复制的商业模式。资本能够助力产业的发展。资本具有逐利性和对资产长期回报率的要求，这意味着只有成熟商业模式才能受到资本的青睐。对于养老产业来说，养老机构由于其福利性的特质，大多依靠政府补贴度过发展的萌芽时期，如能抓住养老产业的刚需，摸索出成熟的商业模式，定会受到资本的关注。不管是汇晨以做运营管理为主的社区中型养老模式，还是夕悦的居家上门服务模式，抑或是寸草春晖专注于失能失智老人照护的模式，都是经过多年的市场检验建立的成熟商业运作模式，并得到了其服务覆盖范围之内老年人的认可，在多年的运营中获得稳定的现金流量。拥有上述特质的养老机构才会受到资本的关注。三是标准化的服务体系和制度体系。资本的注入使得企业能够进行连锁化复制，快速扩大规模。养老机构快速扩张和服务输出是建立在标准化的服务体系和制度体系上的，因此资本并购养老标的的一大条件就是其已经建立标准化的体系。从2016年的6个并购案例也可以看出，汇晨、夕悦、寸草春晖无一不是基于多年的运营管理经验建立了一套完善的标准化体系，并能够进行标准的输出。可以说，建立完善的养老服务标准化体系是养老机构成功引进战略投资者的必要前提。

3. 机器人产业：资本市场围绕智能化和服务化两条主线展开竞争

资本市场对机器人的热情依旧不减。2016年机器人行业的并购热潮与2015年相比有过之而无不及。在智能化、人机交互频率要求更高的服务机器人领域，虽然也有各式各样的产品，但仍缺乏一个能够真正大规模商业化生产销售的划时代产品。未来，预计机器人的发展方向是高度智能化。目前，中国机器人产业快速进入普及期，一方面机器人需求迫切，另一方面已初步形成与下游需求相匹配的产业链和产业集群。产业资本投资布局需要抓住智能化和服务化两大主线。

一是重点关注工业机器人的大规模应用。国外工业机器人工业技术已经较为成熟。随着汽车生产线等需求端需求增加，工业机器人市场也在同步快速扩大，中国已经成为全球最大的工业机器人市场。国际机器人联合会（International Federation of Robotics）统计显示，2016 年中国安装的工业机器人数量将位居全球之首。按照《机器人产业发展规划（2016～2020 年）》发展目标，到 2020 年我国自主品牌工业机器人年产量计划达 10 万台，服务机器人年销售收入超过 300 亿元。因此，围绕本体市场、集成应用是市场增长点；围绕核心零部件的技术创新和国产替代是工业机器人走向中高端的关键，是产业资本需要关注的重点方向。

二是服务机器人是下一轮竞争的热点。服务机器人除了工业机器人基础技术外，在行走、奔跑、视觉、人工智能分析与判断、仿生学等方面还处在技术开发和突破阶段，整体技术不成熟。而随着需求层次的多元化，质量要求提升，人机交互程度不断加深，服务机器人的市场空间加深拓宽，服务机器人技术将会在未来成为全球技术争夺的制高点。

三是抢滩人工智能给机器人发展带来的机遇。人机交互（人工智能）目前技术上已经有了较大突破，如苹果的 Siri、国内的小 i 机器人，目前都已进入商用阶段。百度推出了提供秘书化服务搜索的机器人助理“度秘”，BAT 都在积极抢夺技术制高点。这些简单的人机交流目前还不能满足完全商用的要求，预计未来一定会有更复杂甚至具备一定学习能力的人工智能出现，必将催生机器人产业的跨越式发展。

4. 节能环保产业：激荡的资本市场正在寻觅方向

节能环保产业是国家加快培育和发展的 7 个战略性新兴产业之一，近年来受国家政策的推动获得了极大的发展空间。但是，节能环保企业发展之路绝非平坦的阳关大道，节能环保产业之大发展并不意味着每个企业之大发展。2016 年我国节能环保产业也发生了不少让人揪心的事件，譬如，小米空气净化器登质量黑榜，新能源汽车行业“骗补”调查风暴，“毒跑道”材料的惊人黑幕，垃圾焚烧发电厂抵制事件，等等。“十三五”期间，国家对节能环保产业的关注将持续提高，环保“费改税”、全国碳交易统一市场等一系列有关环保的政策正在制定，国家牵头的全民节能环保行动时期即将到来。产业资本的竞争将更加激烈、残酷。预计产业资本将从以下几个方面展开竞争。

一是水务环保成为大型企业集团进入节能环保产业的重要切入点。出于对节能环保产业发展前景看好以及企业自身转型的考虑，2016 年大型企业集团纷纷涌入节能环保领域，进军渠道包括资本、技术、工程和设备 4 条途径。资本方面，中信集团、葛洲坝集团通过收购水务公司，切入水务环保；技术方面，中国中车将“高空井”应用于农村污水治理，斥资 10 亿元建研发基地；设备方面，徐工集团以环卫设备为基础，积极拓展餐厨废弃物利用、垃圾收处等其他节能环保领域。

二是“互联网 +”等新技术推动资源循环利用产业回收体系精准化。随着移动互联网、云计算和大数据等新技术的不断涌现，“互联网 + 回收”模式让传统回收体系搭上互联网快车，通过搭建互联网线上服务平台与线下回收服务体系，改变了传统回收体系“小、散、差”状况。典型的“互联网 + 回收”应用 APP 包括“帮到家”“回收哥”“再生活”等；采用云计算、大数据等技术分析回收站点聚集的再生资源数量变动规律，再生资源回收者可以合理布局回收体系，提升其精准化程度；通过将分类环节前置，实现多品类再生资源规模化，简化再生资源利用路径。

三是技术节能和管理节能并重，推动节能环保产业结构软化。我国节能产业经过数十年的发展，以投入新技术、新工艺、新材料、新设备和新器件来获得节能效益的技术节能遇到发展的“天花板”，而采取加强计量检测、优化能源分配、强化管理维护、提高人员素质、加强能源绩效考核等措施的管理节能愈加受到用能单位的重视。为提高管理节能效率，上海、浙江宁波和广东东莞等地建立了能源管理中心平台和重点企业能源管理中心，实现对节能数据的深入分析，提高了节能效率，该模式催生了多家配套节能服务公司，提高了节能服务产值，推动了节能产业结构的软化。

四是雾霾多发促政策加码，超低排放和 VOCs 治理成新举措。近年来，我国多地雾霾天气频发，尤其是 2015 年底北京接连发布空气重污染预警①，成为大众热议的焦点。为遏制日益严重的雾霾天气，2016 年底环保部等三部委发布《全面实施燃煤电厂超低排放和节能改造工作方案》，提出到 2020 年全国所有具备改造条件的燃煤电厂力争实现超低排放。此外，鉴于 VOCs 在雾霾天气中的重要影响，以及北京、深圳等城市在治理 VOCs 方面的先行先试，环境保护部有望对 VOCs 排放实施总量控制并将其纳入约束性指标体系。

五　小结：2017 年投资人关注的重点问题

随着经济进入新常态，国民财富日积月累，资本市场不断健全，投资体系不断完善，近年来我国市场参与主体发生了巨大变化，投资者结构的“新陈代谢”正在发生。投资人群加快向多元化发展。展望未来一段时期，预计产业资本和险资的偏好将显著影响市场。2017 年改革预计仍以存量改革为主，存量经济周期下需重视中长期和增量逻辑，主题投资应重点关注产业变革、改革转型、国家战略等问题。

在产业方面，新一代信息技术“政策跃迁”，将迎来投资风口。2017 年 1 月 15 日，中央办公厅、国务院办公厅联合印发了《关于促进移动互联网健康有序发展的意见》，明确提出要加快信息基础设施演进升级，加快第五代移动通信（5G）技术研发，增强网络服务能力。5G 时代渐行渐近，终端应用引爆需求，技术变革助力 5G 规模化商用。在

① 当年发布了首个雾霾橙色预警并首次启动雾霾红色预警。

诸多应用场景中，物联网产业爆发对5G的需求十分迫切。同时，科技服务业作为产业升级的关键配套将持续受益。因此，在存量经济周期下需重视中长期和增量的逻辑，发展导向明确、具有一定基础优势且可延展性较强的新一代信息产业，如5G、物联网、科技服务业将带来重大的投资机会。

在改革方面，国有企业产权多元化、规模化、平台化、集聚化的改革方向隐含着巨大的投资机会。国企症结在于效率较低，改革势在必行。“混改”模式创新多元，股权转让为股权多元化改革提供了新的契机，债转股为引入市场化机制提供了最新工具，是国企效率提升的突破口。2016年9月底以来“混改”频现提速信号，预计2017年将获实质性突破，改革预计仍以存量改革为主，党的十九大将修正改革预期，主题方面要重视“预期差”较大的领域，建议布局长期被市场忽略而宏微观层面正在发生质变的领域，如混合所有制改革、并购重组等。

在国家政策方面，“一带一路”战略是值得关注的重要投资主题。国家领导层一直高度重视“一带一路”战略，将其视为推行“大国战略”的重要抓手。“一带一路”战略实施以来硕果累累，已在贸易、交通基础设施建设、能源和资源开发、国际产能合作和文化旅游等多个方面取得实质性进展。2016年“一带一路”新签承包工程合同额达到千亿美元级别，“一带一路”战略已经发展出多元化合作模式，合作兼具深度和广度。人民币成功入篮SDR等事件推动“一带一路”战略的实施。同时，美国退出TPP，全球化收缩，亚太经济面临挑战与政策分化，利好中国亚太战略，这给中国企业投资布局亚太地区带来了重要机遇。

基于此，成功的投资者应该注意以下4点：一是要把握经济的风口，了解宏观经济的基本面是投资者投资成功的第一步，当下的全球经济和中国经济都处在剧烈的变化和动荡之中，投资不易，一定要主动降低自己的投资收益，在投资组合上将风险提升为重要的考量因素；二是要顺势而为，不要和大势作对；三是要“听懂”政策，在很多情况下，宏观政策的制定者总是很模糊地表达政策意图，以免引发市场的动荡，此时只有“听懂”政策，才能在他人之前预判形势，做出正确的选择；四是要抓住产业的机遇，消费、零售、人工智能、自媒体、旅游、食品等产业，都蕴藏着巨大的财富和机会，关键是要敏锐捕捉产业变局。

参考文献

[1] 胡润研究院：《2017 至尚优品——中国千万富豪品牌倾向报告》，2017 年 1 月 19 日。
[2] 李夏：《政府引导基金的探索与实践》，深交所，2016 年 3 月。
[3] 清科财富：《2016 解密万亿规模引导基金市场格局》，2016 年 3 月 20 日。
[4] 投中集团：《一文读懂政府引导基金》，2014 年 2 月 14 日。
[5] 梁立明：《2015 年政府引导基金专题研究报告》，投资中国，2016 年 5 月 23 日。
[6] 九次方大数据：《大数据揭秘中国高净值人群资产配置及投资动态》，2016 年 9 月 23 日。
[7] 瑞信研究院：《2016 年全球财富报告》，2016 年 11 月 23 日。
[8] 前瞻产业研究院：《2013～2020 年全国个人持有的可投资资产总额》，2016 年 7 月 26 日。
[9] 智研咨询：《2016～2022 年中国养老护理市场深度调查及投资前景预测报告》，2016 年 10 月 8 日。
[10] 林毅夫等：《经济发展中的最优金融结构理论初探》，《经济研究》2009 年第 8 期。
[11] 王涛：《上市公司参与发起设立产业并购基金的两大模式与案例分析》，并购天下网，2016 年 8 月 20 日。
[12] 倪正东：《2016 年中古股权投资市场回顾与展望》，清科研究中心，2016 年 12 月 6 日。
[13] 泰康与胡润研究院：《2016 年中国高净值人群医养白皮书》，2016 年 11 月 28 日。

行业投资：培育经济新动力

邹继征　王　申

邹继征，中国建投投资研究院高级研究员

王申，中国建投投资研究院研究员

投资提示

- 我国产业结构处于转型升级的关键期，应关注经济新动能所在的战略性新兴产业和传统产业的升级优化，以及新技术与传统产业跨界融合带来的投资机遇，重点产业包括绿色环保、健康养老、信息经济、文化消费、先进制造等。

- 绿色环保产业具有逆周期属性，2017 年环保投资占 GDP 比重将继续上升，投资与并购活动将继续保持活跃。环保的资金投入大、回收期长，在 PPP 大发展的背景下，投资首选具有大资源、大资本的企业，以及区域型平台公司。细分行业可重点关注环境监测、土壤治理、海绵城市、VOCs 治理、污水处理等。

- 健康养老产业在老龄化加速的背景下将迎来巨大的刚性需求。预计到 2020 年，我国健康养老消费市场规模将达 4 万亿元。在一级市场，应关注养老医疗、护理机构、新型养老养生科技产品项目以及养老金融保险产品；在二级市场，建议关注养老、医疗、药品、医疗器械、健康相关企业以及相关信息及软件服务商等板块。

- 我国信息经济产业 2017 年将继续实现较快发展，信息技术与传统产业进一步相互融合，投融资规模将维持较高水平。重点投资领域包括信息技术与传统产业深度融合带来的新商业模式，以及 Fintech、车联网、区块链、人工智能、大数据、信息安全、B2B 电子商务等。

- 我国文化消费市场潜在规模达到4.7万亿元，但是实际消费仅约1万亿元，缺口逾3万亿元。2017年文化消费投资应重点关注以下方向：文化娱乐升级带来的院线整合、内容产业、VR产业；深度体验旅游带来的PPP项目、目的地资源、休闲服务以及新型旅游企业；体育产业迎来增长拐点，短期关注滑雪、骑行、马拉松、赛事运营及场馆运营等领域，中长期关注北京冬奥会带来的冰雪运动产业增长。

- 先进制造业是我国经济转型升级的关键，2017年，我国先进制造业在智能装备、服务型制造、核心基础零部件、绿色制造等方面发展较快。具体而言，在智能装备领域，对传统企业进行智能化改造，加快智能装备应用将是重头戏，机器人、可穿戴设备、智能家电、智能电网等智能装备需求增长快；在服务型制造领域，美国的服务型制造占比约60%，中国仅为2%，未来成长空间巨大；在核心基础零部件领域，进口替代需求旺盛，国内制造企业在这方面的投入逐年增大；在绿色制造领域，轻量化、精密化是发展趋势，再回收等技术将逐步在先进制造业推广。

- 展望2017年，行业投资将伴随经济结构调整继续迈进，在“三去一降一补”的背景下，各行业的结构性调整将持续，投资机会也将是结构性的。投资者应关注经济新动能所在的战略性新兴产业、传统产业升级优化，以及新技术与传统产业跨界融合带来的投资机遇。预计2017年，国内投资并购市场将会企稳，资本将继续寻找经济新动力中蕴含的投资机会。海外投资与并购方面，受外汇加强管制、国外并购审核趋严、整合面临调整等因素影响，国内资本与产业投资者趋于理性，预计2017年投资并购金额将会有所下滑。

当前，我国经济处于转型升级关键期，旧动力还在衰减，新动力已经萌芽，经济结构中行业投资的机遇与风险并存。

2016 年，投资并购市场出现波动。CVSource 数据显示，2016 年并购市场宣布交易案例 8380 起，披露金额案例数量 6642 起，披露交易规模 5406.2 亿美元，比上年分别下滑 28.48%、31.19%、31.52%。在 PE/VC 领域，互联网、消费及服务、清洁技术、农业等领域的投资活跃度下降，以互联网为例，根据 CVSource 统计，2016 年互联网行业 PE/VC 融资案例 1622 起，环比下降 28.1%；融资规模 238.39 亿美元，环比下降 26.99%。

投资市场趋冷主要受到资本“寒冬”和二级市场低迷的影响，部分新兴行业快速发展受阻，投资风险增加，投资与并购交易趋于理性。比如，随着细分领域产业升级市场的竞争加剧，传统行业的并购交易主要以扩大制造和服务供给能力、提高管理经营效率为目的，更偏好规模大、赢利模式成熟的标的。而像互联网等 PE/VC 重点投资领域，由于以探索创新为发展主导力的行业快速发展受阻、投资风险增加，投资者更青睐发展动力饱满、发展阶段趋于成熟期的企业。

因此，要把握经济转型升级期间的新动力，寻找其中的重点投资领域。我们重点推荐绿色环保、健康养老、信息经济、文化消费、先进制造五大产业。

一　绿色环保产业分析

（一）2016年绿色环保产业发展回顾

从美国、日本环保产业的发展经验来看，环保具有明显的逆周期属性，当 GDP 增速进入下行区间（比如，美国 1985 ~ 1990 年、日本 1970 ~ 1975 年），环保基建属性开始发挥作用，政府期望以环保投入刺激经济增长，同时在资产风险暴露的经济下滑期，社会资本对现金流稳定、风险小、回报率合理的环保项目更感兴趣。从1990～1995年日本环保产业的数据可以看出，日本经济进入加速衰退期，而环保投资进入加速成长期，环保成为拉动经济的重要力量。

我国经济正处于关键的增速“换挡期”，环保产业也正在成为政府倚重的经济增长新热点，再加上全社会对环境问题日益关注，环保产业越发得到社会和投资者的认可。2016年是“十三五”规划开局之年，节能环保领域的规划也密集出台，为产业的健康快速发展指明了方向。

1. 产业政策

在经济进入新常态背景下，环保产业日益受到中央政府的重视，相关政策连续出台，环保执法力度趋严，都彰显了目前中央政府对于“十三五”期间“环境治理改善为核心”执政理念的实践。

2016年5月28日，国务院发布《土壤污染防治行动计划》（本文以下简称“土十条”）。“土十条”以改善土壤环境质量、保护农产品及人居环境安全为第一目标，强调前端的防控以及监管，对后端修复治理要求明确责任主体、分阶段实施。至此气、水、土三大污染防治行动计划全部发布，对于污染源的防治进入全面实施阶段。

2016年11月24日，国务院发布《“十三五”生态环境保护规划》，统筹部署“十三五”时期生态环境保护总体工作，环境质量首次列入五年规划的约束性指标，并要求到2020年生态环境质量总体改善。而包括城镇污水处理、生活垃圾无害化处理等“十三五”专项规划则陆续启动意见征询，预计将于2017年上半年正式推出。

2016年12月初，国务院发布《“十三五”国家战略性新兴产业发展规划》，提出将进一步发展壮大包括节能环保在内的战略性新兴产业，到2020年，高效节能产业、先进环保产业、资源循环利用产业产值规模分别力争达到3万亿元、2万亿元、3万亿元。

2016年12月26日，国务院印发《“十三五”节能环保产业发展规划》，提出了4个主要目标：①节能环保产业增加值占国内生产总值比重为3%左右，吸纳就业能力显著增强；②技术水平进步明显，国产化程度提高，主要节能环保产品和设备销售量比2015年翻一番；③培育一批具有国际竞争力的大型节能环保企业集团，在重点领域培育100家以上骨干企业，形成20个配套能力强、辐射作用大、服务水平高的产业集聚区；④优化市场环境和政策机制。根据规划，环保产业将成为支柱产业。

除了环境保护规划和产业政策，2016年对于环保监察力度空前加大，中央建立的环保督察机制将长期化、制度化，严控环境污染问题。2015年7月，中央深改组第十四次会议审议通过《环境保护督察方案（试行）》，明确建立环保督察机制。本次中央环保督察于2016年初在河北试点，第一批为2016年7~8月完成的对内蒙古等八省（自治区、直辖市）的督察工作，第二批为2016年11月底开始的对北京等七省（自治区、直辖市）的督察工作，目前相关工作正在稳步推进中。根据安排，中央环保督察将于两年内实现对全国省（自治区、直辖市）的全覆盖。此次环保督察级别高，代表党中央、国务院对各省（自治区、直辖市）进行环保督察；实行党政同责、一岗双责，督察的对象从企业变为地方党政机关和企业，更具威慑力；强调督察结果的应用，督察结果要向中央组织部移交移送，作为被督察对象领导干部考核、评价、任免的重要依据。

2016年12月25日，《中华人民共和国环境保护税法》（本文以下简称《环保税法》）获得人大常委会表决通过，将于2018年1月1日起施行。此次通过的《环保税法》将从税收杠杆入手，提供多档税收减免，使排污量与税收费用直接相关。征税范围包括大气污染物、水污染物、固体废物和噪声。环保税将取代目前的排污费，以排污费收费标准作为税额下限，最高可按最低收费标准的10倍征收。

《环保税法》的施行和环保督察机制的建立将直接促使企业和地方领导干部提高对环保的重视程度，从而提高地方对环境问题的重视程度，加大环境保护防治的投入力度，推动环保产业的发展。

2. 产业规模

随着社会对环境问题的愈加重视，“十二五”期间，我国节能环保产业规模快速扩大，2015 年产值 4.55 万亿元，同比增长 16.4%，相比 2010 年的 2 万亿元实现了翻番。2016 年，预计我国的环保产业产值将超过 5 万亿元，继续保持快速增长态势。

在环境污染治理领域，2011 年以来，环境污染治理投资复合增速达 10%。2016 年，我国的环保投资额预计达 1.15 万亿元，约占 GDP 的 1.6%，较 2015 年提高 0.32 个百分点（见表 1）。

表 1　全国环境污染治理投资情况

单位：亿元，%

年份	投资额	同比增速	占 GDP 的比重
2000	1014.90		1.13
2001	1106.60	9.0	1.01
2002	1367.20	23.5	1.14
2003	1627.70	19.1	1.20
2004	1909.80	17.3	1.19
2005	2388.00	25.0	1.30
2006	2566.00	7.5	1.22
2007	3387.30	32.0	1.36
2008	4937.03	45.8	1.57
2009	5258.39	6.5	1.54
2010	7612.19	44.8	1.86
2011	7114.03	-6.5	1.45
2012	8253.46	16.0	1.53
2013	9037.20	9.5	1.52
2014	9575.50	6.0	1.49
2015	8806.30	-8.0	1.28
2016E	11500.00	30.6	1.60

资料来源：Wind 资讯、建投研究院。

节能环保领域的财政投入方面，政府投入不断加大，过去 5 年的年复合增速达 15%。2016 年 1～11 月累计投资 3860 亿元，同比增长 5.7%（见表 2），预计 2016 年全年，全国节能环保行业公共财政支出额将达到 4500 亿元。

表2 节能环保行业全国公共财政支出情况

单位：亿元，%

时间	全国公共财政支出	同比增速
2007年前11个月累计	554	21.8
2008年前11个月累计	831	42.9
2009年	1865	38.4
2010年	2426	25.4
2011年	2618	7.2
2012年	2932	11.0
2013年	3383	14.2
2014年前11个月累计	2726	3.7
2015年前11个月累计	3692	35.4
2016年前11个月累计	3860	5.7

资料来源：Wind资讯。

2016年是PPP大干快上的一年，对于解决地方政府资金不足、环保项目赢利前景不明等问题都有促进作用，所以全年环保类PPP项目投资额也上升很快。3月末、6月末、9月末的环保类PPP投资总额分别为0.79万亿元、0.98万亿元、1.18万亿元，环比增速达4%、24%、20%。截至2016年11月30日，生态建设和环境保护PPP项目签约总数602个，总投资额超过6000亿元。环保行业PPP投资集中在五大领域，合计占比达94%，其中，生态建设和环境保护，占比50%；污水处理占比17%；供水，占比12%；海绵城市，占比9%；垃圾处理，占比6%。

我国环保企业除了规模快速增长，对于环保技术的投入也在迅速增加，以提高技术实力、增强竞争力。从化工行业环保技术PCT专利申请量可以看出，我国环保企业在环保领域的研发成果持续快速增长，申请量从2004年的19项增加到了2015年的190项，增长了9倍。2016年前3个季度，我国化工行业环保技术PCT专利申请量达到136项，仅次于美国、日本和德国，已经远超韩国（见表3）。环保技术的提升有利于企业巩固既有阵地，并逐步向外拓展生存空间。

表3　部分国家化工行业环保技术PCT专利申请量

单位：项

时间	中国	美国	日本	德国	韩国
2004年	19	385	228	202	46
2005年	22	420	273	189	64
2006年	36	469	314	219	78
2007年	42	570	352	285	78
2008年	54	647	428	286	80
2009年	61	589	451	282	109
2010年	63	537	414	269	102
2011年	84	607	566	289	130
2012年	142	639	589	291	129
2013年	176	614	643	309	144
2014年	132	708	655	252	160
2015年	190	531	571	262	175
2016年前3个季度	136	389	343	163	100

资料来源：Wind资讯。

3. 产业并购情况

由于环保行业发展前景广阔、多数细分行业集中度较低，吸引众多投资者和产业资本积极布局环保领域，各路资本纷纷涌入环保产业链的各个环节，"跑马圈地"已成常态，跨界并购也为数不少。2007～2015年环保行业并购情况如图1所示。

图1　2007～2015年环保行业并购情况

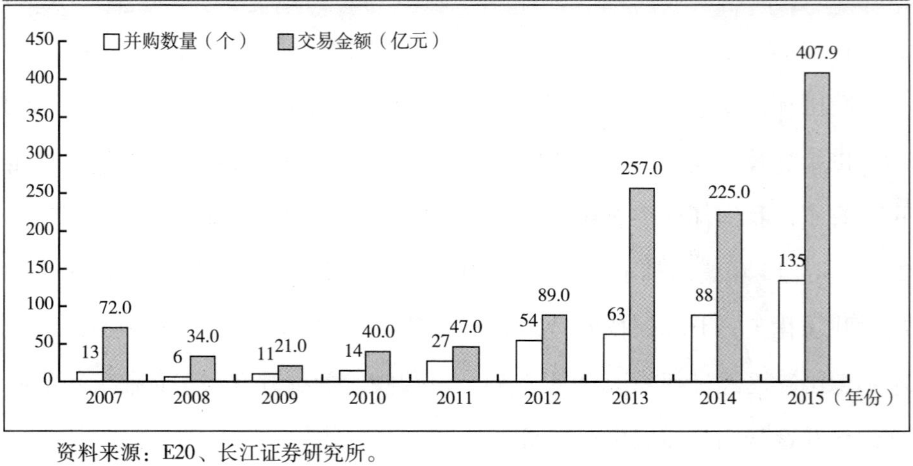

资料来源：E20、长江证券研究所。

具体而言，我国环保行业部分子领域市场集中度很高，如火电脱硫、火电脱硝、除尘；还有一些行业正在进入整合阶段，如垃圾焚烧（见表4）。出于追求规模效应及产业链布局需要，优势企业开始整合行业，进入优胜劣汰阶段，行业并购活动从2012年以来活跃度持续上升。

表4　细分行业市场集中度

行业	市场集中度	备注
危废	7%	前10家公司市场占有率（2015年）
污水处理	25%	前10家公司市场占有率（2012年）
环境监测	62%	前10家公司市场占有率（2014年）
除尘	50%	前2家公司市场占有率（2016年）
火电脱硫	76%	前20家公司市场占有率（2012年）
火电脱硝	73%	前20家公司市场占有率（2012年）
垃圾焚烧	55%	前10家公司市场占有率（2014年）
餐厨垃圾	44%	前10家公司市场占有率（2016年）
污泥	7%	前10家公司市场占有率（2015年）

资料来源：建投研究院。

对于国内地方性环保企业来说，并购异地项目或产业链上、下游可实现地域和新业务的扩张，也是快速获取稀缺资质、项目资源的有效途径，还能避免跨地域带来的水土不服，因此并购成为环保企业做大做强的重要手段，这也使得2016年环保市场并购热潮不减。据不完全统计，2016年环保领域的并购重组事件近百起，并购交易总金额近500亿元。从并购的细分行业来看，类公用事业、生活垃圾、污水处理是前三大并购细分板块，危废、环保EPC、资源再生和水务综合BOT紧随其后。

并购还成为国内企业“引进来”和“走出去”的重要手段。就国际并购而言，发达国家的技术成熟，但市场面临滞胀或饱和，国内环保企业并购此类资产可以在引进先进技术的同时，打开国内市场，如苏交科收购美国环境监测公司Test America，中国节能环保集团收购葡萄牙固废处理龙头企业SUMA（见表5）。

根据不完全统计，环保企业2016年较大的海外并购项目有16个，交易总额约30亿美元。中国环保企业海外并购项目集中在欧洲，并购项目10个；其次是美国，有3个项目；其他国家有3个项目。

表5 环保企业2016年海外并购情况

收购方	目标企业	所在国	细分行业	收购比例	交易额
怡球资源	Metalico	美　国	资源再生	100.0%	1.07亿美元
绿创声学	IAC	英　国	噪声防治	100.0%	750.00万欧元
北京控股	EEW	德　国	垃圾发电	100.0%	14.38亿欧元
雪迪龙	ORTHODYNE	比利时	环保仪器	100.0%	415.00万欧元
天翔环境	BWT	德　国	污水处理	100.0%	2.17亿欧元
苏交科	Test America	美　国	环境检测	100.0%	0.18亿美元
首创环境	BCGNZ	新西兰	固废处理	35.0%	1.61亿美元
云南水务	GNSP	日　本	污水处理	50.0%	1.00亿美元
天翔环境	欧绿保中国业务	德　国	资源再生	—	3.00亿欧元
永清环保	MC2	加拿大	土壤修复	51.0%	3060.00万加元
格林美	BAMETA	德　国	资源再生	30.0%	515.00万欧元
巴安水务	Larive Water	瑞　士	海水淡化	21.6%	800.00万欧元
维尔利	EuRec	德　国	固废处理	70.0%	415.00万欧元
中国节能环保集团	SUMA	葡萄牙	固废处理	38.5%	—
天翔环境	AS	德　国	环保设备	100.0%	17.00亿元
中金环境	Tigerflow	美　国	供水设备	100.0%	0.94亿美元

资料来源：建投研究院。

未来几年，并购浪潮仍将持续。随着更多的环保公司做大做强，龙头公司将会寻求一体化、多元化的发展，打造综合环保方案解决平台是大势所趋。长期来看，随着竞争加剧，环保行业的优胜劣汰可能开始显现，只有技术领先、市场拓展和资本运作能力强的平台型企业才能脱颖而出，成长为行业龙头。

（二）2017年绿色环保产业投资展望

1. 重点子行业分析

据环保部规划院测算，“十三五”期间社会环保总投资额有望超过17万亿元。根据《“十三五”节能环保产业发展规划》，重点行业2020年销售量将在2015年的基础上翻一番，则行业年复合增长率约15%，加之国产化率提升和行业集中度提高，预计龙头企业的业绩增速将超过20%，投资机会很大。

（1）污水处理

污水处理市场成熟，其中城镇生活污水处理市场规模最大，超过5000亿元，年增速为3%～5%。目前行业龙头公司是首创股份、北控水务等。

国内大多数工业污水处理工程企业受资金和技术的制约，创新能力差，工业废水成分复杂、涉及行业广，在处理技术及行业集中度方面都有较大差距，并且由于地方保护和行业保护现象严重，市场集中度低。我国工业污水处理工程类公司大致可以分为3类：①大型国有企业下属企业；②科研院所下属企业；③股份制、民营、外资类企业。由于水处理服务内容较为宽泛，以电厂水处理为例，就有补给水处理、循环水处理、凝结水精处理、废污水处理及中水回用等众多水处理系统设备，行业内能够提供全系列产品的企业较少，目前仅有华电工程、凯迪水务、西安热工院、中电环保等少数企业具有提供全方位水处理技术服务的能力。大部分具有相对优势的企业专注于部分系统，在细分领域市场表现良好，如三维工程、东华科技等。

总体来看，污水处理领域民企和外企做得都不好，大量市场份额都被国企占有，因为国企（尤其是央企）拥有低廉的资金成本和强大的拿项目能力，所以国企的竞争力更强。

不过，“水十条”对污水处理提出了更高的要求，这给了那些拥有较强技术实力的民企迎头赶上的机会，它们可以走MBR技术路径，在传统污水处理的基础上，运用新的膜技术，达到甚至超过国家一级A的标准，构建自身的“护城河”。

目前，我国MBR运营比例在稳步提高，2015年，MBR技术的运用已经占整个污水处理市场的4.2%，预计2020年左右可以达到10%的市场份额。这一领域净增的投资需求，5年合计为300多亿元。如果考虑到现有水厂的提标，同样以10%的比例来计算，预计投资需求在300亿元左右。

MBR 技术的核心是过滤膜，其加快推广将带动膜材料和膜组件的发展。在上游膜材料的研发和制作中，国内只能生产中低端材料，高端材料大部分依赖进口。在膜组件的制作方面，由于国产机械精度不够，生产机械绝大部分依靠进口，制作过程中相关人员的经验十分关键。目前，在高端的 RO/NF 膜生产方面国外企业占主导地位，南方汇通旗下的时代沃顿依然是目前国产 RO 膜的主打品牌；低端的 MF/UF 膜市场中，国内企业已占据半壁江山，但群雄割据，单个企业市场占有率都不高，国内企业和国外企业厮杀的局面依然没有改观。

国内膜行业的龙头分别是碧水源和南方汇通。碧水源的优势在于强大的融资能力和拿项目能力，过去几年膜组件产品销量大幅提升，目前牢牢占据了 MF/UF 膜市场国内老大的位置。南方汇通旗下时代沃顿的 RO 膜，被业内人员评价为可以和进口品牌媲美的国产产品，而其在工业水深度处理及电厂近零排放等业务上的拓展，也随着产能的不断扩大而逐渐加速。

（2）海绵城市

国务院《关于推进海绵城市建设的指导意见》提出了海绵城市建设工作目标：通过海绵城市建设最大限度地减少城市开发建设对生态环境的影响，将 70% 的降雨就地消纳和利用。到 2020 年，城市建成区 20% 以上的面积达到目标要求；到 2030 年，城市建成区 80% 以上的面积达到目标要求。

到 2020 年，预计全国城区面积超过 6 万平方公里，那么就需要建成 1.2 万平方公里海绵城市，每平方公里建设成本为 1 亿 ~ 1.5 亿元，则 2015 ~ 2020 年全国需要投入 1.2 万亿 ~ 1.8 万亿元建设海绵城市，平均每年需投资 2000 亿 ~ 3000 亿元。

中央财政虽然对海绵城市建设试点给予专项资金补助，但海绵城市巨大的投资额仅靠财政支持是远远不够的。采用 PPP 模式，利用社会资本助力海绵城市发展是必然的选择。

（3）危废处理

在危废产生量逐年增长的大背景下，对其进行处置和利用的需求也不断扩大，保守估计 2017 年危废市场将达 700 亿元，到“十三五”期末市场规模将突破千亿元。

危废处理面向污染企业收费，账期短，现金回流快（一般账期 1～2 个月），毛利率高（资源化利用业务的毛利率为 25%～30%，无害化处理因为高企的焚烧处置费，毛利率可高达 40%）。但是危废市场进入门槛高：①需要环保部门专门发放的危废处理证；②《国家危险废物名录》涉及 49 个大类上千个品种，不同种类的危废处理需要不同的技术和资质；③环评要求严格。

危废处理市场集中度很低，全国拥有危废处理经营资质的企业约 2000 家，绝大部分企业规模小、资质差、处置能力弱，99% 以上的企业日处理量少于 1000 吨，这些小企业扩张能力有限、生存堪忧（产能受限、融资能力低、申请新的处理品种困难），成为行业龙头的并购对象。目前，危废处理行业已经形成以东江环保、光大国际、深圳市危废处理站、威立雅中国等为代表的第一梯队，同时雪浪环境、瀚蓝环境、东方园林等企业纷纷跨行业布局危废处理，未来市场整合将进一步升级。

（4）土壤治理

《全国土壤污染状况调查公报》显示，全国土壤总的污染超标率为 16.1%，其中轻微、轻度、中度和重度污染点位比例分别为 11.2%、2.3%、1.5% 和 1.1%，土壤修复工作刻不容缓。

我国土壤修复行业起步较晚，虽然近两年发展迅速，但投资力度较小，市场规模仅 300 亿元。目前，国内示范项目的资金几乎全部来自政府专项补贴资金，融资渠道狭窄单一。

但是，未来土壤修复成长空间很大，预计“十三五”期间的市场规模能达到 3000 亿元。而长期来看，我国有待修复的土壤污染面积为 3.83 亿亩，土壤修复市场规模超 6 万亿元。其中，耕地土壤修复投资需求在 3 万亿元以上，城市土壤修复投资需求在 1 万亿元以上，矿区土壤修复投资需求近 2 万亿元。

不过，目前土壤修复的赢利模式是个问题。相对成熟的是城市污染场地治理后土地增值模式，土地的治理依赖财政可以说是杯水车薪，大规模治理需要吸引社会资金，但尚无清晰的赢利模式。

（5）环境监测

“十三五”期间环境监测工作的核心可总结为事权改革与体系完善。2017 年以前，环境监测的重点是全面上收监测事权，通过国家投资建设覆盖全国的环境监测设施和远程在线监控设施，确保数据真实可靠，保障环境监测的客观性与独立性。到 2020 年，将全面建成空气、地表水和土壤的环境监测质量控制体系，保障大气、水、土壤污染治理三大领域的评价与考核数据真实、准确。

因此，未来两三年由国家、省级环保部门推进的环境监测投资有望大幅增加，预计“十三五”期间的投资规模超过千亿元。

2. 投资趋势分析

（1）行业并购继续活跃

目前，已经有 70 余家年营业收入超过 10 亿元的节能环保龙头企业及节能环保产业基地，行业形态也正在从生产制造型向生产服务型转变。为了巩固竞争优势，龙头企业通过并购扩张成为必然，区域性企业或技术领先企业也会通过并购切入更多市场。

我国环保产业体量巨大，但是大部分企业规模小而散乱，行业并购既能壮大并购公司的实力，也能相应提升行业的集中度。龙头公司通过并购巩固自身的竞争实力或布局新的业务线，中小型公司通过并购注入优质资产，提升自身的技术水平和综合实力，更有新进入者则通过并购强势转型环保产业。

从并购的形式来看，可分为平台化、纵向一体化、横向一体化三类。其中，平台化的环保公司是项目对接的优先选择，因此目前不少企业都致力于打造综合性、全阵容的环保服务供应商；选择纵向一体化的企业大多遇到了企业发展的“天花板”，产业链的延伸有助于丰富公司的业务种类，形成新的利润增长点；横向一体化则利用政府公关、资源整合、融资便利等优势，通过并购实现快速异地扩张和规模化经营。

从当前环保企业并购的目的来看，不外乎调整战略布局、深耕产业链、拓展细分领域，发展壮大是唯一目的。在环保领域各种利好政策陆续出台的“十三五”期间，有望出现千亿元级别的大型企业，因此并购重组的热潮将会延续。而随着我国“一带一路”战略的逐渐展开，我国环保企业加快了“走出去”的步伐，环保企业海外并购持续升温。

预计2017～2018年，环保领域的并购将逐渐接近顶峰，相关企业将纷纷完成行业内的布局，危废处理、环境监测、污水提标、土壤治理、汽车拆解等领域将初步完成市场整合，届时，中国环保市场将进入更注重质量、技术的新一轮竞争阶段。

总体来看，环保企业的终极发展目标是同时包括技术研发、设备产品制造以及市场战略的全链条业务。

（2）重点投资方向

环保行业一般资金投入大、回收期长，在PPP大发展的背景下，首选投资具有大资源、大资本的企业，或者跟随行业龙头参与行业整合。环保PPP项目呈现中标数量增多、中标金额加大、捆绑式一体化项目增多的趋势，但公司之间的分化也在加剧。PPP项目本身对参与者提出了更高的要求，竞争门槛会越来越高，具有技术运营实力、资源整合能力、资本运作能力的企业在PPP浪潮的竞争中优势凸显，将优质项目收入囊中。龙头企业背靠国有大资本，融资便利，在雄厚资本的推动下能够完成全领域布局及竞争壁垒的构建。

此外，龙头企业为了进一步凸显竞争优势，必须快速抢占市场或获得相关细分领域技术，这会促进行业整合，那些以技术服务见长、赢利模式清晰的区域性企业以及国外细分行业龙头企业将会是国内企业收购的重点。

区域型平台公司也是投资的重点，这类企业一般深耕某一区域，为该区域提供一体化解决方案。区域型平台公司以主营业务为立足点实现业务不断拓展，依靠深厚的政府资源、口碑等优势构建行业壁垒，拥有一定的规模、品牌、行业地位，具有可复制的商业模式，通过并购能够快速做大做强。

从细分行业的投资机会来看，土壤修复、海绵城市、VOCs 治理还处于政策试点期，市场空间大，但是赢利模式尚不成熟，因此比较适合 VC 投资（见表6）。危废处理、环境监测、汽车拆解、节能服务处于高速成长期，赢利模式相对清晰，适合 PE/VC 形式的投资。垃圾发电、污水处理等处于技术成熟期，但增长空间有限，通过 EPC、PPP 等模式运营的赢利稳定，企业的规模扩张主要通过并购实现，可以通过设立并购基金等方式参与投资。

在环保前端市场，水处理膜组件、环保新材料、环境监测仪器等领域也会随着行业成长而发展，再加上进口替代的推动，这些细分行业国内龙头的发展速度将大大高于环保行业平均增速，也值得投资者重点关注。

表6 “十三五”期间部分环保细分行业市场规模

单位：亿元

所处阶段	细分行业	市场规模
政策试点期	土壤修复	3000
	海绵城市	12000
	VOCs 治理	3500
高速成长期	危废处理	4600
	环境监测	1000
	资源再生（汽车拆解）	500
	节能服务	6000
技术成熟期	垃圾发电	1000
	污水处理	14000
存量改造期	脱硫脱硝	2000

资料来源：中投顾问、建投研究院。

二　健康养老产业分析

（一）2016年健康养老产业发展回顾

1. 产业政策

2016年11月28日，国务院发布的《关于进一步扩大旅游文化体育健康养老教育培训等领域消费的意见》部署了进一步扩大国内消费特别是旅游、文化、体育、健康、养老、教育培训等服务消费的政策措施。全国老龄办等25个部门印发的《关于推进老年宜居环境建设的指导意见》指出，加强老年宜居环境建设要充分考虑老年人身心特点，满足老年人的使用需求，增强老年人幸福感、获得感，提升老年人生活生命质量。民政部等11个部门印发的《关于支持整合改造闲置社会资源发展养老服务的通知》提出，充分挖掘闲置社会资源，将城镇中废弃的厂房、医院，事业单位改制后腾出的办公用房，乡镇区划调整后的办公楼等，整合改造成养老机构、社区居家养老设施用房等养老服务设施。

2016年11月29日，国家发改委召开新闻发布会，介绍关于进一步扩大消费的政策措施。国家发改委表示要全面放开市场，让更多的市场主体进入养老服务业，通过公平竞争提升质量，满足人民群众多层次、多样化的需求。

国家促进养老服务消费必须首先扩大养老服务的有效供给，把养老服务市场做大、做强、做精、做好。做大，就是降低准入门槛，让各类市场主体进得来、留得下、能发展；做强，即引导跨行业、跨区域整合兼并，支持服务机构向规模化、专业化、连锁化、品牌化方向发展；做精，是指利用现代信息技术，实现养老服务供需双方有效对接，提供个性化、精细化、便利化服务；做好，是指政府一方面不越位，另一方面兜住底线、加强监管。

民政部表示，下一步将加强养老服务设施建设规划，有效缓解养老服务供需错位的矛盾，与地方政府协调盘活存量土地和闲置资源，将其改造成养老机构、社区居家养老设施用房等。

人社部要求，中国改革和完善养老保险制度要提高统筹层次；养老保险基金要投资运营，实现保值增值；适时出台渐进性的延迟退休年龄政策；完善个人账户制度，鼓励多缴多得、长缴多得；要改革和完善社会保障制度，以适应中国经济社会的发展；中国目前医疗保险已实现全覆盖，计划用 3 年左右时间实施全民参保计划，将剩下的 1 亿多人纳入基本养老保险；进一步统筹城乡，整合城镇居民养老保险制度和城乡居民医疗保险制度，使社保制度公平地覆盖每一个人；社会保险制度要有灵活性和包容性，从筹资机制到待遇给付要有合理的安排。

保监会发布《关于进一步加强养老保障管理业务监管有关问题的通知》，明确开展养老保障管理业务的养老保险公司和养老金管理公司注册资本不得低于 5 亿元，且须始终维持不少于 5 亿元的净资产。养老保障管理产品应根据投资组合开放频率和组合资产整体变现能力，在投资组合说明书中明确投资组合的开放频率以及不动产类资产、其他金融资产等另类资产的投资比例。

2. 产业动态

（1）养老产业的严峻性：200 万张床位缺口与结构性过剩

截至 2015 年底，我国 60 岁及以上老年人口有 2.22 亿人，占全国总人口的 16.1%。根据全国老龄工作委员会预测，到 2050 年该比例将达到 28%，中国老年人口将达到 4.8 亿人，约占全球老年人口的 1/4。

“十三五”规划确定的养老目标是“城市日间照料社区全覆盖，农村覆盖率超过 50%，每千名老人拥有养老床位 35 张到 45 张”，即到 2020 年我国养老床位数量应在 800 万张以上，目前国内每千名老人拥有养老床位约 26 张，城市日间照料社区覆盖率为 70%，农村覆盖率为 37%，整体床位缺口高于 200 万张。

我国的老年人口规模将从目前的2.22亿人增长到2050年的4亿多人，并长期保持在4亿人左右，占总人口的1/3上下。2030年或将是我国老人数量多过少儿数量的拐点，我国将有26个省份出现人口零增长。在我国人口老龄化过程中存在严重的老龄人口结构失衡问题，针对不同类型养老群体的细分产业中机会与挑战并存，中国老年人口变动趋势将向“城镇多、女性多、失能多、学历高、消费水平高、空巢多、丁克老人多、康复医疗需求大”等方向发展，具体表现为高龄化严重、未富先老、空巢老人比例高、失智和失能人员比例高等。

从供给层面看，要扩大养老供给总量。比如，在完善养老服务设施方面，加强社区服务设施建设、实施社区无障碍环境改造以及综合发挥多种设施作用等；在增强老年人养老消费能力方面，通过建立养老服务补贴、高龄津贴和护理补贴“三大补贴”制度，扩大老年人优待范围和水平等；在供求不平衡问题的解决方面，要调结构，优化养老服务结构，可从优化体系、促进融合、提高信息化水平、丰富服务内容等方面着手。

对此，应不断优化养老服务体系，促进居家和社区养老的大众化发展、促进机构养老的特色化发展，提高养老服务的信息化水平，并提升养老服务内容，由助餐、助浴、助洁、助急、助医、陪聊等日常生活照料提升到康复护理、健康心理、法律援助等专业性服务。

（2）养老产业短板：护理人员缺口达数百万人

目前，中国养老产业存在三大瓶颈。首先，投资的进入和退出机制不清楚导致企业观望，如果金融市场不开放，资本就不愿意进入。其次，养老产业模式存在问题，养老健康企业多处于亏损状态，缺乏成熟的赢利模式，投入的资金受到政策和机制的制约，并且要对接的部门过多。最后，专业人才缺乏，我国现有护理人员总量与老龄社会需求量相差巨大，缺口至少数百万人，农村和基层护理人员短缺更严重。

对此，我国要全面发力构建多层次养老保障体系。虽然我国初步建立了“广覆盖、保基本、多层次”的养老保障体系，但核心的城镇职工基本养老保险制度、城乡居民基本养老保险制度以及正在推进的机关事业单位基本养老保险负担过重，从2000年统一规范成为企业年金的企业补充养老保险和准备实施的机关事业单位职业年金规模尚小，支撑作用还没有显现，以养老为目的、个人自主自愿参加的储蓄性养老保险整体保障水平仍相对较低。

必须大力发展补充养老保险，丰富养老保障的形式和渠道。在许多国家，以个人为主体自愿参与的个人养老保障计划在整个养老保障体系中发挥着重要的作用。养老需要解决两大问题：一个是养老资金的来源问题；另一个是养老需求的满足问题。因此，要围绕这两大问题做文章，不断进行养老模式的创新。关于养老服务机构、“互联网 + 养老”、健身娱乐、旅游等多个领域、多项课题值得研究，需要我们进一步开拓思路深入挖掘。

（3）养老产业政策：需提高整合度

我国正在步入老龄化社会，老年人口比例持续上升，社会养老保障压力与日俱增，健全社会养老保障体系是有效应对老龄化挑战的必由之路。我国已经建立了覆盖广泛的普遍性社会养老保障体系，迫切需要在普遍性基础上提高整合度。老龄社会学强调社会养老保障研究的整体性和全面性，为选择社会养老保障整合思路提供了启示。

（二）2017年健康养老产业投资展望

1. 行业发展趋势

近期国家不断出台养老的相关政策：一是部署进一步扩大国内消费特别是旅游、文化、体育、健康、养老、教育培训等服务消费的政策措施；二是加强老年宜居环境建设，要求充分考虑老年人身心特点，满足老年人的使用需求，增强老年人幸福感、获得感，提升老年人生活生命质量；三是提出充分挖掘闲置社会资源，将城镇中废弃的厂房、医院，事业单位改制后腾出的办公用房，乡镇区划调整后的办公楼等，整合改造成养老机构、社区居家养老设施用房等养老服务设施；四是提高养老保障的门槛，明确开展养老保障管理业务的养老保险公司和养老金管理公司注册资本不得低于5亿元，且须始终维持不少于5亿元的净资产；五是全面放开市场，让更多的市场主体进入养老服务业，通过公平竞争提升质量，满足人民群众多层次、多样化的需求。

与社会资本日渐高涨的热情相反的是，养老产业市场需求并未如期爆发。以养老地产为例，从养老项目入住客户需求及结构分布来看，目前仍处于养老产业的“青铜时代”，即购买需求多来自子女为父母购房，70%的高净值人群目前正处于40～60岁，随着这群人逐步老龄化，养老产业的黄金时代有望在2035年左右到来。

由于产业投资在消费能力崛起前进入市场，未来5年内或有一批养老产业公司面临严峻挑战。加大创新模式探索力度被其认为是有效的避险途径，寻找产业内在刚需，在这条很长的产业链中发挥自身专业化优势，或在产业链横切面上做特色的资产组合，都是可以尝试的思路。

2. 投资趋势分析

养老产业包括养老服务、养老地产、养老金融与养老用品四大基本层面与众多细分领域，其中，养老服务是养老产业的基础；养老地产包括养老院等养老机构以及房地产开发商推出的养老地产项目；养老金融主要包括养老保险和针对老年人的健康保险；养老用品在我国以保健和医疗产品为主。

在政策利好推动下，养老服务细化、养老地产整合与养老用品开发最具发展潜力，老年照护、康复医疗、智能养老硬件产品等领域值得投资者留意。

对于想要转型养老产业的实体创业者而言，房地产企业可以转型养老地产，并做养老地产服务提供商；科技公司可以与政府通力合作，打造智慧养老模式，并提供软硬件产品；保健品与旅游厂商则可借鉴“大健康”与“大休闲”概念，丰富养老保健品市场，并推出针对老年群体的旅游项目，如养生旅游等。

三　信息经济产业分析

（一）2016年信息经济发展现状

信息经济已经成为我国经济发展的新动力，在引领经济发展、推动社会进步、促进创新等方面发挥了巨大作用。2016 年，我国互联网用户数量和市场规模庞大，信息经济成果惠及百姓民生，互联网与传统产业加速融合，国际投资并购活动日趋活跃，信息技术企业竞争力和影响力持续提升。为了继续保持信息经济的活力与创新，政府出台了多项有关信息经济的“十三五”发展规划，助力产业腾飞。

1. 产业政策

2016 年 9 月 19 日，工信部、国家发改委联合印发《智能硬件产业创新发展专项行动（2016～2018 年）》，提出若干发展目标：①到 2018 年，我国智能硬件全球市场占有率超过 30%，产业规模超过 5000 亿元；②在低功耗轻量级系统设计、低功耗广域智能物联、虚拟现实、智能人机交互、高性能运动与姿态控制等关键技术环节取得明显突破，培育一批行业领军上市企业；③在国际主流生态中的参与度、贡献度和影响力明显提升，海外专利占比超过 10%；④建成标准开发、产品及应用检测、产业供给能力监测三大支撑平台，智能硬件标准化及公共服务能力达到国际先进水平。

2016 年 12 月 15 日，国务院印发《“十三五”国家信息化规划》，提出信息产业规模要从 2015 年的 17.1 万亿元增长到 2020 年的 26.2 万亿元，年复合增速 8.9%；IT 投资占全社会固定资产投资比重从 2015 年的 2.2% 上升到 2020 年的 5%；信息消费规模从 2015 年的 3.2 万亿元增长到 2020 年的 6 万亿元，年均增速 13.4%；网民数量从 2015 年的 6.88 亿人增长到 2020 年的 10 亿人以上。

2016年12月24日，商务部、中央网信办、国家发改委三部门联合发布《电子商务"十三五"发展规划》，指出电子商务经济进入规模发展阶段，成为经济增长和新旧动能转换的关键动力。电子商务全面覆盖社会发展各领域，带动教育、医疗、文化、旅游等社会事业创新发展，电子商务成为促进就业、改善民生、惠及城乡的重要平台。预计2020年，电子商务交易额将比"十二五"期末翻一番，超过40万亿元，网络零售额达到10万亿元左右，电子商务相关从业者超过5000万人。

2017年1月17日，工信部、国家发改委联合印发了《信息产业发展指南》，同时发布了《信息通信行业发展规划（2016~2020年）》《软件和信息技术服务业发展规划（2016~2020）》《大数据产业发展规划（2016~2020年）》。信息产业的发展目标是，到2020年，具有国际竞争力、安全可控的信息产业生态体系基本建立，在全球价值链中的地位进一步提升；信息产业进入世界500强的企业数量增至9家；在子行业中，电子信息制造业、软件和信息技术服务业、信息通信业、大数据产业的收入年复合增速分别为5.8%、13.2%、15.5%、29.0%（见表7）。

表7　信息产业发展规划关键指标

单位：万亿元，%

指标	2015年	2020年	年复合增速
信息产业收入	17.1	26.2	8.9
其中：电子信息制造业收入	11.1	14.7	5.8
软件和信息技术服务业收入	4.3	8	13.2
信息通信业收入	1.7	3.5	15.5
大数据产业收入	0.28	1.0	29.0

资料来源：工信部、国家发改委、建投研究院。

2. 产业规模

据中国互联网络信息中心有关数据，截至2016年12月，中国网民规模为7.31亿人，同比增长6.2%，互联网普及率达到53.2%，网民数量继续稳居全球首位。手机网民用户 6.95 亿人，同比增长 12.2%，占整体网民比重为 95.1%。网民数量的平稳增长与移动互联网用户的快速增加，为各类互联网应用的创新成果惠及百姓民生提供了有力支撑。

从行业规模看，移动宽带（3G/4G）用户占比大幅提高，截至 2016 年 12 月，4G 移动电话用户达到 7.7 亿户，比 2015 年同期增长 3.4 亿户，增幅达到 79.1%，占移动电话用户的比重达到 58.2%，仍旧保持高速增长。2016 年，在 4G 移动电话用户大幅增长、移动互联网应用加快普及的带动下，移动互联网接入流量达 93.6 亿 G，同比增长 123.7%，比上年提高 20.7 个百分点。

中国信息通信研究院发布的《2016 年 12 月国内手机市场运行分析报告》显示，2016 年国内手机市场出货量为 5.60 亿部，同比增长 8.0%。其中，国产品牌手机出货量达 4.98 亿部，同比增长 16.1%，占同期国内手机出货量的 88.9%；智能手机的出货量达 5.22 亿部，同比增长 14.0%，占同期国内手机出货量的 93.2%。

从行业收入看，2016 年电信业务收入完成 11893 亿元，同比增长 5.6%，比上年回升 7.6 个百分点。由于移动互联网的快速普及，电信业务收入结构继续向互联网接入和移动流量业务倾斜，非话音业务收入占比由上年的 69.5% 提高至 75.0%；移动数据及互联网业务收入占电信业务收入的比重从上年的 26.9% 提高至 36.4%。

2016 年，全国软件和信息技术服务业完成软件业务收入 4.9 万亿元，同比增长 14.9%，增速比 2015 年回落 0.8 个百分点；全行业实现利润总额 6021 亿元，同比增长 14.9%，增速比 2015 年回落 4.6 个百分点；全行业实现出口 519 亿美元，同比增长 5.8%，增速比 2015 年提高 4.1 个百分点。

综合来看，2016 年我国信息经济继续呈现较快发展态势，其中以移动互联为代表的新模式在产业结构中的重要性进一步增强，互联网消费和企业服务领域的应用进一步推广。

3. 投资并购情况

2016 年，国内并购市场整体降温，以互联网为代表的信息产业并购交易也不例外，主要受资本寒冬、经济下行、股市震荡的冲击，A 股监管趋严以及各项新政的出台也使得整个市场活跃度下降。

2016 年互联网行业 PE/VC 融资案例 1622 起，环比下降 28.1%；融资规模 238.39 亿美元，环比下降 26.99%。并购方面，2016 年互联网行业并购交易公布 797 起，环比下降 20.3%；公布交易总规模达 339.62 亿美元，环比下降 35.34%。

海外投资方面，信息产业对外投资与并购则持续升温。根据商务部的统计，2016 年我国企业信息传输、软件和信息技术服务业对外投资额 203.6 亿美元（见表 8），占投资总额的比重从 2015 年的 4.9% 上升为 12.0%，信息传输、软件和信息技术服务业实施并购项目 109 起，占我国境外并购总数的 14.7%。

表 8　历年信息传输、软件和信息技术服务业对外投资额

单位：亿美元，%

年份	投资额	同比
2010	5.06	82.0
2011	7.76	53.4
2012	12.40	59.7
2013	14.01	13.0
2014	31.70	126.3
2015	68.20	115.2
2016	203.6	198.5

资料来源：Wind 资讯。

在创业市场，互联网创业潮遇冷，创业者和投资者都开始趋于理性。截至 2016 年底，IT 桔子数据库共收录 48353 家国内创业公司数据，2016 年净增加公司数量 26320 家，其中 2053 家是 2016 年当年成立的公司，占全年新增加公司数量的 7.8%。在分析创业公司成立年份分布后发现，

2012～2016 年，创业热潮在持续走高并达到巅峰后逐渐遇冷，2016 年新成立公司数不到 2015 年的 1/4。虽然存在样本误差，但创业公司的减少趋势真实显示了当前创业潮遇冷的局面。

在创业领域分布上，热门行业以外的行业分布仅有名次上的小幅变动，整体趋于稳定。企业服务过去 3 年一直是创业者首选，随着目前云计算、人工智能、SaaS 类服务等技术日益普及，企业服务领域公司的应用越发广泛，因而企业服务领域成为最热门的创业方向。文化娱乐行业在 2016 年借助直播、IP 等热潮上升至第 3 位。与此同时，2016 年本地生活领域的创业则因 O2O 模式公司频频遭遇关停倒闭风波而呈现下滑趋势（见图 2）。

图2　2014～2016 年创业热门行业占比变化趋势

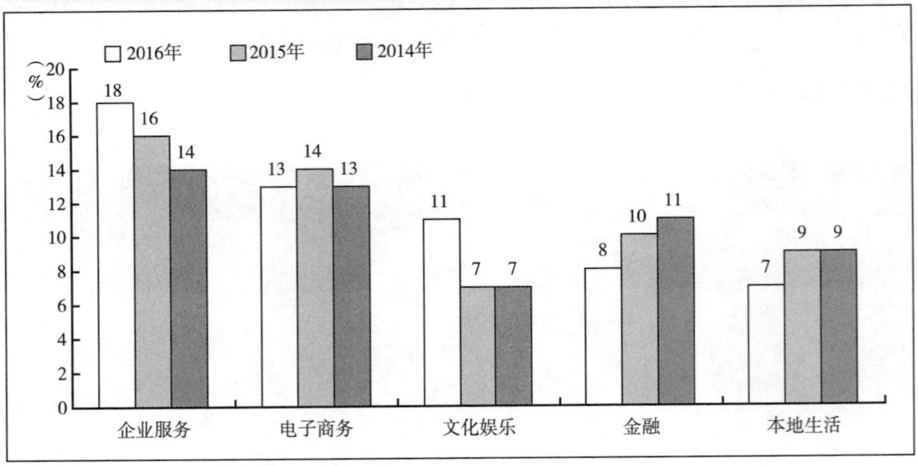

资料来源：IT 桔子。

（二）2017年信息经济产业投资展望

1. 重点子行业分析

（1）电子商务

电子商务经济成为经济增长新引擎，跨境电子商务成为外贸增长新动力。

经过近20年积极推进和创新发展，“十二五”期间，我国电子商务交易规模从2011年的6万亿元增至2015年的21.8万亿元，已经成为全球规模最大、发展速度最快的电子商务市场。2016年1～9月，全国电子商务交易额达20.2万亿元，同比增长22.3%，高于同期社会消费品零售总额增速11.9个百分点。在网络零售方面，商务部数据显示，2016年中国网络零售交易额达5.16万亿元，同比增长26.2%，是同期中国社会消费品零售总额增速的两倍有余。

2016年，电子商务在消费升级的热潮下，创业投资变得更垂直化、多元化，针对更多细分人群，行业向纵深发展。IT桔子数据显示，2016年最受创业者青睐的子行业为其他电商服务，涵盖公司业务及服务模式较之前更具创新性及多元性，在如今消费升级概念的驱使下，电子商务行业早已逾越了服装服饰、食品综合平台的界限，出现更多与当下消费者购物倾向步调一致的细分方向，如艺术品、无人机、公益产品、以物置物、个性化定制、拼单、鲜花、物品租赁等领域的公司。

（2）P2P

2016年，网贷行业首部业务规范政策正式面世，《网络借贷信息中介机构业务活动管理暂行办法》的落地，这给野蛮生长的P2P行业套上了缰绳。根据盈灿咨询、网贷之家发布的数据，2016年全年网贷行业成交量达到20638.72亿元，同比增长110%。受市场流动性充裕的影响，总体综合收益率同比下降了284bp，延续2015年整体下行的趋势，预计2017年网贷行业综合收益率将降至8.5%附近。

行业激烈竞争和监管强化导致市场集中度开始上升。截至2016年12月底，网贷行业正常运营平台数量有2448家，比2015年底减少了985家，全年正常运营平台数量维持逐步减少的走势。目前正常运营平台数量排名前3的省份是广东、北京、上海，数量分别为473家、461家、331家，3地占全国总平台数量的51.67%，比2015年同期占比46.64%有所提高，表明平台区域集中度在加强。正常运营平台数量超过 100 家的地区还有浙江、山东、江苏，3 个地区 2016 年底正常运营平台数量分别为 280 家、118 家、100 家。由于平台整改的脚步尚未停歇，预计 2017 年网贷行业运营平台数仍将进一步下降，若按目前下降速度测算，2017 年底或将跌至 1200 家左右。

2016 年，P2P 网贷行业虽然经历了形势比较艰巨的一年，但是仍然有大量资本涌入网贷行业。据盈灿咨询、网贷之家发布的不完全统计，截至 2016 年底，网贷行业历史累计获得风投的平台数量已达 131 家。上市公司、国资入股的平台数量分别为 120 家、171 家，银行背景的平台数量为 15 家。

在新的规范下，预计 2017 年 P2P 行业仍面临调整，选择优质 P2P 企业成为投资成功的关键，那些获客成本低、风控成本低、具有规模效应、客户体验好的 P2P 公司更值得投资。目前，互联网金融公司对自有资产的风控成本较传统银行等金融机构暂时并未体现优势，所以，对现阶段的互联网金融公司来说，降低平台风险的办法是只做销售渠道，不承接风险，也就是不赚息差而赚取佣金。此外，行业变革期活下来是硬道理——在没有更好的风险定价技术出现之前，“小而美”才是生存之道。所以，在某一细分市场做到极致的公司值得投资者重点关注，这类 P2P 公司拥有清晰的赢利模式、良好的用户体验和完善的信息披露，其投资风险小、存活率高。

（3）金融科技

信息技术与传统产业不断融合，催生了很多新兴行业，金融科技（Fintech）就是 2016 年热门投资领域之一。Fintech 作为全球性的产业趋势，领域边界也在不断被刷新，大数据、人工智能、云计算和区块链等技术迅速渗透其中。

目前，全球 Fintech 生态体系不断演进，逐渐形成边界较为清晰的两大层级：区块链、聚合支付、大数据征信等主要侧重于金融服务基础设施层，涉及现有金融IT体系结构的革命性升级，目的是提高效率并降低成本，或对金融场景丰富度进行提升，以及对金融业务的覆盖对象进行扩充；智能投顾、创新保险、移动银行、消费金融、网络借贷则依托基础设施层面，配合“大智移云”等新兴技术进行商业模式优化或创新，属于金融服务横向应用层。

从全球范围来看，Fintech产业在需求（普惠金融、利率市场化）、技术、政策、资本等多方面因素的刺激和推动下，正迎来一个黄金发展期，投融资活跃。根据IT桔子的统计，2016年上半年国内Fintech投融资案例共174起，较2015年同期减少34起，而总金额高达610亿元，较2015年同期大增337%，其中一半以上的企业融资规模超千万元，亿元以上的案例整体占比达到16.67%，以蚂蚁金服等为代表的Fintech巨头显现。从各领域的投资案例数量来看，理财首次超越借贷，成为热度最高的细分领域。

展望未来，大数据、人工智能、区块链、云计算等核心技术以及海量数据资产在未来Fintech行业发展中将扮演极为重要的角色，是企业的核心竞争力所在；传统金融机构拥有牌照、资本以及对金融业务的深刻理解等优势，Fintech企业对传统金融机构进行技术输出，双方在资本层面的参股、合资将日渐频繁且趋于常态化，边竞争、边合作将成为行业未来的主旋律。预计2017年，Fintech的投融资将继续维持活跃，投资规模预计与2016年持平甚至略有上升，理财、借贷、投融资将是受投资者青睐的细分行业，对于金融行业有深刻理解、拥有核心技术及数据资产的企业将逐步构建“护城河”。

（4）人工智能

人工智能被誉为21世纪三大尖端技术之一，2010年以来，随着大数据、云计算、深度学习、人脑芯片等基础支撑技术能力显著提升，人工智能商业化进程加快。语音识别、机器学习的应用将在5年内成熟，与认知技术相关的情感计算、自然语言处理等也将在5～10年内成熟，这将推动人工智能的商业化。而人工智能与机器人、大数据联系紧密，其水平的提升将带来多领域的应用扩展，大幅拓宽传统产业的发展之路。

我国人工智能领域技术水平与国际水平整体不存在代差，但我国企业起步稍晚，在基础技术的核心算法等方面有待提高，基础硬件方面，如芯片、储存设备等核心零部件则较多依赖进口。艾瑞咨询预计，2020年中国人工智能市场规模将达到91亿元，而人工智能硬件的规模则数倍于此。

人工智能前景的逐渐明朗吸引了大量投资，2014年开始国内人工智能领域投资金额、数量、参与投资机构数量均大幅增加。2015年，我国投资人工智能的机构已经有48家，投资额为14.23亿元。短期来看，我国人工智能领域的投资机会更多在于应用开发，基于目前较为成熟的感知智能技术，开发诸如语音和视觉识别服务、智能硬件等应用产品的可行性最高。但长期来看，AI基础技术研究、基础资源积累后劲十足，认知智能等核心技术研究以及数据、AI芯片等资源的提升和积累对于企业长期发展的重要性不言而喻，这是值得投资者长期关注的重点。

（5）信息安全

我国商业需求对信息安全投入的拉动仍不明显，合规需求仍是企业进行安全投入的主要动力。IDC的数据显示，截至2014年，受政策影响最大的政府、金融、电信等行业的安全投入在我国安全总需求中的占比仍超过50%。

2016年11月7日，全国人大常委会表决通过了《中华人民共和国网络安全法》，为保障网络安全奠定了法律基础；12月27日，国家互联网信息办公室发布《国家网络空间安全战略》，为国家未来网络安全工作的开展指明了方向。预计各类企业都将加大信息安全方面的投入。IDC预测，2019年全国信息安全市场的总需求将由2014年的22.40亿美元增长至48.22亿美元，年复合增长率为16.6%。

考虑到目前我国的信息安全需求仍主要集中在政府及国有企业等领域，预计信息安全的国产化政策有望得到较好执行，从而可以推进国内产品对国外产品的全面替代。在增量市场上，国外产品已经被许多企业（政府部门）排除在采购名单之外，国内龙头企业有望抢占更大的市场份额；在存量市场上，国内产品对国外产品的替代已经成为趋势。根据IDC的数据，国内龙头厂商在统一威胁管理、安全内容管理、安全性与漏洞管理等多个细分领域大量替代了海外厂商。

信息安全涉及信息系统的各个层面，细分子领域极多，同时攻击和防御技术也在持续竞争中不断升级，导致各厂商的市场份额极为分散。从我国主流产品的竞争格局来看，安全性与漏洞管理、入侵防御、安全内容管理、统一威胁管理等细分市场的主流厂商都在10家以上。信息安全细分领域众多也为创业企业在细分子领域打开市场空间提供了机遇，此外，云计算、大数据等新技术的普及应用以及新产品的出现都将引发与之对应的安全需求。目前我国很多创业企业已经在云安全、源代码缺陷审计等细分子领域取得了突破。

展望2017年，我国信息安全领域将保持快速增长态势，信息安全软件及服务市场提升空间巨大。细分领域龙头企业大有作为，行业投资与并购将继续活跃。

2. 投资趋势分析

2017年，中国信息产业将继续呈现较快发展趋势：①在信息基础设施层面，农村网络基础设施、光网城市建设试点、4G网络、5G研发等投资建设将继续推进，为网络强国战略提供关键支撑；②数字化、智能化服务技术蓬勃发展，新的商业模式不断涌现，企业的信息化、云服务等技术应用更加广泛，物联网、大数据、云计算、人工智能、嵌入式系统等技术进一步融合，面向消费者和企业服务的数字化应用场景进一步拓展，智能硬件与应用创新将更加丰富；③互联网与传统产业加速融合，“互联网+”将向企业深层次渗透，拓展产业链的广度与深度，为产业转型升级提供新动力；④以物联网、工业数据分析、人机协作为代表的支持类技术在制造业中将获得更广泛应用，进而塑造新的生产模式，生产过程的敏捷性、智能性、灵活性将大大提高；⑤国内分享经济领域将继续拓展，在营销策划、餐饮住宿、物流快递、交通出行、生活服务等领域进一步渗透，互联网与政府公共服务体系将深度融合，智慧城市也将加快落地。

从投资趋势来看，随着传统产业加速转型，信息化投资将持续增长，信息技术与传统产业进一步相互融合，投融资规模将维持较高水平。

在国内并购领域，预计2017年国内信息经济领域的并购规模将会在2016年大幅下滑的基础上企稳，一方面信息技术企业的估值水平有所回落；另一方面传统企业通过横向并购转型、纵向并购拓展业务的热度不减，同时各细分领域的信息技术龙头企业也期望通过并购获得关键技术和营销渠道。

在海外投资领域，在外汇管制强化、欧美监管趋严、海外投资日趋理性等因素的影响下，2017年的海外投资规模预计会有较大幅度下滑。

在创业投资领域，由于新思想、新技术、新模式层出不穷，因此投融资将有所复苏。一方面，传统投资热点如电子商务、O2O等领域将会在创新的带动下有所回暖，B2B、物联网、互联网金融等创业潮方兴未艾；另一方面，车联网、区块链、人工智能、大数据、云计算等进入技术活跃期。因此，预计2017年信息经济领域的创投规模将会同比略有增长。

四　文化消费产业分析

（一）2016年发展回顾

文化消费，泛指文化领域与精神层面的消费活动，涵盖范围极为宽泛。改革开放以来，中国一直处于高速发展的状态，居民的生活水平得到极大提高，物质消费基本需求已经完全满足，由此文化消费需求正在不断增长。扩大文化消费能够满足居民多元化、多样化、多角度的复杂文化消费需求，同时为我国的经济发展提供支撑，加快我国经济的转型和升级。目前，中国经济进入新常态，整体经济下行压力比较大，随着供给侧改革的推进，经济重心偏移，文化消费成为新的经济增长点和经济转型升级热点。扩大文化消费能够稳定经济增长，促进改革发展，调整中国产业结构，同时，提高居民的文化消费水平有利于改善居民整体生活质量，推进供给侧改革的进行。

1. 产业政策

2016 年 4 月底，文化部、财政部联合印发《关于开展引导城乡居民扩大文化消费试点工作的通知》，决定在全国范围内开展引导城乡居民扩大文化消费试点工作。这是首次从扩大文化消费角度出台的一项重要政策。

2016 年 11 月 28 日，国务院办公厅发布《关于进一步扩大旅游文化体育健康养老教育培训等领域消费的意见》，这是继 2016 年 10 月 14 日李克强总理主持召开国务院常务会议，提出确定进一步扩大国内消费的政策措施之后，国务院出台的又一项重大意见，将进一步促进文化消费。意见指出，围绕旅游、文化、体育、健康、养老、教育培训等重点领域，引导社会资本加大投入力度，通过提升服务品质、增加服务供给不断释放潜在消费需求。在文化消费方面，稳步推进引导城乡居民扩大文化消费试点工作，尽快总结形成一批可供借鉴的有中国特色的文化消费模式。

2. 产业现状

国家统计局数据显示，1994 ~ 2014 年，我国城乡文化消费总量由 1054.24 亿元增至 14915.39 亿元，年均增长 14.17%；城乡文化消费人均值由 88.46 元增至 1093.29 元，年均增长 13.40%。其中，2014 年文化消费增长明显加速，总量增长 14.80%，人均值增长 14.22%。2016 年上半年，文化企业实现营业收入 36168 亿元，比上年同期增长 7.9%（名义增长未扣除价格因素），继续保持较快增长。

据国家统计局对全国规模以上文化及相关产业企业调查，2016 年上半年文化及相关产业 10 个行业的营业收入均实现增长，文化服务业快速增长。其中，实现两位数以上增长率的5个行业分别是：以“互联网+”为主要形式的文化信息传输服务业营业收入为2502亿元，增长29.7%；文化艺术服务业125亿元，增长19.8%；文化休闲娱乐服务业496亿元，增长17.8%；广播电影电视服务业712亿元，增长16.4%；文化创意和设计服务业4341亿元，增长11.1%。

分区域看，东部地区规模以上文化及相关产业企业实现的营业收入为27122亿元，占全国的75.0%，中部、西部和东北地区分别为6019亿元、2554亿元和473亿元，占全国的比重分别为16.6%、7.1%和1.3%。从增长速度看，中部地区增长12.0%，西部地区增长9.9%，均高于东部地区7.1%的增速，而东北地区有所下降，降幅为7.0%。

在协调性方面，城乡文化消费增速显著高于产值增速及城乡居民收入增速，略微低于总消费增速，显著高于积蓄增速。在均衡性方面，乡村文化消费人均值增速高于城镇，城乡比（城镇与乡村人均值的倍数差）较上年缩小46.85%；中西部和东北城乡文化消费人均值增速高于东部，地区差较上年缩小9.5%。总体看，经济发展带动城乡居民收入和居民文化消费需求增长明显，全国文化消费的城乡差距、地区差距显著缩小。

数据显示，我国城乡居民文化消费需求呈现“积蓄负相关律”，即文化消费增长与积蓄增长两条曲线走势形成横向镜面对应反差，各年文化消费增长低谷则为积蓄增长高峰，绝大部分省份均呈现这种特征。原因主要在于我国公共服务不够健全，社会保障水平有待提高，使得城乡居民形成抑制消费、加大积蓄的习惯，而倾向于抑制“非必需”的精神文化消费。因此，影响文化消费的根本因素是公共服务和社会保障水平。

3. 网络文化消费表现抢眼

2016年上半年，我国旅游示范区建设加速推进，乡村旅游、红色旅游等个性化、体验化旅游持续升温。据国家旅游局统计，2016年上半年，我国旅游市场规模稳步扩大。其中，国内旅游22.36亿人次，同比增长

10.47%；出入境旅游1.27亿人次，增长4.1%；2016年上半年实现旅游总收入2.25万亿元，增长12.4%。

作为经济增长转型的“强劲引擎”，旅游消费的表现无疑是经济增长状况的重要缩影。当然，我国文化消费市场的繁荣并不止于此。

2016年上半年，体验式旅游消费和网络文化消费表现较为活跃，增长幅度大，相关企业收入水平也较高。另外，马拉松等户外体育运动消费表现也较为抢眼。

据文化部统计，2016年上半年，我国网络文化市场整体营业收入达1017.2亿元，网络文化行业保持较高增长速度。其中，网络游戏市场同比增长24.1%，网络音乐市场同比增长43.5%，网络动漫市场同比增长77.1%，网络表演（直播）市场实现井喷式发展，同比增长209.3%。

我国新网民数量的稳健增长和手机网民规模的持续扩大是促进网络文化消费的一大动力。

2016年上半年我国在线旅行预订用户规模增长1.6%。网络娱乐消费也在进一步向移动端转移，手机端网络音乐、视频、游戏、文学用户规模增长率均在6%以上。正版化进程也在加快，网络视频、网络音乐等内容朝精品化、差异化方向发展，以优质内容培养用户的付费习惯。

截至2016年6月，网络文学用户规模达到3.08亿人，较2015年底增加1085万人，其中手机网络文学用户规模为2.81亿人。以网络文学为核心IP来源的产业生态逐渐形成并不断丰富自身赢利模式，网络文学市场的版权正规化进程得到持续推动。

2016年上半年，我国网络文化消费增长非常快，文化消费潜力进一步释放，未来增长势头也不会减弱，尤其是在“互联网+内容”方面，会有更大程度的增长性爆发。

4. 繁荣背后存在隐忧

国家发改委公布的2016年上半年消费数据显示，全国电影票房收入达246亿元，同比增长21%。作为观测文化消费市场变化的重要“指标”，电影行业上半年的增长数据与往年相比显得并不理想。互联网红利相对减少、电影市场资本投机性炒作降温是电影票房增速相对放缓的主要原因。

电影市场的表现并不能说明中国文化消费的增长趋势出现问题，只意味着电影产业回归合理、理性的增长空间，未来我国文化消费发展趋势仍然向好。

然而，我国文化消费繁荣的背后也同样存在隐忧。电影、电视剧、网络游戏等内容的品质、口碑以及品牌影响力的提升遇到了瓶颈。文化消费市场规模在不断扩大，需求较为强劲，但较高质量的内容仍比较匮乏。

我国居民的消费能力非常强，消费潜力非常大，但日益增长的文化消费需求和供给之间存在结构性不平衡，消费潜力未能有效释放的最重要原因是文化产品和服务的供给没能真正满足人民日益提升的文化需求。

我国文化消费领域具有独特创新能力的文化产品供给非常稀缺，同质化问题严重，比如，电影、电视剧领域，某类题材往往容易“扎堆”出现，“一窝蜂”现象突出，IP 储备不足、商业模式不成熟也导致文化产品供给水平较低，文化消费市场发展不够稳定。

投融资体系的不完善也会传导到整个文化消费市场，使得文化消费市场呈现高度分散化，影响优秀文化产品的供给。业内人士表示，比较理想的市场结构应具有较高集中度，可让占有优势的市场主体拥有更多积累和动力进行原创开发。

此外，在网络文化消费迅速发展的同时，也有部分内容提供者一味追逐经济效益，违规提供含有禁止内容的网络文化产品，忽视相应社会责任。

全国扩大文化消费试点拓展至各地，将对提升居民文化消费水平起重要推动作用。基于现有全国文化产值比与居民文化消费率之间的差距，按照文化生产供给与消费需求协调状态测算，2016 年全国城乡文化消费人均值应为 2121. 42 元，总量将达到 29236. 03 亿元。

（二）文化消费产业投资展望

1. 文化消费发展特点

文化消费与物质消费不同，物质消费的对象是看得见、摸得着的客观存在，是能够满足消费者基本生存条件和生活需求的必需消费，属于一种刚性消费需求；文化消费则属于一种精神追求，完全依赖消费者的主观意识。二者的关系一般是在满足物质消费的前提下，文化消费才能出现。除此之外，文化消费基于文化创造，对于不同的消费群体会产生不同的影响效果，所以文化消费的需求要远远复杂于物质消费。文化消费所产生的产品多数是不可回收利用的，具有专属性，这些特点决定了文化消费的局限性。

根据调查，我国文化消费市场潜在规模达到4.7万亿元，但是实际消费仅约1万亿元，缺口逾3万亿元。在一些发达国家，居民的文化消费在居民总消费中平均占比为20%～30%，而在我国，这一占比只有大约10%，文化消费市场和一些发达国家相比还存在比较大的差距。所以扩大文化消费，提高文化消费质量和水平，提高居民文化消费在总消费中的占比成为文化类产业发展的一项重要任务。

根据国家统计局2015年对全国城镇居民抽样调查结果，居民的收入和消费水平越高，用于教育文化娱乐服务方面的消费也越多，同时需求量也更大。在文化消费领域，从电影一项来看，2015年中国电影票房收入突破440亿元，同比增加了48.7%。国产影片票房收入271亿元，占总票房收入的61.59%。全年新增银幕8035块，平均每天增长约22块，全国银幕总数已达31627块。2016年12月31日，国家新闻出版广电总局电影局发布数据，2016年中国电影总票房收入达457.12亿元，同比增长3.73%；观影人次为13.72亿人次，同比增长8.89%；国产电影票房收入占票房收入总额的58.33%。

娱乐型消费将成为文化消费主力。随着互联网时代的到来，“互联网 + 文化”的消费模式将成为主流模式，随着云计算等高科技信息技术手段的运用，文化服务型创新创业也将迎来新的发展浪潮，催生各种各样的新兴产业和模式的诞生。移动电脑、手机、智能手表、智能穿戴设备等多维度的智能网络可以为消费者提供各种感官的娱乐体验。

根据国家统计局发布的《中华人民共和国 2015 年国民经济和社会发展统计公报》，2015 年文化、体育和娱乐业固定资产投资额同比增长 8.9%。全国文化系统共有艺术表演团体 2052 个；博物馆 2956 个；公共图书馆 3136 个，全年流通 58339 万人次；文化馆 3315 个；有线电视用户 2.39 亿户，其中有线数字电视用户 2.02 亿户。2015 年末广播节目综合人口覆盖率为 98.2%，电视节目综合人口覆盖率为 98.8%。全年生产电视剧 395 部 16560 集，电视动画片 134011 分钟。全年生产故事影片 686 部，科教、纪录、动画和特种影片 202 部。出版各类报纸 440 亿份，各类期刊 30 亿册，图书 81 亿册（张），人均图书拥有量 5.91 册（张）。2015 年末全国共有档案馆 4196 个，已开放各类档案 13294 万卷。由此可见，文化娱乐产业是热门投资领域，投资者看好该产业的市场成长空间和相对良好的未来回报。

在旅游市场发展日趋多样化的今天，文化旅游将会成为文化消费市场的新宠。文化旅游凭借旅游的形式和文化的内涵，表现了人们对审美情趣、民族文化和精神世界的追求。从 20 世纪 80 年代文化旅游出现开始，文化旅游随着文化消费的增长逐步成为旅游业的主流。文化旅游不仅有利于对传统文化、民族特色的传承和保护，也能提升旅游项目的内涵和精神价值，有利于促进地区的经济结构转型和发展。

随着扩大文化消费政策的出台和供给侧改革的推进，文化旅游产业具有广阔的发展空间。随着城镇化进程的发展，新型城镇化为文化旅游产业提供了全新发展平台。

2016 年，中国旅游业呈现飞速发展的局面，2016 年全国旅游总收入预计达4.69万亿元，同比增长13.6%。据联合国世界旅游组织测算，2016年我国旅游业对国民经济综合贡献率达11%，对社会就业综合贡献率超过10.26%，与世界平均水平基本持平。2016年，国内旅游人数继2015年首次突破40亿人次后，继续保持两位数增长，全年有望超过44.4亿人次；国内旅游收入同样保持两位数增长，预计达到3.9万亿元。在入境旅游人数上，预计2016年可达1.38亿人次，增长3.8%，其中外国人接待人数2815万人次，增长8.3%。国际旅游收入预计为1200亿美元，增长5.6%。国内旅游、出境旅游人次和国内旅游消费、境外旅游消费均列世界第1位。

2. 改善供给释放消费潜力

扩大文化消费要进行供给侧结构性改革。今后国家在资金、政策扶持方面要向优质内容生产倾斜，可设立扶持基金，促进文化创意产品开发，同时，企业也要加大在内容供给方面的投入，不断进行结构调整，实现转型升级。

提升内容供给的质量和水平是扩大文化消费的关键任务。政府应出台更多激励文化消费的政策，并提高政策的针对性和效果，比如通过直接补贴消费者，让消费者自主选择文化产品等；鼓励社会资本进入文化消费领域，通过并购提升文化消费市场的集中度，培育一些以创新为导向、有着长远发展战略的全产业链式大型文化企业。

政府要大力推动供给侧结构性改革，改善管理与服务，释放活力，调动各类市场主体的积极性、创造性，为市场提供更多、更好的文化产品，激发消费需求；规范文化市场秩序，包括保护知识产权，打击假冒伪劣，引导文化消费需求，提升文化消费品质。

供给创造需求，只要有好的供给、好的产品，就一定会有消费者愿意买单。企业要有长远眼光，避免短期的恶性竞争，不应一味追逐热门题材，而要沉下心来认真做好每件产品，立足国内市场，兼具国际视野，积极拓展延伸国际市场。

总的来说，扩大文化消费，发展“互联网+内容”是基本趋势。文化消费的内容提供方不仅要有“互联网＋”的思维、战略和布局，而且要充分关注 VR 等新技术对文化消费的巨大影响。

3. 投资趋势分析

文化消费产业投资机会包括文化娱乐、创意消费和体育运动三大主题。

（1）文化娱乐

互联网时代的主力消费群体——“80 后”“90 后”不再是权威和教条主义的信奉者，去中心、追求不同、彰显个性成为他们的相同点，个性、多元、自由、娱乐是他们的主流消费价值观。

需要重点关注当前或未来消费中坚力量热爱、追捧的新鲜事物。

在过去，“二次元”可能被视为很小众的事物，人们不会过多关注，甚至会将“二次元”人群视为异类；但如今，“泛二次元”愈加受到追捧，成为一些年轻人的生活必需品，也成为社会文化的一个重要组成部分，有庞大的消费人群，是创业以及投资的好机会。

年轻人上 B 站、玩电竞，已经是一个普遍现象，很多“泛二次元”文化企业都是年轻人非常喜欢的娱乐公司。此外，优秀的自媒体、网络剧、新型文学网站、音乐娱乐公司等都是应予以重点关注的热点。

（2）创意消费

中国已进入中等收入国家行列，民众的基础消费已被基本满足，越来越多的人愿意为高品质生活买单，而不再满足于简单地买件衣服、吃饱穿暖。消费从物质向精神升级，核心是追求快乐。很多“80 后”“90 后”的消费习惯完全不同于“60 后”“70 后”，不喜欢的东西无论多么质优价廉他们也不要，而真心喜欢的东西无论价格多么不合理，他们也愿意买单。这催生了社群或 IP 经济的兴起。

在移动互联网时代，每个人都可能是一个 IP，比如微信群主搭建微信圈子，发布信息得到很多人回应，就已经创造了价值；“网红”拥有几十万或几百万的粉丝，就可以利用粉丝经济发展电商。现在很多明星也在向这种IP转化，他们通过宣传自己的生活方式来出售产品，获得更高的转化率。如果京东是电商的2.0时代，社群则是电商的3.0时代。

根据腾讯研究院安全研究中心《VR行业及生态研究报告》估算，网民中潜在VR消费人群约有3.44亿人，消费者类型分为深入了解型、保持关注型、有所耳闻型，三类消费者占比分别为4.6%、23.8%、71.6%，潜在消费金额分别为2392万元、9647万元、2.23亿元。

（3）体育运动

2014年，国务院《关于加快发展体育产业促进体育消费的若干意见》出台，这也被认为是中国体育产业开启飞速发展的一个重要节点。随着人们健康、健美等方面要求的不断提高，一系列运动健身类项目已成为新的投资热点，如匹克运动、全城热炼、敢玩运动等。体育产业的生态圈正在形成，上中下游、核心边缘不同利益相关者的产业位置和功能逐步明晰。

近期，体育产业政策不断推出。2016年7月，国家体育总局正式发布《体育产业发展“十三五”规划》，提出实现体育产业总规模超过3万亿元，产业增加值在国内生产总值中比重达到1%，体育服务业增加值占比超过30%，体育消费额占人均居民可支配收入比例超2.5%等目标。与此同时，2016年，《全民健身计划（2016~2020年）》《“健康中国2030”规划纲要》的出台进一步细化深化了作为国家战略的全民健身工作，也为体育产业发展指出了更为清晰的方向。2016年10月，国务院办公厅发布《关于加快发展健身休闲产业的指导意见》，针对健身休闲产业发展现状和问题提出了6个方面的主要任务和政策举措，目标为“到2025年，基本形成布局合理、功能完善、门类齐全的健身休闲产业发展格局，产业总规模达到3万亿元”。随后，国家体育总局等十多个部门先后印发了《冰雪运动发展规划》、《全国冰雪场地设施建设规划》、《水上运动产业发展规划》、《航空运动产业发展规划》和《山地户外运动产业发展规划》等配套政策文件。

体育产业政策发展的重要驱动因素是政策，随着政策支持加强和市场化逐步推进，体育产业将实现健康快速发展。受益于政策支持，建议关注布局冬奥会和冬季运动项目的主体，以及有主业支撑业绩并进军体育产业的投资标的。

五　先进制造产业分析

（一）2016年先进制造业发展现状

在我国经济新常态的发展趋势下，制造业转型升级成为共识，发展先进制造业成为政府和产业界的共识。2016 年是“十三五”规划元年，国家出台了多项重要的先进制造领域发展规划。

1. 产业政策

2016 年 3 月 21 日，工信部、国家发改委、财政部联合印发《机器人产业发展规划（2016 ~ 2020 年）》，提出要实现机器人关键零部件和高端产品的重大突破，实现机器人质量可靠性、市场占有率和龙头企业竞争力的大幅提升。其中对于机器人产业发展的具体目标是：自主品牌工业机器人年产量达到 10 万台，六轴及以上工业机器人年产量超过 5 万台；服务机器人年销售收入超过 300 亿元，在助老助残、医疗康复等领域实现小批量生产及应用；培育 3 家以上具有国际竞争力的龙头企业，打造 5 个以上机器人配套产业集群。

2016 年 10 月 12 日，工信部印发《信息化和工业化融合发展规划（2016 ~ 2020 年）》，要求到 2020 年信息化和工业化融合发展水平进一步提高，提升制造业创新发展能力的“双创”体系更加健全，支撑融合发展的基础设施和产业生态日趋完善，制造业数字化、网络化、智能化取得明显进展，新产品、新技术、新模式、新业态不断催生新的增长点，全国两化融合发展指数达到85，比2015年提高约12，进入两化融合集成提升与创新突破阶段的企业比例达30%，比2015年提高约15个百分点。

2016年12月8日，工信部、财政部印发《智能制造发展规划（2016～2020年）》，提出智能制造“两步走”战略：第一步，到2020年智能制造发展基础和支撑能力明显增强，传统制造业重点领域基本实现数字化制造，重点产业智能转型取得明显进展；第二步，到2025年智能制造支撑体系基本建立，重点产业初步实现智能转型。

2016年12月，国务院印发《“十三五”国家战略性新兴产业发展规划》，提出到2020年战略性新兴产业增加值占国内生产总值比重达到15%，形成新一代信息技术、高端制造、生物、绿色低碳、数字创意等5个产值规模10万亿元级的新支柱，并在更广领域形成大批跨界融合的新增长点，平均每年带动新增就业100万人以上。通过施行该规划，以高端制造业为代表的我国先进制造业的产业结构将进一步优化，创新能力和竞争力明显提高，将在全球制造业高端价值链中占据一席之地。

2017年1月12日，六部委联合印发《船舶工业深化结构调整加快转型升级行动计划（2016～2020年）》，提出到2020年建成规模实力雄厚、创新能力强、质量效益好、结构优化的船舶工业体系，力争步入世界造船强国和海洋工程装备制造先进国家行列。国际竞争地位进一步提高，力争造船产量占全球市场份额在“十二五”时期基础上提高5个百分点，海洋工程装备与高技术船舶国际市场份额分别达到35%和40%。

2. 产业规模

2014年以来，我国制造业增长呈现“L型”走势，逐年下降。2016年，全年制造业增加值25.3亿元，全年规模以上制造企业工业增加值增速6.8%，全年增速呈现前低后平的趋势。我国规模以上制造企业工业增加值累计同比如图3所示。

分地区来看，2016年东部地区制造业放缓趋势更加明显，中西部地区则相对平稳（见图4）。考虑到东部企业出口比重相对较高，这也说明工业品出口形势的严峻。2016 年，工业品出口额 1.2 万亿元，与 2014 年、2015 年基本持平，零增长的原因一方面是国际需求疲弱，另一方面则是贸易保护主义倾向严重。

图 3　我国规模以上制造企业工业增加值累计同比

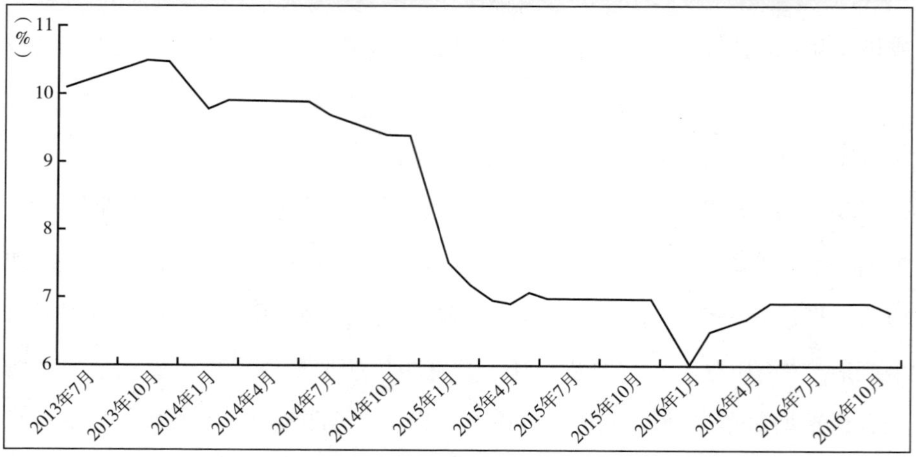

资料来源：Wind 资讯、建投研究院。

图 4　各地区规模以上制造企业工业增加值当月同比

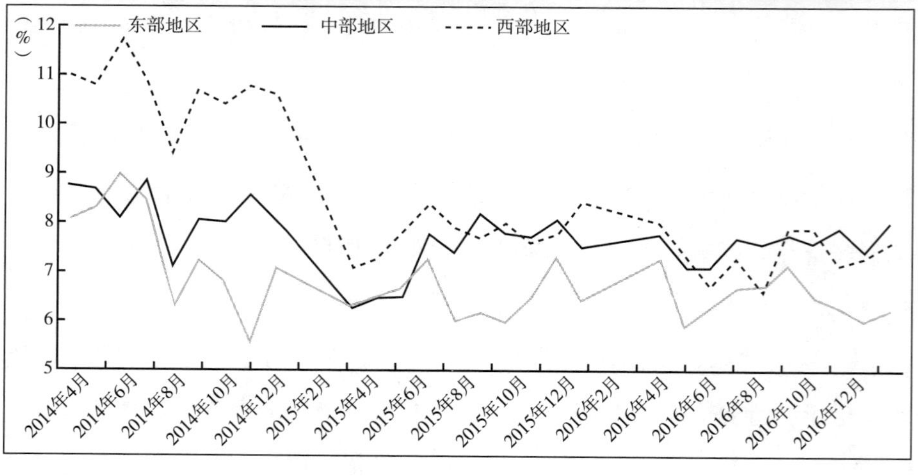

资料来源：Wind 资讯、建投研究院。

分行业来看，2016 年实现增长加速的行业有汽车、通用设备、专用设备、电气机械及器材、仪器仪表等行业，说明制造业的景气度有所回升

（见表9）。2016年PMI指数基本处于扩张区间，2016年12月PMI指数为51.4。在所有子行业中，汽车行业受益于新能源汽车的惯性增长和小排量汽车购置税减半政策的推动，2016年，汽车行业工业增加值增速高达15.5%，其他增长较快的行业有计算机、通信和其他电子设备10.0%、仪器仪表9.4%、电气机械及器材8.5%。

表9　分行业规模以上制造企业工业增加值累计同比

单位：%

行业	2013年	2014年	2015年	2016年
化学原料及化学制品	12.1	10.3	9.5	7.7
化学纤维	10.3	8.5	11.2	6.1
通用设备	9.2	9.1	2.9	5.9
专用设备	8.5	6.9	3.4	6.7
汽车	14.9	11.8	6.7	15.5
铁路、船舶、航空航天和其他运输设备	4.8	12.7	6.8	3.2
电气机械及器材	10.9	9.4	7.3	8.5
计算机、通信和其他电子设备	11.3	12.2	10.5	10.0
仪器仪表	11.6	9.4	5.4	9.4

资料来源：Wind资讯、建投研究院。

总体而言，我国制造业行业分化较大，中低端产品产能过剩严重，存在结构性矛盾。我国先进制造业的产业链尚不完整，虽然产业规模不断扩大，但拥有产品设计能力的企业较少、设备改造升级空间大。此外，企业的服务能力不足也制约发展，以我国装备制造业为例，企业还普遍禁锢于传统生产模式，重生产、轻服务，重视经营而轻个性化定制，服务型装备制造业的利润贡献率很低。

3. 2016年海外投资并购情况

2016年，我国制造业对外投资和并购的脚步加快。海外直接投资和并购有利于中国企业拓展全球市场、服务"一带一路"经济战略。参与国际分工和合作有利于提升中国企业在全球价值链中的地位，并且可以服务国内经济转型升级。

根据商务部公布的数据，2016 年，我国制造业海外投资 310.6 亿美元，同比增长 55.4%（见表 10），占对外投资总额的比重从 2015 年的 12.1% 上升为 18.3%。

表 10　历年制造业海外投资额

单位：亿美元，%

年份	投资额	同比
2010	46.6	108.1
2011	70.4	51.0
2012	86.7	23.1
2013	72.0	-17.0
2014	95.8	33.2
2015	199.9	108.5
2016	310.6	55.4

资料来源：Wind 资讯。

中国制造业通过几十年的发展积累了足够规模的资本以及市场竞争力，但是技术、研发、全球营销网络以及品牌的管理和运营等是很多中资企业比较薄弱的环节。进行海外收购有利于中资企业拓展全球市场，获取一些比较重要的研发、设计平台以及国内外优质的技术人员，有利于中国制造业实现经济结构从低附加值向高附加值的转移。

根据晨哨研究部的数据，2016 年制造业领域的中资跨境并购交易共 152 起，其中披露金额的共 101 起，较 2015 年几乎翻一番；披露总金额约 578.35 亿美元，同比 2015 年上升约 62%。另根据晨哨中国大买手所收集的情报，中国制造业领域海外并购的目的中，技术升级占 62%。从投资国别上看，美国、德国、英国等西方发达国家依然是中资寻求领先技术的优先目的地。

2016 年，一批有代表性的并购项目对推动我国相关产业转型升级、全球价值链布局起到积极促进作用。比如，中国化工集团以 9.25 亿欧元（10.1 亿美元）收购 Onex 基金拥有的全球领先德国橡塑化机制造商克劳斯玛菲集团（Krauss Maffei），海尔集团以54亿美元收购通用电气（GE）家电业务，美的集团以292亿元（45亿美元）收购德国工业机器人制造商库卡机器人30%以上股份（见表11）。

表11　2016年我国制造业部分海外并购案例

单位：亿美元

收购方	标的	国家	行业	金额
海尔集团	通用电气（GE）家电业务	美国	耐用消费品	54.0
美的集团	库卡机器人	德国	机械设备	45.0
北京建广资产	恩智浦标准产品业务	荷兰	电子/芯片	27.5
忠旺控股	Aleris Corp.	美国	机械设备	23.3
潍柴动力	Dematic	卢森堡	机械设备	21.0
乐视控股	Vizio	美国	耐用消费品	20.0
航天科技控股	IEE	卢森堡	汽车零部件	14.2
Canyon Bridge（中资）	Lattice	美国	电子/芯片	13.0
银亿集团	Punch Powertrain	比利时	汽车零部件	11.1
中国化工集团	Krauss Maffei	德国	机械设备	10.1

资料来源：晨哨研究部、建投研究院。

（二）2017年先进制造业投资展望

1. 重点子行业分析

（1）新能源汽车

在能源安全、环境压力和技术赶超的推动下，中央和地方政府对新能源汽车的补贴优惠力度很大，刺激2015年以来我国新能源汽车市场的爆炸性增长。2016年受“骗补”风波的影响，新能源汽车增速有所下滑。据中国汽车工业协会数据，2016年，新能源汽车生产51.7万辆，销售50.7万辆，同比增长51.7%和53%，其中纯电动汽车生产41.7万辆，销售40.9万辆，同比增长63.9%和65.1%；插电式混合动力汽车生产9.9万辆，销售9.8万辆，同比增长15.2%和17.1%。

虽然2017年新能源汽车补贴比例下降20%，但长期来看汽车新能源化是大势所趋。工信部预计，未来10年新能源汽车销量的年复合增长率将达25%，销售规模将扩大8倍。

从整个产业链来看，主要投资机会来自锂电池与新能源汽车的关键零部件配套。上游的锂电池电芯制造设备供应商充分受益于电池企业的产能扩张，行业集中度提升与国产设备的进口替代将会带来较多的并购与投资机会。

锂材料、电解液、正极材料、隔膜企业都将继续受益于新能源汽车的发展，但随着行业规模扩张带来的竞争加剧和企业整合，技术领先、管理规范的龙头企业更值得投资。

新能源汽车单车配套的驱动电机、BMS组件、连接器、高压直流继电器等部件直接受益于产销量的增长，由于存在技术壁垒与供应黏性，更适合产业资本投资，PE则可以跟随做一些财务性投资。

在充电运营方面，由于目前还处于商业模式探索阶段，未来的赢利要靠增值服务，网点布局和市场培育都需要时间，目前各路人马计划在该市场有所作为，哪种商业模式能够胜出仍需观察，此类项目更适合天使投资人和VC投资。

（2）机器人

自2013年以来，我国已成为全球最大的机器人市场。高工产业研究院预计，中国工业机器人2016年、2017年的销量增速分别为23.9%、25.8%，2017年机器人销量将超过10万台。2015年我国工业机器人保有量约为25万台，根据《机器人“十三五”产业发展规划》，预计到2020年，我国工业机器人年销量与保有量将分别超过15万台与80万台，到2025年机器人年销量将达26万台。

从机器人的下游应用来看，国内汽车行业的工业机器人销量占比约为37%，电气机械和器材制造行业的销量占比约为23%。柯马机器人预计，目前中国汽车市场的机器人保有量超过10万台，3C市场在1万台左右，预计未来几年3C市场的机器人应用规模有望超过汽车市场，机器人应用在3C等下游行业的发展空间仍较大。

目前，我国涉及机器人生产及集成应用的企业有800余家，其中200多家是机器人本体制造企业，但大部分企业以组装和代加工为主，产品集中在三轴、四轴的中低端机器人。我国机器人企业普遍较小，逾90%的企业年产值在1亿元以下，龙头企业规模也不大。因此，未来机器人组装企业的整合力度会很大，拥有先进技术和系统集成能力的企业才是合适的投资对象。

在机器人的核心零部件领域，目前国内严重依赖进口，一方面本土企业要立足于自力更生、资助研发；另一方面产业资本海外并购机器人企业的案例将会增多。通过与产业资本合作，介入国内机器人产业链的整合与提升是金融资本的取胜之道。

（3）集成电路

当前，国内集成电路市场规模全球占比已达60%，未来两年国内市场需求增速将维持在10%左右。但是国内的自给率不到30%（日本超过60%），较低的自给率为国内企业销售额持续高增长提供基础——国内集成电路销售额增速将保持在20%以上，国内集成电路产业发展仍然任重而道远，有巨大的国产替代空间。

国内市场需求逐渐成为全球市场增长的主力，越来越多的海外厂商将产能转移至国内，未来3年国内将陆续新建数座晶圆厂，累计投资将超过2400亿元，产能将从2016年陆续释放，国内集成电路竞争将更加激烈。从进口/出口价格比较来看，近5年我国企业在产品和技术竞争力方面并没有明显缩小与海外企业的差距。因此，技术、产品核心竞争力将成为国内企业成功的核心因素。

在封装领域，通过海外收购或兼并重组的方式，长电科技、华天科技、通富微电三家企业已经成为国内封装三大龙头公司。在制造环节，国内晶圆代工厂主要有中芯国际、华虹宏力和武汉新芯，以及国际厂商英特尔、三星和联电的国内代工厂。

中国集成电路产业起步晚，基础薄弱，多数关键技术均掌握在国外厂商手中，再加上该产业前期需要大量资本投入，需要通过政策扶持、国家资本引导、地方和民间资本介入，来帮助国内企业开展海外并购、引入相关人才、进行技术研发。出于对技术门槛的考虑，国产化进程势必沿着封测—制造—材料的路线传导。

（4）通用航空

由于我国低空空域仍处于管制状态，通用航空发展受到了较大限制。2016年5月，国务院发布了《关于促进通用航空业发展的指导意见》；2017年1月，民航局印发《通用航空发展“十三五”规划》，对于培育通用航空市场、扩大低空空域开放、加强通用机场建设等进行了规划。预计2017年将出台更多细则并确定更多试点区域，通用航空产业未来发展前景广阔。

中国科协、中国航空学会、通用航空专家委员会预测，未来10年我国通用航空飞机需求量约10000架。据前瞻网预测，至2020年，国内公务机市场规模超过1500亿元，其他固定翼飞机市场规模约150亿元，直升机市场规模约400亿元，总计市场规模超过2050亿元。根据此预测，按照产业拉动比1∶10计算，届时，通用航空全产业产出规模约为2万亿元。

但是，短期内低空空域完全放开仍然阻力较大，消费端市场（旅游观光、短途客货运、公务机等）启动仍需政策支持。不过需求刚性、空域限制较小的商务端市场将率先发展，如农林植保、警航巡检、反恐、消防救援等。

全球通用航空制造业经过数十年发展，已经形成了比较稳定的竞争格局，各类型通用飞机前五大生产商均占据80%以上市场份额，海外厂商庞巴迪、德世隆、空中拖拉机、湾流等在固定翼飞机领域占据竞争优势。国产航空器占我国通用航空机队比例仅为23.5%，国产飞机多为技术门槛相对较低的活塞飞机和涡桨飞机，喷气公务机领域基本空白。目前，国内飞行器制造商主要有洪都航空工业集团、西安飞机工业集团、哈尔滨飞机工业公司、北京假日通用航空有限公司等。

从投资机会来看，除了航空器龙头企业，发动机制造、通用航空培训、航空租赁、航空维修等将会受益于通用航空市场的快速发展，有些企业也跨领域布局通用航空市场，比如，山河智能以19.8亿元收购北美最大支线飞机租赁/运营/维修（MRO）企业Avmax Group Inc.。

（5）轨交设备

根据《中长期铁路网规划》以及铁路相关的“十三五”规划，预计2016～2020年固定资产投资合计3.8万亿元，同比增速约9%，年投资规模保持在7000亿～8000亿元。规划到2020年全国铁路里程数达15万公里，其中高铁里程数3万公里，新增量约1.1万公里，“十三五”期间铁路机车计划投资额为8000亿元。而经过上一轮密集建设，早期运行的高速铁路动车组及相关设备逐渐进入更新改造的高峰期，后期市场将迎来高增速。

“十三五”期间，城市轨道交通产业预计有大幅成长空间，根据《交通基础设施重大工程建设三年行动计划》，2016～2018年新增里程将达到2000公里，2016～2018年固定资产投资合计1.6万亿元，年均保持在5300亿元左右。

产业链方面，高铁/城轨车辆装备与配套关键零部件充分受益于“十三五”期间设备投资的高景气度，尤其是轨交车辆装备可预见实现高速增长。除整车装备外，投资者应该重点关注具备核心国产化能力的牵引变流器（IGBT）、连接器、信号系统、内外门系统、轴承、刹车片等细分行业的龙头企业。

2. 发展趋势

2017年，我国先进制造业在智能装备、服务型制造、核心基础零部件、绿色制造等方面发展较快。

在智能装备领域，对传统企业进行智能化改造，加快智能装备应用将是重头戏。当前，机器人、可穿戴设备、智能家电、智能电网等智能装备和产品的应用不断拓展，需求规模呈快速扩大的态势。有研究预计，到

2020年智能制造装备产业产值将超过3万亿元，在未来5～10年的时间里，中国智能制造装备行业增长率将达到年均25%，智能制造装备将成为我国先进制造业发展的突破口。

在服务型制造领域，美国的服务型制造占比约60%，中国仅为2%，未来成长空间巨大。我国制造企业要以客户为导向，重视提升产品服务质量和满足个性化需求，在客户的设计研发、销售安装、租赁融资、回收再制造等方面提供产品全生命周期服务。企业要采用互联网、移动互联网、物联网技术，依靠云计算和大数据分析等，搭建面向客户的主动服务平台，实现按需设计产品、柔性生产、定制服务和主动服务，满足产品多样化和市场细分需求。

在核心基础零部件领域，进口替代需求旺盛，国内制造企业在这方面的投入逐年增加。工业核心基础零部件和元器件是装备制造业的基础，直接决定产品的性能、水平、质量和可靠性。但是目前国内在这方面基础薄弱。以工程机械为例，虽然三一重工、中联重科、徐工机械已经成为国际龙头工程机械整机企业，但是很多基础核心零部件无法自给，成为制约国内工程机械行业发展的瓶颈因素。例如，核心液压元件包括液压泵、阀、马达、油缸等四大类，我国工程机械等行业的高端液压件长期被日本川崎重工和德国博世、力士乐等外资厂商垄断，国内液压元件行业的发展现状是低端产品市场竞争激烈，而变量柱塞泵、马达、多路阀等高端产品仍需依赖进口。

在绿色制造领域，轻量化、精密化是行业趋势，再回收等技术将逐步在先进制造业推广。《工业绿色发展规划（2016～2020年）》提出，以钢铁、石化、建材、有色金属等行业为重点，积极运用环保、能耗、技术、工艺、质量、安全等标准，依法淘汰落后产能、化解过剩产能。我国将加快发展能耗低、污染少的先进制造业和战略性新兴产业，促进生产型制造向服务型制造转变。节能、轻量化、可回收的新材料将在制造业内推广应用，新工艺将优化生产流程，相关政策补贴、商业模式创新等将促进绿色制造的成长。

3. 投资展望

展望2017年，我国先进制造业面临的挑战仍很多。

在国内市场，制造业传统发展模式遭遇瓶颈，中低端产品产能过剩局面仍需化解。此外，面临移动互联网浪潮的冲击，传统制造业急需通过并购新兴产业实现产业升级或发展方向的转变。不过，以往并购过程中也存在诸多问题，比如扩张性并购多、内涵式并购少，名义性并购多、实质性并购少。2017年，国内制造业并购需求将依旧旺盛，未来通过并购实现生产流程再造、空间布局优化、企业内部资源配置再优化的案例将会逐渐增多。

在国际市场，对外产业转移将持续。由于传统制造业已进入产业发展成熟阶段，存在产能过剩和过度竞争的现象。制造企业通过联合建立境外工业园区、开拓国际市场空间等方式，开展国际产能合作，向海外进行产业转移，有助于消化过剩产能和带动产业的优化升级。同时，在“一带一路”战略的大背景下，中国企业将加快实施“走出去”战略，铁路（高铁）、电力（核电）、通信等中国装备不断拓展国际市场，在欧美发达国家设立技术和工程研发中心，在市场潜力大、产业配套强的国家设立生产、分销、运维中心，建立完善的“走出去”服务体系。

在海外并购市场，目前全球经济复苏前景不明朗，存在大量优质低估值企业，在这个过程中进行收购兼并活动，相对而言我国企业具备一些比较有利的条件。但是，也要为欧美国家对中国制造业市场加以抵制做准备：美国总统特朗普上任后，将加强对本国的贸易保护，而欧洲也反对根据中国2001年加入WTO的条款赋予中国市场经济地位。此外，中国制造业转型升级，对欧美地区的投资并购需求快速增长，引起了当地社会的高度关注，在沟通不畅、政治干扰等负面因素的影响下，海外投资审查失败案例较多。

此外，海外并购的经营风险也应引起中国企业重视。与外资品牌相比，在一些行业上中国企业尚有不小的差距，海外并购有很大一部分源自技术驱动。因此，在并购中，不仅要评估并购目标的赢利能力，而且要看其是否有知识产权、核心技术，不能盲目跟风海外并购。此外，实施海外并购后对业务、资源进行整合也是并购成功的关键。以机器人产业海外并购为例，由于我国机器人企业主要面向中低端机器人市场，在并购完成后，完成向高端机器人市场的整合并经营好并购企业都是对管理团队的重大考验。

参考文献

［1］《中国环保产业政策一览及发展前景分析》，北极星节能环保网，2016 年 12 月 5 日，http：//huanbao. bjx. com. cn/news/20161205/794012. shtml。
［2］《2014 年我国废水处理行业竞争格局及市场前景展望，中国产业信息网》，中国产业信息网，2014 年 2 月 18 日，http：//www. chyxx. com/industry/201402/229217. html。
［3］《环保政策密集出炉　兼并收购成了产业发展趋势》，华夏经纬网，2016 年 12 月 23 日，http：//www. huaxia. com/tslj/flsj/sh/2016/12/5129754. html。
［4］叶麦穗：《P2P 生存白皮书：近千家公司消亡　银行存管不足 3%》，《21 世纪经济报道》数字报，2017 年 1 月 5 日，http：//finance. caijing. com. cn/20170105/4220405. shtml。
［5］周伊雪：《2016 年 A 股并购研究报告》，《21 世纪经济报道》数字报，2017 年 1 月 19 日 http：//epaper. 21jingji. com/html/2017 －01/19/content_ 55005. htm。
［6］中国互联网协会：《2016 年中国互联网产业综述与 2017 年发展趋势》，2017 年 1 月 6 日，http：//news. xinhuanet. com/info/2017 －01/06/c_ 135961249. htm。
［7］199IT 中文互联网资讯服务中心：《2016 年中国互联网创业格局概述》，2017 年 1 月 22 日，http：//www. 199it. com/archives/560101. html。
［8］徐东华：《中国装备制造业发展报告（2016）》，社会科学文献出版社，2016。
［9］晨哨并购：《跃升价值链之巅，制造业跨境并购暴增 200% 背后的原因》，2017 年 1 月 3 日，http：//36kr. com/p/5060980. html。

境外投资：中国资本“走出去”的环境、趋势与策略

万建发　王　申　文玉春　高彦如
万建发，中国建投投资研究院秘书长、高级研究员
王申，中国建投投资研究院研究员
文玉春，博士，统计分析师，中国建银投资有限责任公司博士后
高彦如，金融硕士，中国建投投资研究院研究员

投资提示

- 2017年，预计中企海外并购将会保持交易数量规模稳中有升、投资主体和融资渠道多元化发展等态势；建议进一步聚焦产业转型和消费升级两大领域；投资地区仍以发达国家为主，亚洲机会受到关注。

- 特朗普上台会带来暂时的波折，北美的投资环境仍以美国为吸引力最强，加拿大次之。投资产业建议选择美国的交运设备、电子、IT、金融等，以及加拿大的航天配件、交运设备、核电设备、银行等。

- 美国退出TPP，亚太地区产业或面临重新洗牌。投资澳大利亚、新西兰、新加坡等国的高端制造业、化工、医疗健康等产业，机遇大于风险。

- 欧洲政治稳定性变差，经济缓慢复苏但分化明显，和中国关系日趋紧密，但也出现了反对中国企业收购的声音，综合各方面因素，重点推荐英国、瑞士、德国、瑞典4个国家进行投资。

一 中国资本海外并购的回顾与展望

（一）中企海外并购呈现加速、多元等新特征

2016年是中国企业（不含港澳台，下同）海外并购年。根据普华永道发布的最新报告，2016年前3个季度，中国企业海外并购交易数量和金额均显著增长，交易数量达到创纪录的671起，交易总金额逾1600亿美元，单笔金额超过10亿美元的大额交易逾30起。在全球经济环境充满不确定性的情况下，中国企业出海热度不减，发生了一系列著名的并购交易事件，引起全球资本市场和政经各界的高度关注。2016年中国企业的海外并购呈现以下几个特点。

1. 交易规模创纪录

在国家鼓励、资金充裕、企业积极的背景下，2016年海外并购交易金额达到创纪录的2254亿美元①，为2015年的两倍多。其中，中国化工430亿美元收购先正达是迄今为止最大的中国企业海外收购案例。美的集团收购库卡机器人也是引人注目的海外并购事件。2017年1月6日，美的集团完成要约收购库卡集团股份的交割工作，并已全部支付完毕本次要约收购涉及的款项。公告显示，本次要约收购交割完成后，美的集团通过境外全资子公司合计持有库卡集团股份37605732股，约占库卡集团已发行股本的94.55%。该项交易接近40亿欧元，折合人民币292亿元。

2. 投资主体结构多元

中国资本跨境并购中，企业仍是主体，国有企业出海并购稳步上升，民营企业占据半壁江山。在国内实体经济增速持续放缓以及海外投资相对

① 数据来源于Dealogic数据库。

低成本的刺激下，民营企业更积极地通过海外并购寻求业务增长及板块多元化。借助行业分布广、经营体制灵活、经验丰富等优势，越来越多的民营企业在海外并购中出手。从交易数量看，民营企业在2016年前3个季度的交易数量高达449起，接近国有企业的5倍，在30余起超过10亿美元的大规模海外并购交易中，民营企业占六成。此外，独立资本在跨境并购中活跃度明显提高，交易数量是2015年的2倍。其中，由各类投资基金、金融机构以及政府主导的基金进行的海外并购交易金额占2016年前3个季度财务投资者海外并购交易金额的七成左右。

3. 市场融资渠道多元化

上市公司成为中国内地企业海外并购活动的主力军。2016年前3个季度上市公司海外并购交易数量占比超过56%。其中，中国国内主板和中小板（含创业板）上市企业交易数量占上市公司海外并购交易总数的75%。此外，2016年前3个季度非上市公司的交易金额约为2015年全年的3倍，其中包括某些资金充沛的大型国企集团以及持有大量待投资资本的财务投资者。由于欧洲等发达国家的低利率环境，中企境外投资的融资成本较低，杠杆式收购的情况也大幅增多。

4. 三大策略引领市场主流

综观近年来的中企海外并购案例，主要围绕“一带一路”、“走出去”、资产全球配置三大策略展开。围绕“一带一路”，中企在东南亚、中亚、南印度洋及欧洲等地开展基础设施投资，促进工程、装备和技术服务“走出去”。围绕产业转型升级“走出去”，中企在境外技术、品牌和先进生产要素等领域开展收购，如海尔集团收购通用电器家电业务，万达收购欧美院线资产，中国建投收购荷兰恩智浦标准化业务、法国医药包装制造商SGD等。在全球资产配置方面保险资产动作频繁，如安邦集团收购美国战略酒店集团等。

5. 投资领域顺应中国经济转型升级的两大趋势

中国企业跨境并购紧紧围绕产业转型与消费升级两大主线展开，投资行业和领域也呈现新的特点。在2016年前3个季度中国内地企业投资领域中，中国企业在关注能源、矿产等传统资源类项目的同时，也积极在高端制造、现代农业、医疗健康、环保、信息科技等行业收购具有技术和知识产权优势的标的，以帮助中国产业提质升级。特别是国有企业凭借庞大的规模、较高的市场占有率、雄厚的资金实力和较强的风险承受力，有能力实施越来越大的交易。民营企业海外并购更多倾向于获取先进技术、管理经验、人才、品牌、服务以及海外市场份额，重点关注有助于提升中产阶级生活方式的传媒娱乐业务、高端制造业以及拥有品牌、供应链和客户资源的消费品业务。

6. 投资地区仍集中在发达国家，亚洲机会受到关注

欧洲是2016年中国外向收购最集中的目标地域，已公告并购交易金额近1000亿美元，此外，对北美的并购达688亿美元。前十大海外并购交易中有9起交易的目标公司位于欧洲和北美。这两个市场拥有大量具备高精尖技术、先进管理经验、知名品牌、成熟市场和优质服务体系的投资标的。同时，中国企业同样越来越关注亚洲机会，随着“一带一路”、亚投行等国家战略和相关机构的逐步落地实施，“一带一路”沿线和周边国家的优秀企业也将重新回到国内并购主体的视野。

（二）中国资本海外投资的全球影响与挑战

1. 中企海外投资对全球经济格局的影响

中企近年来的大规模海外投资对全球经济产生的影响不容忽视。美国一位智库专家Claude Smadja认为，中国企业的海外投资正在从7个方面改变全球的商业结构：一是中国企业海外投资给全球经济体带来新的大额资金来源；二是中国企业的海外投资改变了全球经济参与者的比例，从而引起全球经济格局的质变；三是中国出现了集跨国、跨行业和跨时空于一体的新商业模式公司，如阿里巴巴、腾讯等，此类企业增多对全球商业化巨头们的决策产生深刻影响；四是中国企业的海外投资不仅涉及资本运作，也涉及文化冲突问题，如何平衡谈判和经营中的中西方文化差异，实现合作共赢，将是一个非常重要的课题；五是中国企业大规模海外投资在某些行业或领域形成了优势，打破了西方传统意义上的垄断地位，对全球产业再平衡和贸易投资格局产生深远影响；六是国际资本市场正在发生与中国企业海外投资有关的合并、收购、IPO 与合资，这将会逐步改变国际金融市场和证券市场的游戏规则；七是中国企业通过全球化发展和创新升级，不少已经达到国际化水平（如华为等），并在全球扮演创新者的角色，由于技术创新的速度不断提高，意味着“创造性的毁灭之后重建新秩序的过程”也在加速，这对全球经济格局产生了深刻影响。

2. 中企海外并购面临的全球治理环境挑战

挑战主要来自 3 个方面。一是国际投资与贸易保护主义。由于全球经济复苏乏力，逆全球化浪潮此起彼伏，国际投资保护主义呈抬头之势。不少国家政府视就业为优先事项，对跨国并购导致的资本外流和可能带来的就业风险加倍防范。一些国家对正常的国际资本流动采取限制性措施，包括政府层面的法律规制和行政限制，社会组织、企业工会的抵触，以及以国家安全审查为由的阻挠。据统计，目前生效的全球双边投资协定超过 3300 个，碎片化现象严重。二是货币政策失序引起的全球资本市场波动。在正常的逻辑下，固收、权益、商品、不动产、黄金等大类资产的价格走势存在轮动特征，但是反周期政策和外部冲击因素对资产市场走势形成较强干扰，全球市场情绪的急剧波动驱使资金流向随之变化，大类资产轮动的传统投资逻辑面临失效，市场对全球经济运行模式的理解多次转变，资产价格短期走势的联动性、复杂性增强。三是地缘政治风险。当前国际战略变局提速，大国力量围绕安全、经济和全球治理等问题，在亚太、中东和欧洲等地开展多维度、全方位竞合博弈，世界及地区秩序主导权角逐激烈，国际格局在一个动荡不定的世界里加速演变。在这样的大趋势下，世界不确定性增加，秩序之争趋于激烈。与此同时，西方国家贫富分化加剧，中产阶级萎缩，民众不满情绪发酵，求变之心迫切。西方政治生态进一步恶化，民粹主义、极端主义、保守主义、分离主义抬头，逆全球化思潮在蔓延，需要高度关注。

3. 国际税收环境的变化对企业风险管控提出挑战

2016年6月29日，《国家税务总局关于完善关联申报和同期资料管理有关事项的公告》（2016年第42号公告），规定了中国转让定价政策的新框架，包括三层结构文档体系的转让定价同期资料与国别报告。该公告对“走出去”的企业提出了更高的合规性要求。与此同时，越来越多的海外并购涉及复杂的交易安排，对于中国企业的并购前税务架构筹划和并购后风险管控提出新挑战。比如，越来越多的并购交易有意出售部分业务单元，可能会涉及交易前的业务剥离或重组，通常来讲这可能更多是卖方的工作，但收购方应更谨慎对待剥离和重组业务带来税负的可能性。当涉及复杂的交易安排时，需要收购方仔细分析交易结构，并在法律文件中纳入与税务相关的保护条款来降低潜在的税收风险。有的收购还包括承接标的的债务，更需要谨慎对待债务重组、利息支出扣除和转让定价安排的可持续性。

4. 中国资本海外投资的政策环境变化及其影响

2016年11月29日，中国人民银行印发《关于进一步明确境内企业人民币境外放款业务有关事项的通知》，旨在限制企业通过人民币出境并在境外购汇的方式进行套利，以减少离岸人民币市场做空的机会，并进一步加强对人民币汇率稳定的预期管理。该文件新提出了有关人民币境外放款业务外汇管理部门的事前备案登记要求、放款人与借款人之间股权关联关系、跨境人民币净流出数额限制、蓄意违约的风险管控等的要求。2016年12月6日，国家发改委、商务部、中国人民银行和国家外汇管理局四部门负责人在答记者问时，提出将“密切关注近期在房地产、酒店、影城、娱乐业、体育俱乐部等领域出现的一些非理性对外投资的倾向，以及大额非主业投资、有限合伙企业对外投资、‘母小子大’、‘快设快出’等类型对外投资中存在的风险隐患”，并建议“有关企业审慎决策”。相关行政法规或措施陆续出台，将对境内企业投资上述密切关注领域加以实际审查和管控，这不仅会收紧境内公司对上述领域产业的投资，也可能影响中企境外投资进程。在加强资本管制的同时，政府部门也在大力推进新政策和营造新的投资法律环境，以吸引更多的优质境外资本在中国境内直接投资。2016 年 12 月 7 日，国家发改委以及商务部发布了《外商投资产业指导目录（2016 年修订)》征求意见稿，将 2015 年版中的 93 条限制性措施减少到了 60 多条。国家发改委也将政府招商引资的政策制定权限下放至地方，这是一个引人注意的变化。

（三）中国资本海外投资的趋势展望

1. 短期内中企海外投资并购将受到抑制，2017 年交易规模或将有明显下降

为应对全球经济不确定性的冲击，2017 年防控风险成为主基调，政策在外汇管制、降低杠杆、深化改革、扩大开放等方面将同时发力，保持经济金融运行的总体稳定。基于这一判断，我们认为，中企海外投资交易规模将有较大幅度的收缩，大规模海外并购的热潮可能逐步消退。

2. 中长期内政策更新与变化不会影响商业发展的趋势

政府监管部门不会放慢中国企业“走出去”的步伐，而会更加严谨地规范对外、对内投资行为，设置更明确的要求。国家外汇管理局曾公开表示支持中国企业在海外的真实并购业务，关注交易的真实性。有经验的中国投资者则可以通过其他方式，如自贸区的自由兑换额度、内保外贷等从容应对资金出海问题。

3. 中企海外并购行为将逐渐趋于理性，未来可能在全球资源整合的过程中出现一批真正的中国跨国企业

目前，中企海外投资并购显现不少积极的现象：并购主体多是国内相关行业的主导企业，这些企业在资金、技术开发、人才储备、跨国管理能力方面，已具备开展跨国并购的实力和条件；中国企业主动发起的大型并购项目增多，倾向于寻找与自身发展理念相契合的海外企业进行并购；并购融资的模式更多向利用境外融资的方向发展；在国际和国内市场的投资和交易中，中国的投资者们已磨炼得愈加成熟和灵活；境外的投资伙伴和国际合作者也越来越了解中国投资的需求和优势，无论中国或外国投资者，都可以用审慎灵活的策略应对政策变化，并抓住变化带来的其他机遇。

4. 需要高度重视中企海外并购面临的多种风险

目前中企海外并购存在三大突出风险：恶性竞争、估值泡沫和投后整合。因此，在海外投资中，建议通过联合投资、产业与资本合作等多种方式避免恶性竞争风险。同时，应对投资国家和地区的投资政策、相关法律法规、风俗习惯、市场状况、产业竞争力等进行深入了解，选取中国有优势而对方较为薄弱的产业进行投资。选择熟悉的国际金融、法律、会计等专业服务机构和有能力的专业人士合作，加强投资前的调查研究，对可能遇到的各种风险制定相应的措施，特别是在海外并购的投后整合方面必须不断提升总体运营效率，继而实现资本、技术和劳动力等资源要素在全球范围的进一步优化配置。

二　北美地区投资环境与策略分析

（一）北美地区投资环境

1. 美国投资环境

美国是吸引外国投资最多的国家，外国直接投资大约占美国国民生产总值的16%，是美国经济收入的重要来源。美国吸引众多外国直接投资的主要的原因是：拥有良好的投资环境、健全和透明的法制、先进的生产技术、训练有素的工人、充足的能源供应、完善的基础设施、一流的研发创新能力和庞大的消费市场。通过直接投资，投资者可获得先进技术和知名品牌，并将产品和服务打入美国这一全球最大的消费市场。

在外国直接投资领域，美国长期奉行自由政策，基本不设限制，仅在航空、通信、原子能、金融、海运等相对敏感行业中，存在一些具体的有关国民待遇和市场准入的限制性规定。《埃克森佛罗里奥修正案》、《2007年外国投资法和国家安全法》以及其实施细则《2008 年关于外国人收购、兼并和接管的条例》构成了美国投资管理的基本制度。《国际投资和服务贸易普查法》则确立了投资领域的报告制度。但是，近两年中国企业赴美收购案例日益增多，引起了美国国会议员的警觉，他们已呼吁对中国买家类似万达这样的收购交易进行更加严格的审查。从近期释放的信息来看，特朗普上台后对中国的贸易投资政策总体上以“鹰派”思想占主导。

中国对美国直接投资受益最多的 15 个地区如表 1 所示。

表 1　中国对美国直接投资受益最多的 15 个地区

单位：百万美元

区域	投资	都会区	代表
NC –04	3360	Raleigh-Durham Triangle	David Price
IL –07	3210	Chicago	Danny K. Davis
NY –12	2250	New York City	Carolyn Maloney
VA –04	1980	Eastem Virginia	J. Randy Forbes
TX –07	1780	Houston	John Culberson
TX –23	1640	SW Texas	Will Hurd
OK –03	1580	NW Oklahoma	Frank Lucas
KS –03	1380	Kansas City	Kevin Yoder
MA –06	1270	NE Massachusetts	Seth Moulton
NC –07	1250	Southern NC	David Rouzer
CA –17	1040	San Jose	Mike Honda
CA –12	1020	San Francisco	Nancy Pelosi
TX –27	920	Corpus Christi	Blake Farenthold
NY –10	920	New York City	Jerrold Nadler
IA –04	870	New York	Steve King

资料来源：Rhodium Group《新邻居：中国在美国各国会选区的投资情况》。

美国的创新氛围、对知识产权的有力保护以及高技能人员储备都是吸引中国公司投资的主要因素。目前，中国在美国的直接投资相当于日本公司20世纪80年代在美国投资的规模，还有巨大的潜力为美国带来更多就业机会和其他收益。如果美国继续成为中国蓬勃发展的海外投资的主要目的国，预计到2020年，美国将会获得1000亿~2000亿美元的中国海外直接投资。

2. 加拿大投资环境

加拿大对外国投资具有吸引力的主要原因有：社会政治稳定，法律制度健全，政策公开透明，市场化程度高，经济持续稳定增长，劳动力受教育程度高，自然资源丰富，制造业及服务业发达，基础设施完善，地理位置优越，东西两岸分别濒临大西洋和太平洋，通过NAFTA向南可辐射至美国和墨西哥。

加拿大的中小企业（SME）占比超过90%。在数百万个中小企业5年的经营期中，有超过40%的企业被出售和转让。这些交易行为通常是根据不同的交易规模、产权形式、交易对象，由经纪人、投资顾问、律师、会计师等专业人员，按照相应的商业规则和法律程序，协助买卖双方完成的。可见，加拿大企业主或企业资产所有权的变换是通过成熟的买卖交易实现的，这给了外国资本投资/收购的机会。不过，也有调查显示，政府审批太慢、回收过慢以及文化差异问题，是中国企业在加拿大共同面临的问题。

世界经济论坛把加拿大的竞争力排在第13位。毕马威（KPMG）《2016年国际竞争力》报告对各国投资环境竞争力的排名显示，加拿大目前排在10个欧美工业国家的前列，仅落后于墨西哥。加元贬值让加拿大在全球投资格局中具有比较优势。目前加元币值保持在历史低位附近，与其他几个工业国家相比以加元支付税费、人工费、固定成本等更加便宜，这增加了加拿大企业与其他国家企业竞争的实力。

3. 墨西哥投资环境

墨西哥对全球投资具有较大的吸引力，增长较快。2015 年，墨西哥 FDI 净流入 302.85 亿美元，增长 18%，是拉美地区 FDI 增长的最大来源，其汽车制造业 FDI 持续增长（60 亿美元，增长 31%），跨国并购增幅明显，美国 AT&T 分别以 25 亿美元和 18.75 亿美元收购墨西哥 Iusacell 和 Nextel 两家电信公司，美国 Owens-Illinois 以 20 亿美元收购墨西哥 Vitro 集团（塑料和玻璃瓶生产企业）。

墨西哥吸引外国投资者的因素包括：①地理位置优越，与美国为邻，连接两大洋，是南北美洲的桥梁，而且是世界上签订自由贸易协定最多的国家之一；②自然资源丰富，有色金属、能源矿产的储量丰富，墨西哥是拉美第二人口大国且年龄结构年轻化，劳动力充足且素质较高；③GDP 在拉美名列前茅，加入北美自由贸易区后经济稳健增长，基础设施比较完备，汽车、纺织、电子和食品加工等制造业具备国际竞争力；④法律体系健全，与投资有关的法律包括《公司法》、《外国投资法》、《经济竞争法》、《工业产权法》和《劳工法》等，其中《外国投资法》对外资进入方式、投资细则等问题做了规定，允许外国投资者从事墨西哥境内的绝大多数行业，大部分行业可以建立外商独资企业，《经济竞争法》则规范了反垄断执法行为；⑤商务成本低，墨西哥是毕马威《2016 年国际竞争力》报告中商业成本最低的国家，只有美国的 77.5%。

不过，墨西哥安全环境不佳是影响投资的负面因素。墨西哥的毒品和有组织犯罪形势比较严峻，以获得金钱为目的的凶杀、绑架、盗窃、抢劫和勒索等各种犯罪活动频发，一直困扰着墨西哥社会的安定。

（二）优势产业分析

1. 美国

美国是全球技术最发达的国家，经济结构多元、种类齐全。房地产、汽车、机械制造、钢铁、航空工业、金融、农业、能源、军事工业、食品工业和影视娱乐等都是美国的支柱产业，其中，重点产业包括汽车、飞机、电信、化工、电子和计算机。美国的服务业占 GDP 的绝大部分，其中最重要的产业是分销贸易、房地产、交通、金融、医疗和商业服务等。

在先进制造领域，美国的竞争力正在回升。具体表现在，2014 年其制造业占全球比重稳步上升至 16.6%，较 2011 年的低点上升了 1.4 个百分点；制造业产值占美国 GDP 比重止跌企稳，制造业企业利润占比上升；制造业就业增加显著，商品贸易逆差改善明显；等等。在结构上，资本、技术导向型耐用品制造业发展势头良好，尤其好于劳动力导向型和资源导向型的非耐用品制造业，这符合“占领先进制造业制高点”导向的“再工业化”趋势。

由于美国基础设施年久失修，事故频发，危及运输及交通业，从而令美国在全球经济中的竞争力面临威胁。特朗普上台后，承诺要加大基础设施建设，这也给投资者在基础设施领域的投资带来很多机会，BOT、PPP 等业务需求巨大。不过美国业主普遍信任有经营经验、业绩和一定声望的美国公司，外资在美国开展工程承包等基础设施合作一般需要注册为当地公司，以有利于经营活动的开展。

中国企业在美国投资的领域相当广泛，包括能源、房地产、制造业、金融、服务业、信息、电子、生物科技以及绿地项目等多个领域，并为美国创造了 7 万多个就业机会。中国企业在美国直接投资的目的是多样化的，有的是为了学习美国的先进技术，提高自身的技术水平；有的是为了获得知名品牌；有的则是为了进入庞大的美国市场。中国企业在美国能源、房地产和制造业领域的投资最多，并逐渐向金融和高科技领域转移。

2. 加拿大

加拿大是西方七大工业化国家之一，资源丰富、市场成熟、技术先进、经济稳定增长，社会文化多元，对外政策相对平和。加拿大的制造业、高科技产业、服务业发达，资源工业、初级制造业和农业是国民经济的支柱。加拿大以贸易立国，对外贸依赖程度较大，经济上受美国影响较深。

在工业领域，制造业、建筑业、矿业构成国民经济的三大支柱。加拿大在航空航天、有色冶金、信息通信、动力装备、电力水利、纸浆造纸、微电子软件、新能源、新材料等产业处于世界领先水平。此外，石油化学、森林建材、时装轻纺、食品饮料、黑色金属等亦为重要工业部门。加拿大工业集团代表有庞巴迪公司（Bombardier Inc.，以制造高级交通工具如喷气式飞机、高速列车为主）、加拿大铝业（Alcan Packaging，世界上第二大金属铝生产者）、ATI（ATI Technologies，显示芯片巨头）、加拿大石油（Petro-Canada，北美第二大燃油和燃气公司）、动态研究（RIM，黑莓手机、通信巨头）、KANDU（核反应堆、核能综合开发商）、Kanadarm（航空、航天太空臂生产商）、北电网络（网络设备巨头）等。

加拿大服务业产值占 GDP 的 70%，具有优势的领域包括金融保险、商业服务和交通运输。加拿大金融保险服务的竞争力很强，包括银行、保险等。加拿大银行业 90% 的资产集中在加拿大皇家银行、多伦多道明银行、丰业银行、蒙特利尔银行、加拿大帝国商业银行和加拿大国民银行手中；加拿大联邦和各省政府经营多种国际保险业务包括出口信用保险和投资保险，是加拿大保险业的一大亮点。

过去来自中国的投资主要集中在能源、矿产、金融、电信、林业等领域，现在越来越多的资金开始投向新能源以及高科技领域，最近一两年，在房地产和文化等领域也出现了中国资本的身影。以 2015 年中国对加拿大投资为例，娱乐及房地产业以 9.7 亿美元的投资总额拔得头筹；运输与建筑业也吸收了 3.9 亿美元的中国投资；能源、金属矿物的投资虽然仍分别达到 3.5 亿美元与 2.2 亿美元，但较往年已有大幅下降；此外工业与电子设备、汽车产业、信息技术产业、健康与生物产业等均获得了相当数额的投资，呈现百花齐放的态势。与此同时，2014 年、2015 年连续两年，来自私营部门的投资在金额上均超过国有企业投资。

3. 墨西哥

墨西哥的优势产业包括：①能源工业（主要是石油工业）——墨西哥

是世界重要的石油生产国之一；②汽车业是墨西哥最大的制造业部门，许多跨国公司在墨西哥建立工厂，以利用北美自由贸易协定带来的便利；③纺织服装业是墨西哥的传统优势产业，产品较为齐全；④近年来汽车零配件生产和航空配件生产发展较快。此外，墨西哥是拉美地区的农业大国，农产品、水果、渔业、养殖业的出口量很大。

在吸收外资领域，制造业是墨西哥吸收 FDI 最多的领域，约占总额的 50%，其中汽车制造业占制造业 FDI 的 43%。近年来，世界主要汽车品牌包括来自美国、日本和欧洲的品牌，均宣布对墨西哥大规模增加新投资并逐步落实。2015 年墨西哥汽车制造业仍保持 FDI 流入旺盛趋势，一是韩国现代宣布投资 8 亿美元新建 2 个生产厂；二是日本本田宣布投资 10 亿美元在瓜纳华托州新建 1 个生产厂；三是美国福特宣布投资 25 亿美元新建 2 个生产厂。

2015 年墨西哥电信领域吸引 FDI 较多。墨西哥实施电信改革以前，电信市场对外资企业参与实行严格限制，改革后随着行业监管政策的变化，外资企业的参与有利于墨西哥电信市场的良性竞争、价格下降和先进技术应用。在此背景下，美国 AT&T 决定以并购方式参与墨西哥电信市场，2015 年分别以 25 亿美元和 18.75 亿美元收购墨西哥 Iusacell 和 Nextel 两家电信公司，同时宣布再投资 30 亿美元改善两家公司的服务水平。

与电信领域类似，墨西哥政府推动的能源改革为私营部门创造了更多参与机会。尽管该领域 FDI 流入并未在统计数字上得以充分体现，但一些国际大型油气企业已宣布对墨西哥的投资意向。如西班牙阿苯哥（Abengo）已宣布对墨西哥传统能源项目和可再生能源项目投资数十亿美元；意大利国家电力公司（ENEL）也宣布投资 4.7 亿美元在墨西哥建设 2 个风电项目；西班牙伊比德罗拉（Iberdrola）和迪那索尔（Dynasol）宣布联合投资 8400 万美元建设光伏电站。

一些中国企业已在墨西哥投资家用电器、汽车零部件、电子产品、工业应用等行业。例如，2013 年，中国敏实集团在阿瓜斯卡连特斯州（Aguascalientes）投资汽车零部件生产厂；2015 年，中国海信收购夏普电视机生产厂的全部资产；2015 年，德昌电机集团在萨卡特卡斯州（Zacatecas）投资第 2 个电机生产厂。

（三）投资策略

1. 投资区域首选美国

在北美三国中，美国市场规模最大、生产力最发达、国际竞争力最强，并且是全球最大的消费市场、全球研发中心，人才素质高、劳动生产率高、基础设施完善。美国也是全球海外投资的首选目的地，经济结构完善、优质资产众多、技术先进、创新能力强、商业模式多样，因此投资目的地首选美国。

由于中美两国在政治、经济、法律和文化上存在着重大差异，中国企业赴美投资之前必须做好充分准备，以降低投资风险。

中国与美国、加拿大、墨西哥三国的经贸关系如表 2 所示。

表 2　中国与美国、加拿大、墨西哥三国的经贸关系

国家	双边贸易（亿美元）	中国在当地投资存量（亿美元）	国际竞争力排名	GDP 排名
美国	5583.9	408.02	3	1
加拿大	670.6	85.16	13	10
墨西哥	438.5	5.25	57	14

资料来源：建投研究院。

2. 重点产业选择

在全球化的大趋势下，中国企业要想做大做强，必须实施“走出去”战略，而进入美国等发达国家的市场对打造国际化企业来说至关重要。在产业选择上，首要选择有利于国内制造业转型升级的行业，包括先进制造业、生产性服务业、信息技术产业等。具体而言，美国的汽车、化工、电子、IT、金融、商业服务等行业是重点的投资关注领域；加拿大的航天配

件、交运设备、核电设备、银行、保险等行业是重点的投资关注领域；[①]墨西哥的工业基础相对薄弱，可投资行业相对匮乏，汽车零部件、纺织等领域可能会有一些成本驱动型投资机会（见表3）。

表3 北美三国的优势产业分布

	优势产业
美国	汽车、航空航天、IT、化工、电子、交通、金融、医疗、商业服务
加拿大	石油工业、航天配件、交运设备、核电设备、通信设备、银行、保险
墨西哥	石油工业、纺织、汽车零部件、农业

资料来源：建投研究院。

3. 投资地域布局

从投资机会角度考虑，首要选择的是投资项目多、潜在机会大的区域。据美国德勤公司统计，外商投资企业在美国雇用人数最多的5个州分别为加利福尼亚州、纽约州、得克萨斯州、宾夕法尼亚州、伊利诺伊州。中国企业在纽约州、加利福尼亚州、得克萨斯州、北卡罗来纳州、伊利诺伊州、弗吉尼亚州的直接投资最多。因此，这几个吸引FDI较多的州的城市是值得重点关注的，比如纽约、洛杉矶、旧金山、费城等。

创业投资的回报情况可以侧面反映这些城市的创新能力和投资机会情况。旧金山湾区（硅谷位于该区）、波士顿、纽约、洛杉矶、华盛顿特区、费城、奥斯丁、西雅图的VC成功项目最多，所以这几个城市也是VC投资布点时应考虑的重点城市（见表4）。

从城市竞争力考虑，根据科尔尼的分析，纽约、洛杉矶、芝加哥、旧金山、波士顿等美国城市入围25强，这5个城市也是未来具备竞争力的城市。综合而言，纽约的排名最高，在2016年实力榜和潜力榜上都列亚军（见图1）。

① 美国和加拿大发达的金融业也是我们的投资方向，不过外资在金融领域投资受限制较多，需要寻找有利时机进入。

表4　美国各大城市 VC 投资项目回报倍数分布

城市	1～2倍	2～3倍	3～5倍	5～10倍	10倍以上	3～10倍
芝加哥	4	2	5	6	14	31
罗利	3	4	12	4	8	31
纽约	17	6	20	33	22	98
洛杉矶	8	13	21	20	25	87
费城	5	6	20	33	22	86
奥斯丁	7	13	21	20	25	86
亚特兰大	1	8	11	7	8	35
旧金山湾区	94	77	125	164	153	613
西雅图	7	13	21	20	25	86
波士顿	33	35	41	53	34	196
华盛顿特区	8	13	21	20	25	87
圣迭戈	15	10	17	17	6	65

资料来源：PitchBook。

图1　2016 世界城市竞争力排名

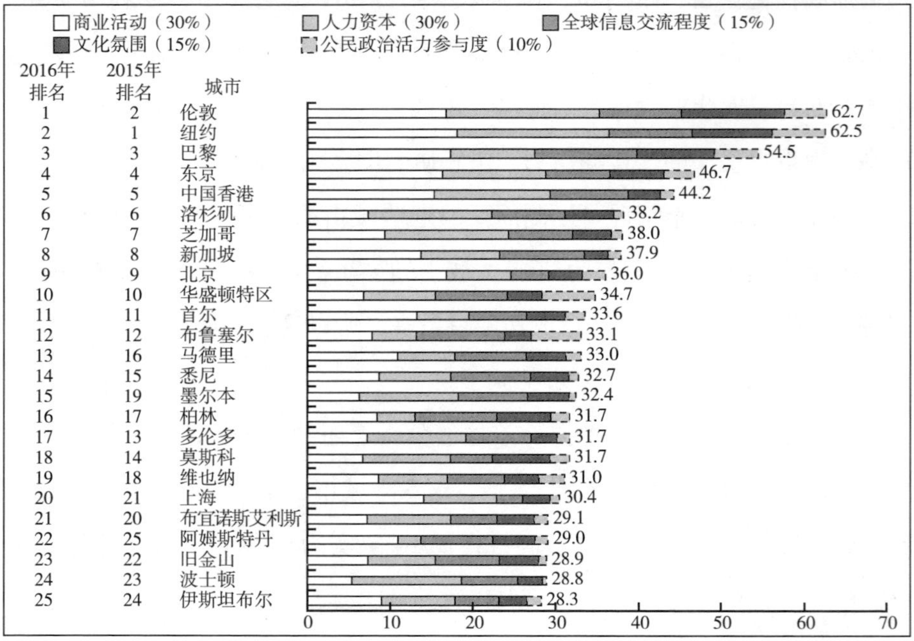

注：排名主要根据27个评选标准进行评估，包括商业活动、人力资本（居民受教育程度）、全球信息交流程度、文化氛围和公民政治活动参与度等。其中前两项所占比重最大，对每个城市整体的得分具有决定性作用。

从辐射能力看，优先考虑位于城市群核心地位的城市。美国最主要的三大城市群和对应核心城市为：华盛顿城市群——波士顿，匹兹堡城市群——芝加哥，旧金山城市群——圣迭戈。综合而言，纽约是投资机构布点的首选。此外，芝加哥、洛杉矶、旧金山、波士顿等城市也可以作为备选。美国主要都市圈2015年经济概况如表5所示。

表5　美国都市圈2015年经济概况

都市圈	GDP（万亿美元）	占全美GDP比重(%)	过去10年复合增速(%)
纽约－纽瓦克－泽西城	16027	8.89	3.37
洛杉矶－长滩－阿纳海姆	9308	5.16	3.15
芝加哥－内珀维尔－埃尔金	6407	3.55	2.81
休斯敦－伍德兰－糖城市	5033	2.79	4.75
华盛顿－阿灵顿－亚历山大	4910	2.72	3.24
达拉斯－沃思堡－阿灵顿	4857	2.69	4.41
费城－卡姆登－威尔明顿	4112	2.28	3.15
波士顿－剑桥－牛顿	3965	2.20	3.52
亚特兰大－桑迪斯普林斯－罗斯威尔	3392	1.88	2.95
迈阿密－劳德代尔堡－西棕榈滩	3180	1.76	2.69

资料来源：Wind资讯、建投研究院。

三　亚太地区投资环境与策略分析

（一）亚太地区总体环境

1. 地区政治环境形势存在诸多变数

从区域内部看，亚洲国家之间存在较为复杂的内部矛盾，这些矛盾相互交织，成为影响亚太内部安全和政治互信的内在因素。从外部层面上看，在各国不断追求自身利益的驱使下，大国的相互博弈使得本身关系脆弱的亚洲各国之间一直没能建立正常的互信关系。东北亚地区一直以来就是大国力量交汇、冲突之地。日本政治右倾化加剧，朝鲜半岛局势日益紧张。东南亚地区形势动荡，尤其是南海形势更趋复杂。美国极力“插手”南海问题，致使南海形势更加敏感。南亚地区形势稳中有乱，大国政治经济相对稳定，小国动荡加剧、经济不振。2017 年，特朗普上台当日连签 3 份总统令，第一份就宣布美国退出 TPP 协议。美国从全球化中收缩的态势基本确定，这将影响亚太地区一体化的步伐和发展方向。

2. 经济外部环境正变得更加困难，平均增速略有放缓

作为新兴经济体集中的地区，亚太地区在全球经济中举足轻重，经济总量占全球的 60%，经济增量几乎占全球经济增量的 2/3。2016～2017 年整体仍保持较强增长势头，但平均增速会略有放缓。值得关注的是，亚太地区各经济体增长前景不尽相同。日本人口老龄化和高企的公共债务依然是经济长期增长的主要拖累。韩国弹劾总统的政治动荡局面、结构调整和《金英兰法》实施的负面影响成为拖累今后两年韩国经济增长的主要因素。印度受益于低油价，在世界大型经济体中依然增长最快，2016～2017 年 GDP 增速预计为 7.5%。越南在东南亚地区快速增长的国家中表现突出，这得益于电子产品和服装制造业出口的快速增长。孟加拉、缅甸、菲律宾、印度尼西亚等一批新的充满活力的新兴经济体预计将维持强劲增长，为全球经济复苏增添新动力。国际货币基金组织（IMF）2016 年 6 月发布的《亚洲及太平洋地区经济展望》报告认为，亚太地区今明两年经济增长依然强劲，GDP 增速将达到 5.3%。尽管外部需求疲软，该地区多数经济体的国内需求依然稳健。

3. 国际关系趋于构建竞合博弈和寻求利益共同点

亚太地区是全球贸易最具活力的地区，贸易量占全球的 46%，开放型经济水平不断迈向新高度。围绕“亲诚惠容”理念，中国在亚太地区周边战略上取得了一系列重大进展。通过举办亚信峰会，中国倡导的亚洲新安全观获得了广泛认可。以 APEC 北京峰会为平台，中国倡导的亚太自贸区（FTAAP）为 APEC 注入了新的活力。适应区域主义的发展趋势，2009 年以来中国先后完成了中新、中韩、中澳自贸区协定，所涉及的发达国家都成为中国的主要贸易伙伴。同时，通过“一带一路”国家战略，以开放多元的姿态推进亚太区域合作的新进程。然而由于领土争端和历史问题等因素，中国与亚太其他国家的国际关系出现了一些紧张形势，矛盾和分歧有所发展。最根本的问题是地区内国家之间互信不够。

4. 整体营商环境喜忧参半，具有吸引力的目标地不多

整体看营商环境利好的因素主要表现在：一是政策出现缓和，多数地区投资环境稳定，随着全球经济一体化的推进，亚太地区国家纷纷出台有利于外商投资的政策，同时 APEC 不断提升亚太开放型经济发展水平，持续推进全方位互联互通，促进区域经济一体化，为亚太和全球经济增长注入新动力；二是多数公司对中国的并购持谨慎的宽松态度，有利于开展战略性并购，一项针对亚太地区近 500 家大型企业高管的调查显示，随着中国大国地位的不断上升，68% 的亚太地区公司希望与中国公司合作，试图通过并购重组来获取技术与专业知识，扩大市场份额。

整体营商环境不利的因素主要表现在：一是地缘政治冲突使区域投资环境复杂化；二是国际投资保护主义呈抬头之势；三是随着美国退出 TPP，亚太地区与美国开展的有关产业合作面临调整和改变，主要制造产业将重新布局，原有的规则体系也面临重塑。

（二）亚太主要地区情况

1. 日本和韩国：“政冷经热”成影响投资最大掣肘

日本和韩国是经济发达国家，经济结构完善、技术先进、创新能力强、商业模式多样，具有一大批有较强综合竞争能力的大企业、大集团。2016 年主要国家世界 500 强企业平均利润如图 2 所示。在战略性新兴产业领域具有较强的竞争优势。市场经济环境良好，法规清晰，重视环境保护、劳动者权益、反对不正当竞争等问题。对境外直接投资的管理方式比较灵活，如韩国采取负面清单的形式管理外国投资，对拉动效应较大的外资企业给予税收等优惠，并提供“一条龙”服务。但是，由于历史问题、主权安全等问题，与我国存在一定历史问题和民族矛盾。如近年来安倍上台，中日关系陷入非常严峻的局面；韩国部署萨德系统，严重损害了中韩两国的关系，影响了两国的直接投资。

图2　2016 年主要国家世界 500 强企业平均利润

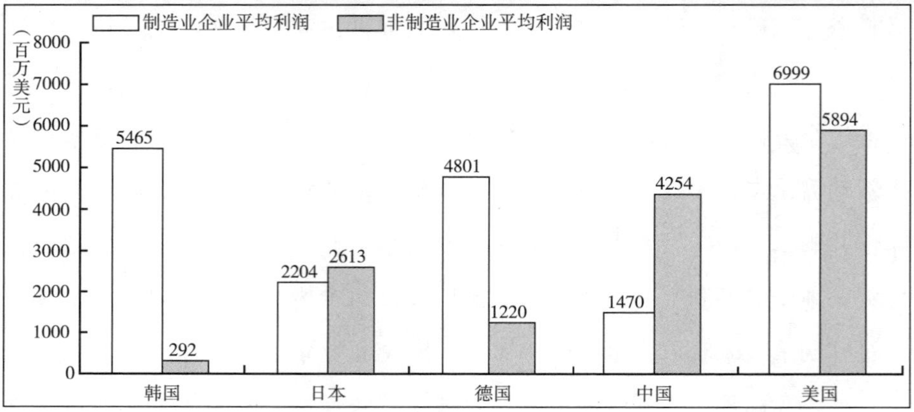

资料来源：根据 2016 年世界 500 强榜单整理。

2. 澳大利亚和新西兰：少有的投资明星地区

澳大利亚和新西兰是亚太地区政治不稳定性风险最低的国家，追求创新的商业氛围和便利的经商环境，投资监管环境有利、投资便利性高，经济环境成熟开放，实施低税收政策，与全球的商业和文化紧密相连，是理想的投资目的地。2015 年 6 月中澳两国政府正式签署《中国和澳大利亚政府自由贸易协定》，涵盖货物、服务、投资等十几个领域，属于中国与其他国家迄今已商签的贸易投资自由化整体水平最高的自由贸易协定之一。据中国海关统计，中国已连续 6 年成为澳大利亚第一大贸易伙伴，澳大利亚已成为中国对外投资的主要目的之一。新西兰的经济发展在 APEC 国家中可谓“一枝独秀”，金融危机以来仍保持了年均 3% 的增长。目前，中国是新西兰第一大贸易伙伴、第一大出口市场和进口来源地，双边贸易持续稳定发展。新西兰经济开放程度高，投资法律法规体系健全，过去10年外国直接投资平均约占新西兰GDP的50%。

3. 印度：营商环境逐步改善，投资价值点待培育

印度正逐步改善投资环境，放松对工业、外贸和金融部门的管制，但综合来看，营商环境还存在改善的余地，投资价值点尚待培育。进入21世纪以来，中印双边经贸合作持续稳定发展，双边贸易从2000年的29亿元快速增长到2014年的705.9亿美元，增长了23倍。中国成为印度第一大贸易伙伴。两国双向直接投资也取得了积极进展。目前，华为、比亚迪、特变电工、上海日立电器、中兴通讯、三一重工、海尔集团等在印度投资较多，投资领域主要包括电信、电力设备、家用电器、钢铁、机械设备、工程机械等。印度政治相对稳定，人口众多，市场潜力巨大，工业体系比较完善，服务业占国民经济比重较高。作为最大的两个发展中国家，中国和印度都具有人口众多、市场巨大、需求旺盛、发展迅速的特点，两国在许多领域可以开展合作，实现优势互补、互利共赢。

4. 新加坡：名列全球“亲商经济”榜首

新加坡人口少、资源匮乏，吸引外资是其经济增长的重要保障。2009年《中新自由贸易协定》正式实施以来，双边经贸合作进入更为密切、成熟的阶段。据统计，2004~2014年，中新货物贸易额年均增长14.6%，中国对新加坡非金融直接投资年均增长155.5%，在新加坡承包工程新签合同额年均增长17.6%，完成营业额年均增长18.9%，向新加坡派遣劳务人次年均增长6.4%，中新贸易合作已成为双边关系中的亮点和重要组成部分。新加坡政府实施有利于工商企业发展的政策，已连续9年在世界银行评定的“亲商经济”中名列榜首。新加坡外资准入政策相当宽松，对外企实行无差别的国民待遇。外资在新加坡设立企业，注册手续简便，外汇自由进出，政府对内资、外资企业的监管也一视同仁。

5. 东南亚新兴经济体：经济富有活力与安全隐患问题突出并存

孟加拉、缅甸、菲律宾、印度尼西亚等亚洲地区的新兴经济体在经济上充满活力，但是地缘政治、民族问题突出，对资本市场和投资环境造成不容忽视的影响，不适合投资布局。这些新兴经济体国家都是人口众多的国家，经济上充满活力，新业态、新模式的创新很多，虽然其经济的强劲增长将为全球经济复苏增添新动力，但是政治稳定性极低，同时监管环境和腐败问题也极为突出，综合来看投资风险大于机遇。

（三）优势产业分析

1. 韩国

韩国走的是“出口导向”的工业化道路。工业化过程采取不均衡增长战略，成长的主导产业一直是重化工业，重化工业一直保持比轻工业部门更高的增长率。政府坚持出口主导型增长政策，又通过金融政策对战略性重化工业部门进行集中投资。韩国主导优势产业的变迁经历了三个阶段，如表6所示。

表6　韩国主导优势产业的变迁

工业化阶段	年份	主导优势产业
工业化早期	1950～1962	“三白产业”（棉纺织业、面粉加工业和制糖业）、化肥、水泥
	1963～1966	饮料、食品、烟草、纺织、木材、印刷和出版、工业化学、石油化学、非金属制品
工业化中期	1967～1971	饮料、食品、纺织、服装、木材、工业化学、其他化学、石油化学
	1972～1976	食品、纺织、服装、皮革制品、工业化学、其他化学、橡胶制品、钢铁、金属制品、电气机械
	1977～1981	食品、纺织、服装、其他化学、橡胶制品、钢铁、金属制品、电气机械、运输机械、工业机械
工业化后期	1982～1985	食品、其他化学、橡胶、塑料制品、钢铁、金属制品、工业机械、电气机械、运输机械、精密机械
	1986～1990	汽车、电子制造、能源、信息、新材料、生物工程
	1991至今	汽车、造船、钢铁、电子和石化等

资料来源：建投研究院整理，2016年12月。

目前韩国的制造业实力较强，2015年制造业增加值约占全年GDP的27.6%。根据2016年财富500强企业榜单，韩国上榜的制造业企业在韩国上榜企业总数中占比最高，达到53.3%（见表7）。

表7　2016年主要国家世界500强制造业企业情况

国家	韩国	德国	日本	美国	中国(不含台湾)
上榜制造业企业总数（家）	8	12	21	47	36
上榜企业总数（家）	15	28	52	134	103
上榜制造业企业占比（%）	53.3	42.9	40.4	35.1	34.9

资料来源：根据2016年世界500强榜单整理。

钢铁、汽车、造船、电子、化学、纺织等是韩国的支柱产业。韩国钢铁一直保持世界第5的排名，造船业全年订单占有率连续2年稳居世界第1位。电子行业生产重点从民用电子产品转向附加值高的工业用电子产品，不断加快迈向高技术电脑、电信设备和工厂自动化设备生产的步伐。但是近年来，由于全球金融危机造成船舶需求下降，曾经作为韩国出口支柱产业之一的造船业受到重创；三星新版Galaxy Note7手机过热或起火事件重创三星集团。与制造业出口不容乐观相比，影视业成为韩国经济新引擎。韩国影视剧的火热在带动文化出口的同时，也令韩国服装、化妆品等货物出口增加，更对赴韩旅游起到促进作用。目前，中国企业对韩国的投资中，房地产占比最大，其次是金融服务业，再次为批发和零售业，在制造业上的投资占比较小。

2. 日本

作为全球第三大经济体，日本的部分产业在世界上占有重要地位，如汽车、钢铁、机床、造船、机器人产业等。日本是汽车生产大国，主要品牌有丰田、日产、本田、马自达、三菱等，其中丰田汽车公司是世界上最大的汽车生产厂商。日本的机床产业在世界上占有重要地位，连续多年产值位居世界首位。世界机床企业前20名中，日本企业有山崎、天田、森精机、Jtekt、牧野、日平富山等7家公司。日本的机器人产业迅速发展，机器人的产量和安装台数在国际上均居首位，工业机器人的装备量约占世界工业机器人装备量的60%。FANUC是世界上最大的机器人公司之一，安川电机公司生产的工业机器人占全球机器人市场的24%。日本主导产业经历了三个阶段的变迁，如表8所示。

表8 日本主导产业的变迁

工业化阶段	工业化早期	工业化中期	工业化后期
主导产业	纺织、食品、基础化工、轻工机械、发电	汽车、钢铁、电子半导体、房地产、家电、石化、有色金属冶炼	钢铁、汽车、精密机床、造船、家电

资料来源：建投研究院整理，2016年12月。

在合作重点领域方面，节能环保、新能源、汽车零部件、生物医疗、ICT产业、现代农业、老龄服务业以及中小企业等领域成为外国企业对日本经济合作的重点领域。

3. 印度

印度的工业体系比较完善，主要包括纺织、食品、化工、制药、钢铁、水泥、采矿、石油和机械等产业。近年来，汽车、电子产品制造、航空航天等新兴工业发展迅速。印度的汽车零配件、医药、钢铁、化工等产业水平较高，竞争力强。软件出口和服务外包也发展迅速，在全球占有领先地位。在国际外包专业协会（IAOP）发布的全球外包Top100中，印度软件外包公司Wipro、Infosys、HCL位列前10名。在2015年全球排名前10的离岸外包目的地中有印度的6个城市（见表9）。

表9 2015年全球排名前10的离岸外包目的地

全球排名	城市	所属国家
1	班加罗尔	印　度
2	孟　买	印　度
3	马尼拉	菲律宾
4	新德里	印　度
5	钦　奈	印　度
6	海德拉巴	印　度

续表

全球排名	城市	所属国家
7	宿　雾	印　度
8	普　那	菲律宾
9	都柏林	爱尔兰
10	克拉科夫	波　兰

资料来源：Tholons 服务外包咨询公司。

印度的制药业在规模上排名全球第 2，生物医药是印度制药业的领头羊。较大规模的研发型生物医药企业约 270 家，约有 5600 家拥有药品生产执照的小规模制药企业。

目前，华为、比亚迪、特变电工、上海日立电器、中兴通讯、三一重工、海尔集团等企业在印度投资较多，投资领域主要包括电信、电力设备、家用电器、钢铁、机械设备、工程机械。但中国对印度投资规模仍较小，缺乏集约式投资，投资规模和领域较为单一。

4. 澳大利亚

服务业、制造业、采矿业和农业是澳大利亚的四大主导产业。2015 年，服务业增加值 11838.51 亿澳元，占其 GDP 的 75%。服务中产值最高的 5 个行业是商务服务业、医疗和社区服务业、金融保险业、房地产业和交通通信服务业。澳大利亚农牧业发达，是世界上最大的羊毛和牛肉出口国，主要农作物有小麦、大麦、油菜籽、棉花、蔗糖和水果。截至 2015 年，澳大利亚吸收外资的前五大行业为：采矿业，2647 亿澳元；制造业，881 亿澳元；金融保险行业，669 亿澳元；批发零售及汽车修理行业，630 亿澳元；房地产业，477 亿澳元。

澳大利亚是中国企业对外投资的三大目的地之一。除能源矿产资源开发外，农业、高端制造业、金融、房地产、信息通信、旅游教育、生物技术、新能源等成为中澳两国企业投资的重点领域。据澳大利亚外资审查委员会的报告，2014 ~ 2015 财年澳大利亚批准中国投资项目 14716 项，总投资额276.5亿澳元，占澳大利亚批准外资总额的16.5%。其中，124.06亿澳元流向房地产业，61.63亿澳元流向服务业，56.56亿澳元流向采矿业，32.98亿澳元流向制造业。

5. 新西兰

新西兰农牧业发达，是世界主要农产品出口国。内需的支柱产业是服务业，服务业对GDP的贡献超过70%。按产业类型来看，第一产业占新西兰GDP的7.51%，第二产业占20.66%，第三产业居主导地位，占71.83%。乳业在国民经济中具有举足轻重的地位，羊肉、乳制品和鹿肉出口位居全球第1。羊毛出口仅次于澳大利亚位居世界第2。除乳制品产业以外，旅游业是新西兰最大的出口收入来源。

新西兰吸引直接投资的商业领域涉及多个行业。新西兰政府确定了以下6个行业作为吸引外商投资的重点领域。①信息与通信技术：保健IT、移动/无线、虚拟环境和可视化、特技和游戏、电子政务/电子保险、农业技术和环境工程。②生物技术：生物制药、治疗学、农业生物科技、营养学、生物探索、环境保护、林业科技。③电影业：电影外景及后期制作、电影音效、电视纪录片及广告。④特种制造：航空、轻合金、游艇、农业科技、食品、电子/IT。⑤木材加工：锯木、再加工产品、板材。⑥食品饮料业。

中国对新西兰投资比重最大的行业是基础设施和公用事业，占已公布的中国投资总量的1/3以上。第一产业及食品加工业是中国投资新西兰的第二大行业，最大单笔投资是北京首创集团收购新西兰一家垃圾处理企业，金额近10亿新西兰元（约合6.5亿美元）。此外，中国海尔电器公司以约10亿新西兰元的总投资额购得新西兰最大的制造企业之一斐雪派克公司部分股权；深圳的光启科学有限公司取得了马丁飞行器公司的控股权，并致力于成为世界第一家将商用飞行包作为紧急施救交通工具推向市场的企业。

6. 新加坡

新加坡经济属外贸驱动型经济，以电子、石油化工、金融、航运、服务业为主。电子工业、化工业和工程业是新加坡的三大支柱产业。电子工业是新加坡传统产业之一，电子工业总产值占制造业总产值的30%左右，主要产品包括半导体、计算机外部设备、数据存储设备、电信及消费电子产品等。由于新加坡是世界重要的炼油中心和石油贸易枢纽，化工也在新加坡占有重要的地位，埃克森美孚、壳牌、住友化学公司及中国的中石油、中石化等世界著名石化企业纷纷聚集在裕廊工业区。同时，炼油化工技术也带动了新加坡清洁能源产业的发展。生物医药是新加坡近年来重点培育的战略性新兴产业，启奥生物医药研究园和大士生物医药园吸引了世界顶尖的十大制药公司前来投资。

新加坡已成为中资企业“走出去”重要目的地之一，也是中资企业国际化的一个重要平台。2016 年，新加坡继续保持中国第一大外资来源国和第四大对外投资目的国的地位，同时成为中国第三大外派劳务市场。目前，已有 5200 多家中国企业在新加坡投资发展。

（四）投资策略

1. 投资布局原则

立足于我国产业转型和消费升级的趋势性要求，结合自身发展战略与规划，主动对接亚太地区的互补性资源和优势产业，围绕创业创新与并购重组两大主线，推动相关产业资源的优化整合，通过业态创新、专业技术和产品，培育参与和引领国际合作与竞争的新优势。投资应遵循三大原则：一是产业自主升级与资本引导契合性原则；二是营商政策利好与市场运行景气对冲性原则；三是国内产业与国外产业比较优势嫁接性原则。

2. 投资区域选择

从国际关系、政局稳定性、经济增长潜力、交易便利性、资产质量、营商环境等几个主要考量维度，对比分析亚太地区 28 个国家的投资环境，从在投资环境利好变化中挖掘价值洼地，可以判断，澳大利亚和新西兰的经济增长潜力较大、政局稳定性高、投资交易便利性好、优质资产较多。与亚太其他国家相比，澳大利亚、新西兰、新加坡更适合中国国有企业进行直接投资。

经济学人智库（EIU）2016 年 1 月 26 日发布的《2015 年中国海外投资指数报告》① 显示，新加坡和澳大利亚再次被列为对中国海外投资最具吸引力的目的地，仅排在美国之后（见表 10）。

表 10　中国海外投资指数（GGI）总排名前 10 的国家/地区

国家	2015年排名	2014年排名	排名变化
美国	1	1	0
新加坡	2	2	0
澳大利亚	3	4	1
加拿大	4	5	1
瑞士	5	7	2
日本	6	6	0
中国香港	7	3	-4
韩国	8	16	8
挪威	9	10	1
丹麦	10	12	2

资料来源：经济学人智库（EIU）2016 年 1 月 26 日发布的《2015 年中国海外投资指数报告》。

3. 重点投资产业选择

横向和纵向梳理亚太主要国家的优势产业，本文认为值得重点投资关注的领域包括：澳大利亚的高端制造业、医疗健康产业、金融、信息通信、新能源等产业；新西兰的食品加工、信息与通信技术、影视、特种制造等产业；新加坡的电子和化工等产业；韩国的影视业。

① 该指数在 2013 年首次推出，它对全球 67 个经济体对中国企业投资的吸引力进行排名。为了将中国投资者对不同行业投资兴趣的变化反映在指数中，2015 年 GGI 指数构成从之前的 55 个指标增加至 70 个指标。新的指标涵盖农业、对外承包工程、基础设施质量、服务行业和国家信用风险等要素。

四　欧洲地区投资环境与策略分析

（一）欧洲政治稳定性变化

随着英国“脱欧”公投和美国大选等“黑天鹅”事件的发生，政治风险正扮演着越来越重要的角色。未来两年欧洲将迎来密集的重磅政治事件，民粹主义势力的抬头带来了极大的不确定性。从意大利的修宪公投，到奥地利、荷兰、法国、德国大选，加之英国可能正式开启“脱欧”进程，这些都将对欧洲一体化进程产生深远的影响，进而对资本市场和投资环境造成不容忽视的影响（见图3）。

图3　欧洲的潜在“黑天鹅”事件

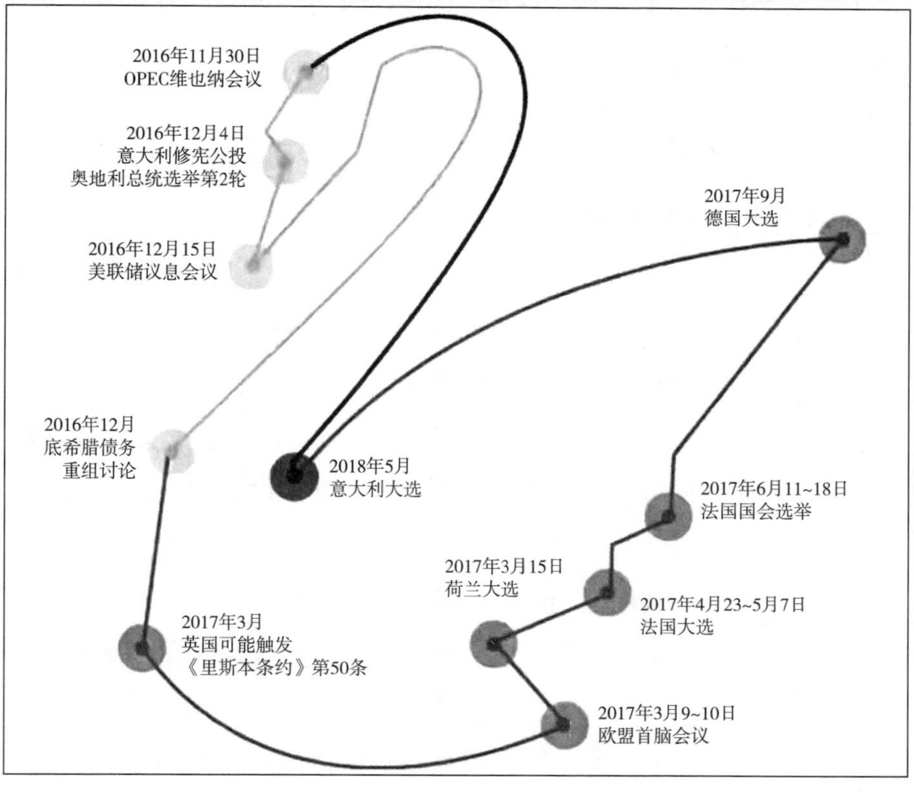

2016年12月4日意大利修宪公投失败导致现任总理伦齐下台，接下来的不确定性来自执政党能否顺利再次组阁，如果不能则原定于2018年启动的大选或提前至2017年。当前执政党和五星运动党民调支持率相近，如果宣扬“脱欧”的五星运动党上台，则意味着他们有机会实现退出欧盟的主张。而意大利是欧盟创始国之一，也是欧元区第三大经济体，意大利如果“脱欧”，对欧元单一货币稳定性以及欧洲一体化的负面影响将远大于英国。

除意大利外，法国、德国、荷兰等欧盟核心国也将在未来一年内举行大选。如果五星运动党取得胜利，在当前民粹主义思潮不断抬头的背景下，可能一定程度上会鼓舞其他国家的右翼势力，进而带来一系列连锁反应。任何右派政党上台都将给欧盟统一进程带来极大挑战，2017年欧洲将继续向全球市场输出不确定性。从长期看，欧洲政局右转不可避免，欧盟的扩张动能已经消失，欧洲一体化进程已经结束，不会有新成员加入。

除了欧盟体制的稳定性动荡外，欧洲还有一道可能长期无法愈合的“伤口”——欧洲难民危机。“政治正确”带来的难民潮严重地破坏着欧洲的社会治安稳定和投资环境，尤其是德国、法国等欧洲大国深受其害。

（二）欧洲经济前景变化

欧盟委员会秋季经济展望报告预测，2016年欧元区经济和欧盟经济分别增长1.7%和1.8%；欧元区经济2017年增长1.5%，2018年增长1.7%；2017年和2018年欧盟经济增速分别为1.6%和1.8%。尽管欧盟成员国经济表现分化，但未来两年将实现普遍增长。受“脱欧”影响，预计2016年英国经济增速下滑至1.9%，2017年和2018年英国经济增速分别为1%和1.2%。

整体而言，未来两年欧元区和欧盟经济将在“挑战”中保持适度增长。得益于就业率和薪资水平的提高，私人消费在未来两年将成为欧洲经济增长的主要驱动力。在欧洲央行的货币宽松政策下，借贷成本降低将拉动经济增长。但低油价和货币贬值在未来几年对经济增长的拉动作用将显著下降。

从季度 GDP 来看，可以看到欧洲国家目前都处于缓慢复苏阶段，其中德国复苏势头相对强劲，意大利较弱，但比 2012 ~2014 年的负增长已有大幅好转（见图 4）。

图4　欧洲经济缓慢复苏

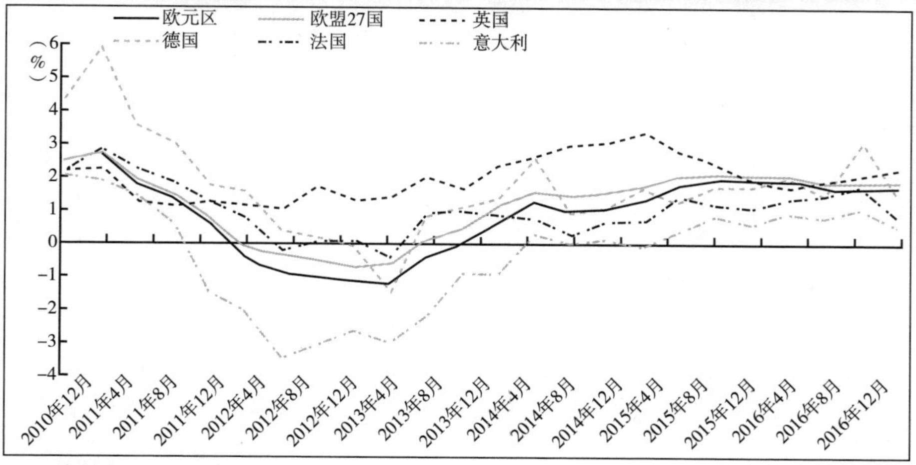

资料来源：Wind 资讯。

从失业率来看，欧盟 27 国、欧元区以及英国的失业率均下降（见图 5），其中德国失业率下降较为明显，目前仅有 4. 1% 。

图5　欧洲失业率持续下降

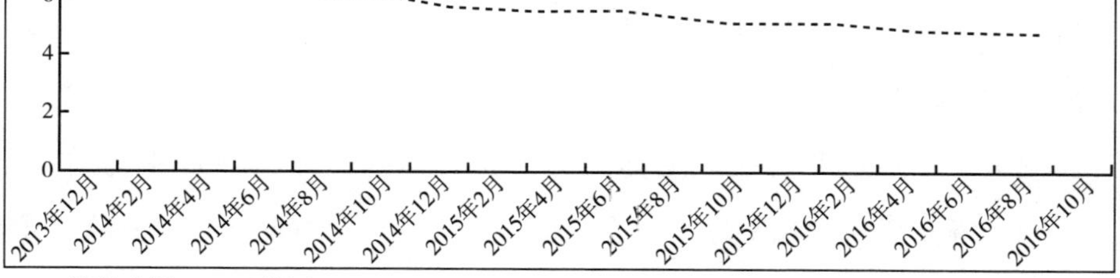

资料来源：Wind 资讯。

2016年末，欧元区以及欧洲主要国家的制造业PMI指数几乎都在50以上，也表明经济在缓慢复苏（见图6）。

图6　欧洲制造业PMI指数连续多月处于荣枯线上方

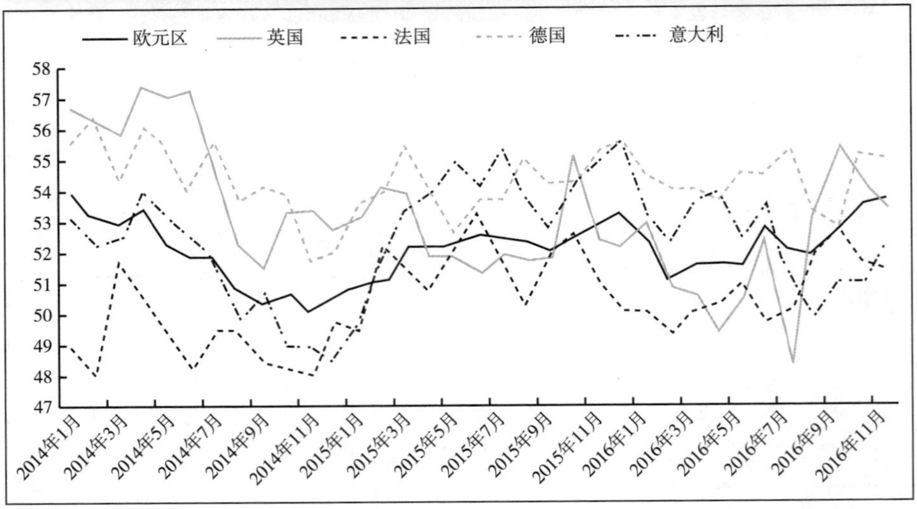

资料来源：Wind资讯。

消费者信心指数方面，整个欧洲都处于信心严重不足的情况下，英国“脱欧”之前消费者信心有所回升，“脱欧”后消费者信心指数大幅下跌。德国消费者指数在低位振荡，长期来看略有回升（见图7）。

总体而言，欧洲经济处于缓慢复苏阶段，预计未来两年也将呈复苏态势，欧盟情况略好于欧元区。欧洲几大经济体中，英国“脱欧”前经济表现相对较好，受“脱欧”影响经济增速下降，2017年将降至低点，之后温和反弹，整体影响小于预期，且很可能在与欧盟签订双边贸易协定后“脱欧”，经济衰退幅度有限；德国复苏状态较好，各项指标在欧盟中处于领先地位；法国复苏状况相对较差，经济增速慢于欧元区，受劳工体制影响，制造业萎缩且复苏乏力，仅高端制造业仍保持领先地位；意大利经济复苏各项指标较差，且公投失败会导致经济改革、财政改革放缓，未来两年经济难有起色。

图7　欧洲消费者信心仍疲弱不振

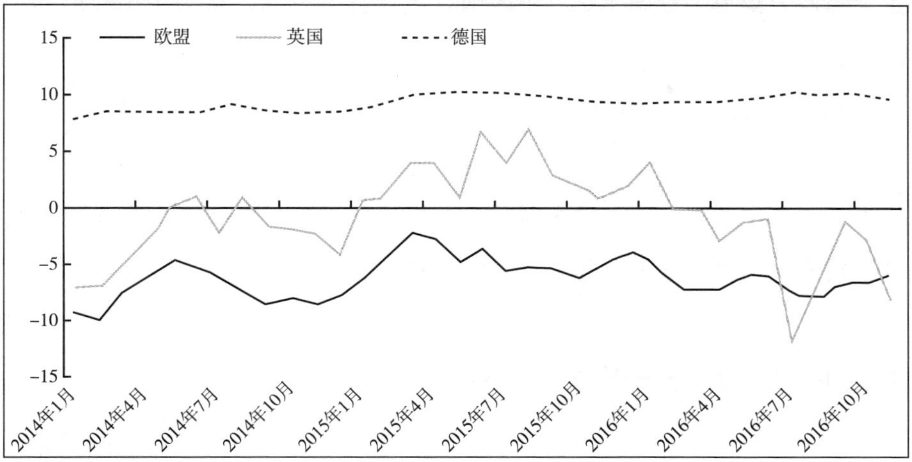

资料来源：Wind 资讯。

（三）欧洲国家对吸引中国投资政策的变化

受国际金融危机和欧洲主权债务危机的影响，欧盟成员国普遍存在资金短缺、投资乏力的问题，整体对外来投资持开放态度。与美国相比，欧洲对中国投资较为开放，尤其是核心技术方面，而美国的审查要远远严于欧洲。而且，2016 年 7 月，欧盟委员会提出欧盟正在敲定新的投资协议，这些协议可能给欧洲的基础设施和风险投资项目带来数十亿美元的中国新资金。

但是，近期德国、法国、英国等欧洲主要国家对中企收购潮的质疑和担心增多，尤其是德国经济部开始干涉中国投资，接连针对两项中国企业收购案踩下刹车，同时呼吁欧盟对中国采取更强硬姿态，破坏了多年来良好的中德双边经贸合作关系。

由于意识形态的差异，欧洲对中国企业的抗拒明显强于对资本主义国家企业的抗拒。在政治上，欧洲国家担心中国企业会危及国家安全；在经济上，欧洲国家认为中企会引发不公平竞争；在社会上，欧洲国家害怕中企会降低劳动力工资。尤其对中国国有企业芥蒂较深，认为中国政府是中国国有企业的幕后操纵者。

经济学人智库2016年发布的《2015中国海外投资指数》报告指出，综合来看，全球67个经济体对中国企业投资吸引力的排名中，欧洲国家最优为瑞士，排名第4，在排名前20的国家中，欧洲国家依次有挪威、丹麦、瑞典、英国、德国、芬兰、法国、荷兰。

（四）欧洲和中国国际关系的变化

从政治上来看，由于意识形态的差异和欧洲“政治正确”的传统，中欧几乎不可能在政治上形成同盟。尤其如果2017年德国、法国、意大利大选中极右翼势力上台，已有的较为良好的双边关系将遭到破坏。

但从经济上看，目前的世界格局可能是中欧“经济结盟”的机遇期。长期来看，欧洲目前的困境不仅是其自身的问题，还是美元霸权确立以来的又一场金融战争的结果。在此之前，美国用美元指数的涨跌周期对拉美地区实施了一次经济洗劫，随之而来的是日本汇率飙升引发经济泡沫破裂，之后通过金融大鳄引发东南亚金融危机，再到欧元正式启动后持续至今的对欧洲的金融打击以及近年来对中国的货币全球化阻挠，使用的方法基本都是先用加息形成强势美元预期，使资金回流美国，引发对方汇率急跌，陷入金融危机，再演变为经济危机（除日本是泡沫破裂导致的）。目前，美国正在用削弱欧洲经济实力、破坏经济发展稳定性的方式来拉升美元，给欧元以重创。因此，欧洲与中国“结盟”将有助于双方互助，抵御美国的金融打击，而中国与欧洲日益加强的经贸合作也证实了这一点。

短期来看，一方面，特朗普上台带来的“以美国利益为中心”的预期加强了中欧经济联盟的必要性；另一方面，欧洲一体化的逆转削弱了欧洲的整体实力，更需要来自中国的投资与合作。尤其是英国“脱欧”会导致英国对中国经济依赖性的加强，英国将更加迫切地需要与中国开展全方位合作。目前，英国媒体态度开始转变，欢迎中国到英国投资。

从大的趋势上看，欧洲对中国的经济合作在向更加友好的方向发展，以德国为代表的欧盟国家限制中国投资可能只是短期现象，但仍要密切关注“黑天鹅”事件的发生。

（五）欧洲金融市场变化

欧洲右转让欧元的稳定性充满了不确定因素。预计未来几年内欧元仍将处于贬值通道中，而且将相对人民币贬值。如果“黑天鹅”事件发生，还可能会出现大幅贬值。因此，在欧元区投资可能会有较大的汇率风险。

非欧元国家货币可能会因为本国经济提升与投资有避险情绪而走强，如英国的英镑、瑞士的瑞士法郎及北欧国家货币等。

目前，欧洲央行及瑞士、瑞典、丹麦等国都实行负利率。此举对投资而言是利好，使得融资成本很低。

银行业是欧洲短期内风险最大的领域。在欧洲经济本身就增长缓慢的背景下，英国“脱欧”给欧洲经济复苏和未来发展带来的不确定性增大，欧盟分裂会恶化原本脆弱的银行系统，最终导致危机并使欧洲银行业面临更大的不确定性。而负利率政策，相当于对金融机构在央行的存款进行征税，增加了金融机构的经营成本，使得本来就面临经营困境的金融机构陷入雪上加霜的境地。同时，负利率将迫使银行不得不通过若干机制采取冒险行为，增加对风险资产的配置，从而影响银行体系的稳定性。在欧洲金融风险方面要关注德意志银行和坏账高企的意大利银行业。

（六）欧洲软实力变化

欧盟的环保和劳动力成本高。欧盟对外来投资有“大门开，小门关”

现象，内部存在诸多限制。欧洲很多国家的劳工体制可以说是破坏经济的罪魁祸首，也带给中企收购很大的不确定性。其中，最为严重的区域是南欧如意大利、西班牙等，其次是法国，这些国家“人”的劳动生产率低下，技术创新不足，人力成本极高。

部分成员国对赴欧投资中国企业外派人员实施严格的签证和工作许可制度，制约了中资企业赴欧投资。中资企业要尽快熟悉当地及欧盟的法律环境，严格遵守当地法律法规，搞好国际化、本土化经营。在赴欧投资前期，就要聘请当地律师事务所或咨询机构进行详细咨询和充分调研。另外，在聘用员工问题上，因欧洲各国劳动法律法规严格，用工制度和劳动保障要求较高，不允许随意解雇员工或解雇成本高，因此在用工方面要严格谨慎，在与员工签合同之前应咨询法律意见，避免日后产生纠纷。

欧洲目前劳工环境较好、创新力较强的国家有德国、瑞士、北欧、英国等。

（七）欧洲投资建议

整体而言，欧洲的变化蕴含风险与机遇，未来的投资需要更加谨慎。投资者需要对欧洲环境持续关注，对与产业升级、消费升级相关的重点行业持续跟踪，选择风险较小的地区和行业，并且在进入项目前通过律师事务所、会计师事务所、咨询机构等中介对企业的公司治理、工会制度及当地和欧盟的法律法规、税收政策等了解清楚，尽最大可能消除信息不对称。

从政治稳定性来看，距离难民较远的北部地区情况相对较好，即英国和北欧、东欧地区；从经济发展角度来看，德国、英国、瑞士、荷兰、瑞典、挪威等国经济情况较好；从金融稳定角度来看，非欧元区国家相对较好，如英国、瑞士、瑞典等。

从交易便利性角度来看，德国、瑞士、英国、荷兰等国金融中介较为发达。综合各方面因素，重点推荐英国、瑞士、德国、瑞典4个国家作为中资企业海外投资目的地。

欧洲9个国家的主要优势产业如表11所示。

表11 欧洲9国主要优势产业

国别	主要优势产业
英 国	服务业、石油、文化消费品
德 国	制造业
法 国	制造业
意大利	食品业、时尚产业
瑞 士	高端制造业、精密仪器
瑞 典	军工、高科技
挪 威	石油、天然气
捷 克	军工
荷 兰	农业

资料来源：建投研究院整理。

参考文献

[1] 高娇：《2017年亚洲经济前景预测》，第一黄金网，2017年1月4日。

[2] 赵江林：《金融危机后亚太地区贸易结构的现状及其变动趋势》，社会科学文献出版社，2014。

[3] 安永：《丝路扬帆 蛟龙出海——中国对外直接投资展望》，2016年3月。

[4] 美国国务院：《2016年度国别投资环境调研报告》，2016年7月5日。

[5] 联合国亚洲及太平洋经济社会委员会：《2015年亚太贸易与投资报告》，2016年9月16日。

[6] 上海交通大学安泰经济与管理学院：《中国对东南亚直接投资环境分析》，《现代管理科学》2016年第12期。

2017 年投资需要关注的几个问题

张志前

张志前，经济学博士，高级经济师，中国建投投资研究院副秘书长、高级研究员

投资提示

- 2017 年投资市场的不确定性增加，特朗普不确定的政策、欧洲国家换届选举、“脱欧”公投等一系列已知和未知的事件，都会对全球经济和投资市场产生重大而深远的影响。

- 2017 年全球货币政策分化将会持续，美联储加息与欧元区、日本等负利率政策不仅会影响汇率变化，也会影响全球资金的流动，新兴国家可能面临资金外流引发的金融风险。

- 美股已经处于历史高位。一旦美联储收紧货币，美国股市将失去资金和货币的支撑，面临泡沫被刺破的风险。如果美股出现大幅下跌，将会对全球金融市场产生重大冲击。

- 美联储加息导致美元指数节节走高，将增加人民币贬值压力。如果 2017 年美联储进一步加息，人民币还存在一定的贬值压力，人民币在 2017 年还会有一定幅度的贬值。

- 2017 年新一轮债转股将全面铺开。市场化的债转股将有利于化解中国经济高杠杆问题，同时对于提高企业赢利能力、降低银行不良资产发挥积极作用，还将有利于债市发展。

2016 年是投资市场不确定性较多的一年，中国 A 股市场熔断、英国“脱欧”、特朗普当选等一系列事件，超乎市场的预期，投资变得更加难以把握。展望 2017 年，美国特朗普新政、意大利公投等的影响依然让人捉摸不定，有人说将会出现“一湖黑天鹅”。似乎不确定性成为 2017 年投资市场最大的确定性。实际上，“黑天鹅”事件频现提示全球经济面临新的调整和宏观经济政策变革。投资市场最憎恨的就是不确定性。但是人们面对诡异动荡的市场，如不能远离它，就只能适应它。这需要我们运用智慧，靠提高学习能力、政策解读能力以及分析判断能力，从种种不确定性中寻找确定性。

一　全球货币政策对投资的影响

1. 全球货币政策分化及原因

2008 年爆发金融危机之后，包括欧洲央行和美联储在内的全球主要央行都在实施宽松货币政策，唯恐落后于人。但进入 2015 年后，随着部分国家经济逐步复苏和回暖，全球货币政策正在发生明显分化，一些国家和地区继续保持宽松的货币政策，而另一些国家和地区已经开始逐步收紧货币。美联储先是宣布退出量化宽松，此后又分别在 2015 年 12 月和 2016 年 12 月两次上调利率。但是，欧洲央行仍然保持宽松政策，瑞典等央行甚至祭出负利率政策。日本央行也持续维持超宽松政策不变，继欧元区、丹麦、瑞典、瑞士成为全球第 5 个实行负利率的经济体，也是亚洲第一个负利率国家。

当前全球各大央行的货币政策分化的根本原因是各个国家与地区经济复苏程度不同。金融危机虽然在美国爆发，但危机之后在各项政策的刺激下，美国经济平稳复苏。2015 年之后，美国的失业率不断走低，消费信心不断增强，经济增长逐步恢复。美国股市不仅突破了危机前的高点，而且还在不断创出新高。在这种情况下，美联储退出量化宽松，并且进入了加息周期；欧洲经济复苏缓慢，金融危机之后又发生欧债危机，在这种情况下，不得不继续维持量化宽松政策；英国“脱欧”公投后，股市和经济承压，货币政策转向宽松并启动了降息；日本的复苏之路充满坎坷，国内缺乏经济热点，同时还受地缘政治的影响。所以，日本要维持量化宽松政策，甚至不惜实行负利率。

虽然美国非农及PMI指数等数据不及预期，但美联储加息的步伐不会停止，预计2017年将会有2～3次加息。欧洲经济困难重重，但是负利率不可能是常态，欧洲央行也表示不需要更多宽松。中国央行也宣布将继续维持中性。这些变化和G20公报的政策基调完全一致：降低货币政策权重，增加财政政策权重。全球主要经济体的领导人已达成共识，未来可能在各国货币政策实践中逐步体现。货币政策是金融危机以来各国持续被运用、不断被创新、从未被超越的刺激工具，但随着政策空间受限与负面效应逐步显现，反对或反思的声音开始逐步增多。由此看来，我们可能已经处在一个全球流动性的拐点上。

预计2017年，全球经济仍将缓慢复苏，经济增速将进一步放缓至3.0%。美联储加息势必会对其他国家的经济增长和货币政策产生一定影响。在美联储加息的大背景下，2017年将成为主要工业化国家自2006年以来不会祭出大规模货币宽松政策的第一年。虽然全球经济有复苏趋向，然而各主要经济体仍面临增长压力，财政宽松取代货币宽松成为2017年市场的焦点。因为无论是美国还是欧洲，都已经维持了多年的财政紧缩政策，而且基础设施都亟待升级，这一转变是值得期待的，因为它可能会更好地促进增长，提振企业赢利，并且大幅提高债务和通胀水平，增加发达国家和新兴市场资产的波动性。

2. 美元加息对全球经济的影响

2015年12月美联储启动加息周期以来，人们对2016年美元加息已早有预期。2016年初，市场预测2016年美联储会加息两次以上。但随着美国每月经济数据的公布，人们对美元加息的预期逐渐减弱。2016 年 12 月中旬议息会议上，美联储对劳动力市场和通胀走势展望积极，最终决定加息 25bp，加息预期终于落地。目前，美联储委员们还预计 2017 年加息 3 次，这一节奏较几个月之前的预计节奏也要更快一些。全球市场仍主要被特朗普基建预期和美联储加息预期主导，其中特朗普基建预期的影响也许更大一些。美国国债利率与经济增速关系如图 1 所示。

图 1　美国国债利率与经济增速

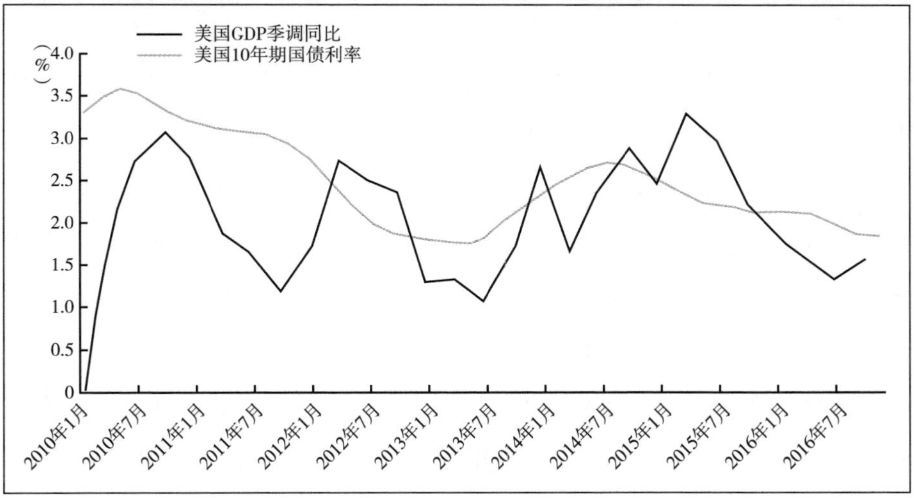

金融危机之后，美国经济又将进入内生性的正循环。就业率提升和工资增长将会推动美国消费，进而导致更快的工资增长和更高的消费。由于美国是一个内需推动性的经济体，消费信心的提升能使工资的增长更好地向消费传导。这会迫使美联储以高于目前市场预判的力度加息。美国经济已进入充分就业状态，劳动参与率扭转了向下的趋势，开始逐步提升，且保有相当大的上升空间。美国非农就业数据（3 个月移动平均值）自 2012 年 12 月以来，已经连续 46 个月保持在 15 万人的经济扩张线以上。而自 2015 年 9 月以来，劳动参与率也有反转的趋势，缓和了市场此前的担忧。上述数据均说明证美国就业市场已出现显著改善。

当前美国已经处于充分就业状态，申请失业救济金的人数处于历史低位。同时，美国的通胀率已经接近美联储的政策目标。种种迹象表明，美联储加息节奏将会快于市场预期，而这对市场的冲击将会更加剧烈。首先，美联储估算泰勒规则的政策利率为3.0%，实际值与理论值偏离为1980年以来最高，若加息迟缓，美国经济将存在滞胀风险。其次，经济增长的正效应能够抵消加息带来的财富缩水的负效应，2016年美联储加息对美国金融市场的冲击将减弱。最后，美联储在未来将逐渐“缩表”，减少美元供给，造成中长期供不应求。

美元走强将使新兴市场国家承压。美元升值将会通过3种方式对新兴市场国家造成负面影响。首先，美元走强将会对大宗商品价格形成压力。其次，这将会对拥有庞大美元债务的新兴市场借款人产生伤害。最后，美联储加息将会降低全球美元流动性，使一些新兴经济体难以吸引足够的外资弥补其经常项目赤字。美元走强将会对大宗商品价格形成压力，而大部分新兴市场国家的工业基础相对薄弱，大多依靠资源和初级产品的出口，对大宗商品的敞口较大，经济复苏可能受到严重挤压。

从全球跨境资本流动的角度看，美元走强必然带动更多资金流向美元资产，新兴经济体将会面临资本流出的风险。目前，诸多迹象显示，美联储将会在2017年全年加息2~3次。在全球货币政策分化的背景下，美元具有中长期的走强基础，升值周期可能会被拉长。这将进一步强化美元资产吸引力，加大包括我国在内的新兴经济体的本币贬值压力。2015年以来，随着人民币贬值预期的增加，不少企业到海外购置资产，国内出现了居民恐慌性购汇，导致我国的外汇储备持续减少。根据中国人民银行最新公布的数据，2017年1月，中国外汇储备已经跌破3万亿美元整数关口。外汇储备减少一点并不可怕，可怕的是持续地出现大规模资金外流。资金大量外流必将增加金融市场的风险。

3. 货币宽松、通货膨胀和资产价格

在近几年世界各国央行普遍放水的背景下，全球流动性宽松已经成为不争的事实。过多的资金要么进入资本市场推高资产的价格，要么进入商品市场推高商品的价格导致通货膨胀。原油属于不可再生的自然资源，具有供给有限而需求刚性的特点，因此其价格极易受资金炒作的影响。全球每一轮通胀基本都由原油价格上涨推动。2016 年 11 月中国、美国、欧元区、日本通胀率大幅上升，进入 12 月，继续保持通胀升温势头。我国虽然 12 月 CPI 出现了小幅回落，但是 PPI 出现了超预期暴涨。一般而言，PPI 是 CPI 上涨的先行指标。这预示着 2017 年，中国的通货膨胀水平不容乐观。

我国资本市场存量流动性较好，M2 的快速扩张为我国市场提供了宽裕的货币环境。M2 年增速近几年一直保持在 13% 左右，M2 存量占 GDP 的比重也在逐年走高。另外，我国的货币乘数在 2014 年初超过美国，随后趋势性走高，因此，虽然央行资产负债表并未显著扩张，即基础货币投放并未出现过快增长，但较高的货币乘数仍然导致市场流动性过剩。我们预计 2017 年 M2 增速目标值为 12%，相比 2016 年目标值降低了约 1 个百分点，但这对我国存量流动性的影响并不大，不会改变我国货币环境宽裕的现状。

近两年，我国 CPI 除 2016 年初和年末温和上升外，整体低位运行，并未出现明显的通货膨胀。在宽裕的货币环境下，资金的配置需求激增，并集中体现在大类资产价格上，由此出现了我国资本市场中股市—债市—商品—地产—商品的加速轮动。资产价格的重要推动因素就是货币，任何一种资产价格的估值也基于货币。而对于通胀而言，几乎所有的中央银行都认为通胀是一种货币现象。尽管通胀成因有很多，但货币供应量与物价之间存在必然的联系，货币环境过度宽裕，通胀只是早晚的问题。

2017 年，在全球面临通胀预期的大背景下，我国的物价水平也有可能会触及央行货币政策目标的容忍线，假设未来通胀水平超预期触碰 3% 的水平，央行就会选择紧缩的货币政策应对。如果央行的加息动作发生于资产泡沫晚期，那么将会带来更大的金融震荡甚至金融危机。1990 年日本央行加息主动刺破了日本的房地产泡沫，日本出现了“失去的 20 年”；2007

年美联储的加息也直接导致全球金融危机。我国抑制资产价格泡沫和加速金融“去杠杆”正是为了让央行未来为应对通胀而加息不受金融资产价格泡沫的掣肘。

中央经济工作会议提出，要把防控金融风险放到更加重要的位置，下决心处置一批风险点，着力防控资产泡沫，提高和改进监管能力，确保不发生系统性金融风险。我国存在系统性风险主要表现在房地产市场局部过热及杠杆高、理财产品过度膨胀、委外快速发展、债市杠杆高、非金融企业部门“去杠杆”对金融体系可能产生冲击、地方政府隐性债务过高及财政金融化等。房地产市场、债市“去杠杆”是当前防范系统性风险的重要领域。由此看来，防范系统性风险、维护金融稳定是2017年的主基调，这也意味着中国的货币政策很难出现进一步宽松。2017年中国降息的可能性不大，甚至可能会有小幅度的加息。

4. 负利率下的投资策略

虽然负利率不是常态，但是在实体经济不见企稳的情况下，欧洲央行和日本央行的名义负利率政策可能还会持续一段时间，而实际利率为负的情况在中国可能将会经常出现。2017年，在流动性持续宽裕，全球大宗商品价格持续上涨的大背景下，中国也同世界其他国家一样，存在一定的通胀压力。但是，为了稳增长，央行加息的可能性较小，中国出现实际负利率的情况可能性较大。在实际负利率时代，投资决策不应只局限于银行储蓄，而应多元化分散资金，兼顾投资收益和投资风险，实现负利率下的资金保值增值。

首先，多元化配置资产。从全球资产配置原理而言，多元化资产配置即分散资产。从资产配置原理与金融品种来看，每增加一项资产都要判断其是否有利于资产配置组合，即基于原有存量资产看新加入的资产是否对资产组合有正贡献。从投资逻辑而言，增加相关性小甚至负相关的资产，对整个资产收益和资产安全有正向帮助。在负利率背景下，单一配置定期存款或银行理财，财富可能缩水。居民投资应注意分散资金，兼顾收益性和风险性，在银行理财、股市、基金、债券等投资品种中构建投资组合。稳健性投资者可考虑配置高收益银行理财产品或债券型基金，再另外配置一些美元和黄金。

其次，黄金和艺术品类投资是投资和保值的较好选择。从投资和保值的角度看，与经济基本面相关性较低甚至负相关的资产更具备长期投资价值，首选黄金进行投资和保值。负利率下货币竞相贬值的结果就是价值锚的缺失，从而使黄金这种供给有限、价值稳定、流动性强的传统价值锚重回主流投资视野。另外，负利率也极大降低了持有黄金的机会成本，各种风险“痛点”频发赋予了黄金一定的价格弹性。当然，黄金应该是长期投资对象，长期持有更有利于发挥其增值保值功能。从国际经验看，教育程度、精神消费占比等可能与利率水平有显著负相关性，艺术品投资市场可能从存量博弈发展成增量博弈。随着参与投资者的增多，其标准性、流动性、市场有效性都将有大幅提高。

最后，降低收益预期，提高风险承受力。国债收益率越来越低，“宝宝类”投资产品年化收益率也在不断下降，房地产市场面临“去库存”压力，股票市场存在较大不确定性，投资者应当适当降低投资收益预期，在收益和风险之间进行平衡并做好多元化配置。作为一个理性的投资者，不能留恋过去的高收益。鱼和熊掌不可兼得，想要高收益，就要提高风险承受能力。但是提高风险承受能力就意味着增加亏损的可能性，对于大多数投资者来说，还是建议采用“降低收益预期”的形式来应对负利率时代的来临。

二　防控资产泡沫对投资的影响

1. 资产泡沫及产生原因

资产泡沫指的是资产的价格偏离基本面的情形。如果一种资产今天的价格高，只是因为投资者相信它明天价格会上涨，而与经济的基本面没有关系，那么泡沫就存在了。泡沫可以说是一种资产的定价扭曲。在完全的金融市场上，对于每种可能的未来状态，事前都可以用对应的金融工具及其组合来对冲风险，所有的资产都能够得到正确的定价，因而是不会产生资产泡沫的。资产泡沫的产生是由于金融市场的某种不完全性，即缺乏某种或某些可以用于在不同状态之间配置资源的金融资产。

2016 年，全球货币政策总体保持宽松态势，在货币“大水”继续“漫灌”下，全球资产价格不断上涨，股市、债市、房市屡创新高。2 月 16 日，日本央行宣布开始实施负利率，超额存款准备金率从此前的 0.1% 下降到 -0.1%。7 月 26 日，日本财务省将政府支出从 3 万亿日元调升到 6 万亿日元，用一系列手段维持 QQE 政策并追求 2% 的通胀目标。而欧洲也在 2017 年 3 月进入负利率时代，但是效果并不明显。预计全球大面积“放水”，原本要加息的美联储也一再推迟，强势货币会损伤本国经济，这个道理大家都很明白。

英国“脱欧”公投之后，2016 年 8 月 4 日，英国央行宣布，将基准利率调降 25bp 至 0.25%，这是英国央行自 2009 年以来的首次降息。与此同时，英国央行决定将资产采购（QE）规模增加 600 亿英镑。虽然市场人士对英国央行的降息早有预期，但是降息政策来得如此之快，也有些突然，并且推出如此大的 QE 规模，也超出了多数市场人士的预期。美联储加息决定迟迟不出，全球各大央行基本都处于观望状态，大多选择按兵不动，延续过去宽松的政策。因为大家都清楚，谁早结束宽松谁受害。

英国“脱欧”公投之前是全球为数不多的增长势头看好的国家之一，甚至被预言可能进入加息周期。但在“脱欧”公投之后，英国的各项经济指标急速恶化。英国央行将 2018 年的 GDP 增速预测从 2.3% 下调到 1.8%，而将 2017 年和 2018 年的失业率分别调升至 5.4% 和 5.6%，这使得降息及 QE 政策适时推出。一方面，投资者对英国及全球经济表示担忧；另一方面，各国的灌水政策使得资本市场出现史无前例的动荡。

值得警惕的是，本轮大类资产价格走强并无基本面支撑，主要是过剩流动性遭遇“资产荒”。在零利率环境下，资本的静态持有面临极大的缩水风险，但全球实体经济增长持续疲软，所能提供的回报有限。这造成不投资只能坐等资金缩水，而投资就要面临较高风险的尴尬局面。在这种情况下，风险－收益合适的资产变得稀缺，从而形成“资产荒”。应当说，当前全球资产价格上涨具有一定的泡沫属性，有很大的风险。在全球经济增长停滞的背景下，一旦流动性潮水退去，全球市场将面临强烈冲击。

2. 美股下跌对全球的影响

在全球主要发达经济体的股票市场中，美股无疑是最耀眼的一颗“明珠”，经过近一年的盘整，2016 年又开始了创历史新高的进程（见图 2）。对此，市场各种流派基于各个角度都有不同解读，有人认为这是美国强大经济实力和良好经济状况的反应，也有人认为，美国经济从总量上看并不十分出色，但是上市公司的赢利水平非常优异，推动了美股的上涨，还有人认为是 QE 直接推动美股上涨或是美联储主导下国际资本回流美国所致。我们将从谁在购买美股这个简单的切入口，尝试拨开层层迷雾，探寻美股持续创历史新高之谜，并最终解答美股是否已经或者何时见顶的问题。

图2　2008 ~2016 年美股指数走势

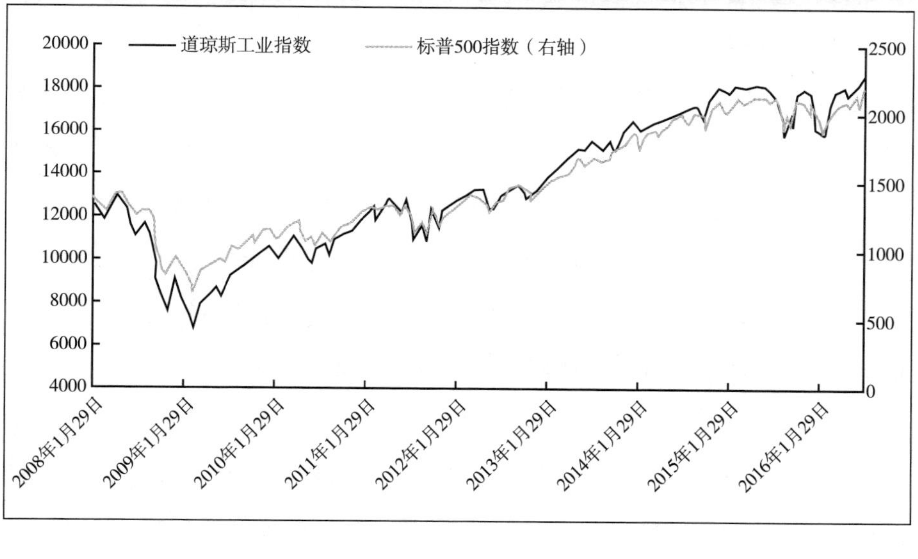

当前美股最大的购买方是美股上市公司自身，而这一状况的形成与当前美国超低利率环境密切相关。在各类投资者资金均大量流出美股的背景下，美股却在美国上市公司的巨额回购股票活动中获得资金的净流入，并持续上涨创出历史新高。使得美股的估值水平处于高位。一边是投资者不断用脚投票持续卖出美股，另一边是上市公司持续大额回购，是上市公司对自身更了解而比投资者更精明吗？恐怕并非如此，我们认为这是投资上的挤出行为。而这种行为给上市公司带来了潜在的巨大风险。

一方面，对于上市公司而言，超低的债券融资成本使得上市公司可以通过发行债券融资来回购股票，回购股票的行为使得美股的每股盈余（EPS）提高，而大量美国上市公司高管薪酬考核、奖金体系与美股EPS密切相关，因而高管有动力推动回购。另外，EPS提高能够直接降低上市公司市盈率水平，使得上市公司EPS实现增长的同时推动了股价的上涨，对于公司股东而言，短期来看也是乐见其成的事情。而回购提升了EPS，又使得公司估值看上去并不是特别高。另一方面，随着美股不断上涨，美股的整体估值相对于企业的真实赢利增速而言处于非常高的位置，对于投资者而言，这样的高估导致权益类资产风险与收益开始出现不匹配的情况，长线价值投资者开始不断离场。

美股历经7年“长牛”（标普500上涨217.32%），同时受估值（上涨79.43%）和业绩（上涨76.91%）的双轮驱动，其中，业绩方面，回购推动的EPS上涨幅度达25%，而大幅回购动力主要来自低利率、低估值和低税收。估值方面，一方面收益利率下行，另一方面业绩回升带来双击效应。可见，不论业绩或估值，低利率均起到了不可忽视的作用，而加息对估值、业绩内生增长和回购均会产生较大的压制。

从基本面的角度来看，如果美股在当前疲弱的基本面水平下出现大规模下跌，则将有可能形成全球的系统性出清事件，这对全球经济都将产生深远而重大的冲击，全球各国恐怕都难以独善其身。这种情境下，不能排除全球再次陷入大规模萧条的可能性，时间和进程决定了宏观基本面恶化的程度，因此从宏观基本面价值的角度来看，不能轻视权益类资产的长期风险，来自基本面的因素可能会更为渐进、漫长和具有决定性。

3. 中国房地产是否存在泡沫

2016年，中国一线城市的房价在经过春天的火爆、夏天的蛰伏之后，于金秋时节再次暴涨。在一线城市楼市疯狂带动之下，某些三、四线城市的楼市也蠢蠢欲动。2016年1～9月，一线城市房价同比上涨24%，而二线城市同比上涨7%，三线城市只上涨3%；环比来看，1～9月，一线城市房价上涨21%，也高于二线和三线城市14%和7%的增长。从地段来看，北京市中心的平均住房价格由2010年的47000元/平方米上涨至2016年的75000元/平方米；深圳市中心房价由2012年的43000/平方米上涨至2016年的103000万元/平方米；上海和广州市中心房价在此期间也大约上涨了3～4倍，市中心之外房价则以深圳增长最快。面对楼价疯狂上涨，中央和一些地方政府自“9·30”开始收紧了相关政策，但即便如此，10月的房价依然出现1%的环比上涨。

中国房地产市场起步于20世纪90年代末，随后的十几年中，在经济发展和城镇化的推动下，中国的房地产经历了美好的黄金时代。地方政府、开发商和投资方共同拉动了房地产的快速开发和价格膨胀，导致中国房地产开发规模的急剧扩大。土地财政格局和追求GDP快速增长的利益诱惑，促使地方政府无止境地拍卖土地，激励开发企业在全国几乎所有三、四线城市也进行大规模房地产开发；不断上涨的房地产价格既强化了这种无序开发行为，也诱使全社会各路资本疯狂追逐。2008年金融危机之后，中国房地产经历了一波调整，随后2009～2010年，在各项政策的刺激下，房地产又经历了一波迅速上涨。此后，在房地产库存增加的情况下，房价进入滞胀阶段。

中国房地产市场20多年的发展几经反复，但始终没有出现过大幅下跌。2016 年，中央确定房地产业调控的重点任务是“去库存”，并没有导致房价下跌，反而引发了新一轮上涨，尤其是一、二线城市房价的涨幅超出了多数人的预期。人们发现，中国房价尤其是一、二线城市的房价似乎从来只涨不跌，其原因除了这些城市集中了中国最优质的科技、教育、医疗等基础设施资源之外，还有市场对政府隐性担保的猜测。为了遏制房地产价格过快上涨，政府出台了一系列措施，甚至不惜使用行政限购等手段，但是，由于市场普遍认为房地产对当下中国经济稳增长举足轻重，以至于预期中国楼市存在所谓的隐性担保，也就是说，政府实际上并不希望也不会允许房价下跌。

大家已经清晰地认识到，房地产业是中国经济的支柱产业，与建筑、钢铁、水泥、家电等多个实体经济行业密切相关。房地产业一旦出现问题，就会牵涉很多行业，引发连锁反应，所以政府有责任维护房地产市场的健康发展，甚至必须防止房价下跌。房地产投资占整体固定资产投资的 20% 左右，在拉动经济增长方面具有不可替代的作用，更有甚者，在考虑房地产业对上、下游行业的关联性的情况下，房地产业贡献了 GDP 的 1/3，而在不考虑房地产业与上下游行业的关联性的情况下，房地产只贡献了 GDP 的 12%。有人甚至认为房地产已经“绑架”了中国经济，因此认为政府不会让地产价格大幅下跌。

应该看到，中国一线城市的绝对房价已经接近顶部，与全球房价最贵的纽约、东京、中国香港等基本相当，但不论租售比或房价收入比，都远低于这些城市（见图 3）。如果房价继续上涨，风险将会进一步累积，泡沫将会越吹越大。泡沫一旦破裂，其对整个经济的影响无法估量。为此，2016 年中央经济工作会议提出，要坚持“房子是用来住的、不是用来炒的”的定位，综合运用金融、土地、财税、投资、立法等手段，加快研究建立符合国情、适应市场规律的基础性制度和长效机制，既抑制房地产泡沫，又防止出现大起大落。中央的表态和一系列措施的出台有利于控制房地产市场风险，促进房地产业更健康发展。

图 3　世界主要城市租售比

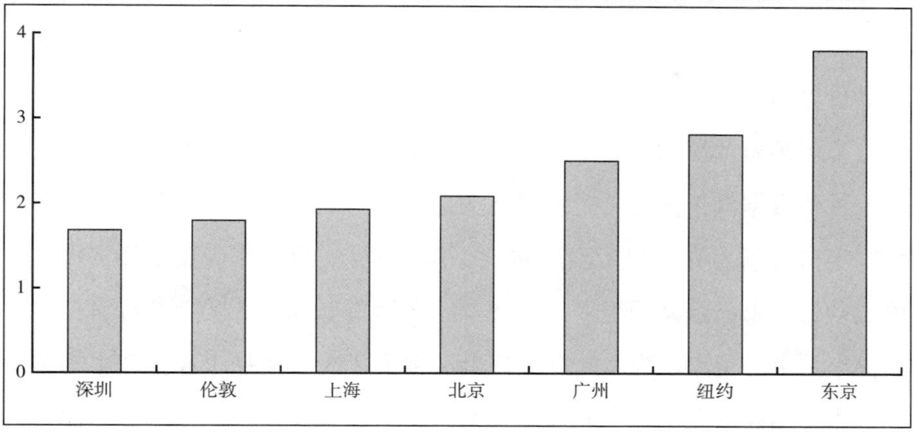

三　人民币汇率走势对投资的影响

1. 人民币汇率贬值的原因

2005 年“汇改”以来，人民币一直处于缓慢升值通道，有力促进了我国对外投资的发展。我国对外投资的规模也逐年增长，到 2015 年我国已经成为全球资本输出大国。但从 2014 年开始，人民币兑美元汇率一改以往单边升值态势，持续振荡下行。由于我国施行有管理的浮动汇率制度，而非完全浮动汇率政策，外汇市场上人民币与美元之间的供求关系并非完全由人民币兑美元汇率体现，更直观地反映在外汇储备的增减上。因此，从某种程度上说，外汇储备的变动代表了人民币在基本面上面临压力的方向，增加与减少的幅度代表了人民币面临压力的大小。

经济增速趋缓是人民币贬值的重要原因。经济增长速度是汇率重要的决定因素。金融危机之后，我国经济进入新常态，国民经济社会总体需求相对疲软，投资回报下降，经济增长从高速转变为中高速。经济增速降低也意味着我国的国民收入以及产品价格有下行压力，从而形成人民币贬值预期。从2012年开始，我国经济增速开始回落，2015年我国GDP的增长率已经下降到6.9%，大大低于改革开放30多年来10%左右的水平。尽管我国国民经济在新常态下继续保持平稳运行的良好态势，但是国民收入和商品价格相对较低，人民币贬值预期已经初步形成。

我国出口贸易增速低于预期是人民币贬值的导火线。本轮人民币贬值始于外贸数据低于预期。据我国海关总署公布的贸易数据，2015年全年，我国出口总额为141357亿元，同比下降1.8%。出口作为我国经济传统的增长动力引擎已经减弱很多，2005年“汇改”以来，人民币持续升值，对我国以从事外贸出口为主的企业产生了很大影响，大量企业正在主动整合和转型。然而生存下来企业都具有相当强的市场竞争力，此时国家政策通过一定程度的小幅贬值鼓励并稳定企业出口规模，将有助于这些高质量企业发展壮大。因此，在全球总需求疲软的情况下，人民币短期内贬值也是市场的一个自然选择。

央行两次降息强化人民币贬值预期。从2014年开始，人民币进入降息通道。2014年11月21日，中国人民银行宣布，我国金融机构人民币1年期存款和贷款的基准利率分别下调至2.75%和5.6%。央行采用非对称降息使一些投资者担心境内外利差有逐渐收窄的趋势，资本回报率相应降低，进而会引起国际热钱大规模流出中国。因此，外汇市场上人民币需求下降，市场抛人民币买美元，人民币贬值预期得到进一步强化（见图4）。

美联储退出QE和美元加息是外部因素。美元仍然是全球中心货币，美联储的任何货币政策变化都会导致美元指数的变动，而美元指数的变动也会影响各国货币汇率。2014年10月29日，美联储宣布将会结束此前每月从市场购买850亿美元资产的计划，美国正式退出QE。2015年底，美元开始进入加息周期。虽然2016年美联储只在年底加息一次，但是人们预期2017年还将加息2~3次。在这种预期下，美元指数节节走高，再次增加了人民币贬值压力（见图5）。我们预计未来人民币仍存在一定的贬值压力，人民币在2017年还会有一定幅度的贬值。

图4　中美名义利差和汇率之间的关系

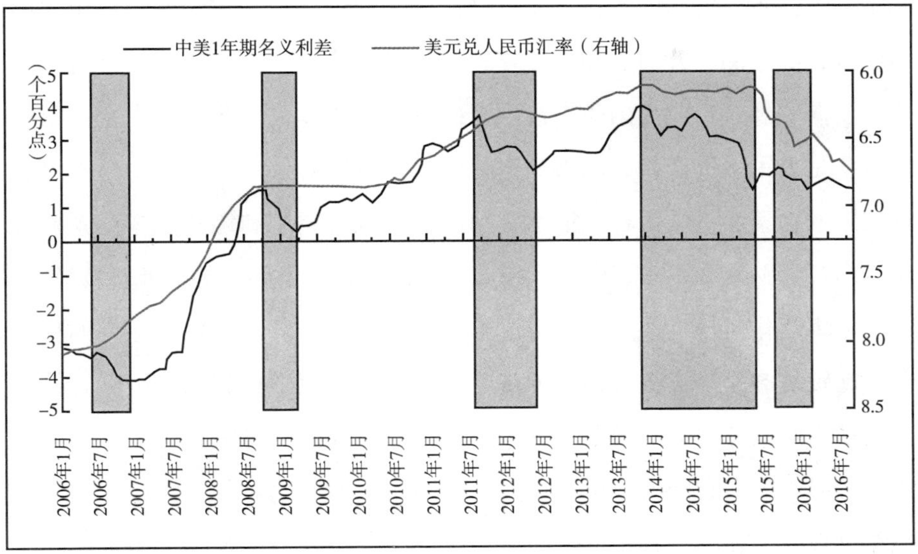

图5　美元兑人民币汇率走势

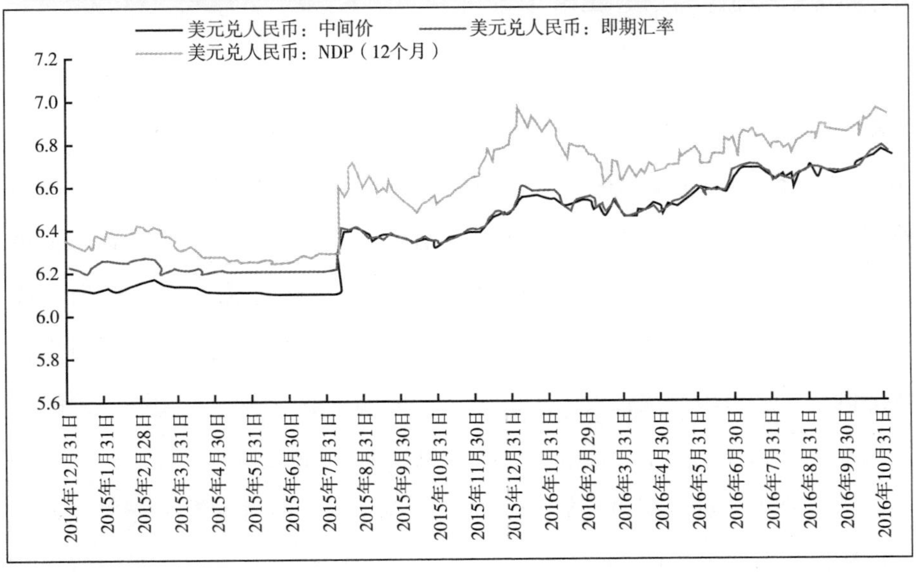

2. 汇率波动对直接投资的影响

与国内投资相比，对外直接投资存在更多的风险因素，汇率变化就是其中一个绕不开的问题。在对外直接投资过程中，汇率作为两国货币之间的比价，决定国内外商品和生产要素的相对价格，从而决定了对外直接投资的流向和规模，成为国际直接投资的重要影响因素。我国国内企业的资产主要是人民币资产，人民币汇率的变化在我国对外直接投资中是不可忽视的影响因素。具体而言，汇率变动主要从投资成本和筹资成本、企业产品进出口、财富和资本、资本化率4 个方面影响一个国家的对外直接投资。

汇率变化对投资成本和筹资成本的影响。在开放经济中，汇率的变化会引起贸易产品和资产的相对价格发生变化，从而影响和调节国际直接投资活动。跨国公司的生产和经营着眼全球，所处的环境复杂多变，筹资时需要考虑的因素和国内公司有很大的不同，汇率变化对其投资成本和筹资成本有很大的影响。若投资国相对于东道国货币升值，则投资国货币购买力会上升，对外投资的成本降低，有利于跨国公司降低投资成本。有专家对日本的对外直接投资实证研究证明，日元对美元升值是日本跨国企业进行对外直接投资的重要决定因素。

汇率变化对企业产品进出口的影响。汇率变动可通过引起国内和国际市场商品相对价格的变化来影响进出口。在马歇尔－勒纳条件成立时，本币贬值可降低本国产品相对价格，提高国外产品相对价格，这样出口商品价格竞争力增强，进口商品价格上涨，有利于扩大出口、限制进口，促进贸易收支的改善。因此，本币升值将会提高以本币标价的商品的出口成本，降低其在国际市场上的竞争力，从而增加产品的出口难度，同时也大幅降低产品进口国当地投资生产的成本，促使企业更多进行在进口国的本土化生产。反之，本币贬值将促使企业更多地从国外进口。

汇率变化会对财富和资本的影响。从资本流动的角度看，资本流入国货币相对于资本流出国货币贬值，将使投资者在母国的资产相对增值，即相对财富增多，那么相同数量的外资可购买更多流入国的商品，从而吸引外资流入；而当资本流入国货币相对于资本流出国货币升值时，情况则相反。当东道国货币贬值时，当地资产的相对价格较低，外国投资者就可以比较便宜地获得这些资产。然而，当投资者预期本国货币还要进一步贬值时，反而希望提前把本币资产转换为外币资产，这样就可以实现资产保值和增值。这种情况就像股市投资一样，虽然股票上涨会抑制人们对它的需求，但是人们总有“买涨不买跌”的心理。

汇率变化对一国资本化率的影响。资本化率是指收益流量资本化的程度。资本化率理论认为，持强币国的资本化率高于持弱币国的资本化率，从而导致跨国公司的对外直接投资从持强币国向持弱币国转移。资本化率高的国家在购买资产的时候拥有相对较低的筹资成本，从而更容易购买东道国的有收益资产。在这种直接投资中，同量的收益将会被持强币国的厂商以较高的资本化率进行资本化。在这个过程中，资本化率的差异有决定性作用。假定其他条件不变，资本化率高的国家的厂商将在资本化率相对较低的国家进行直接投资，如果投资厂商想取得和东道国厂商相同的收入的话，它投资所获得的收益必须超过东道国厂商，即该厂商的资本化率要高于东道国厂商。

3. 应对汇率波动的投资策略

与国内投资相比，对外直接投资存在更多风险因素，汇率因素必须被考虑在内。在对外直接投资过程中，汇率作为两国货币之间的比价，决定国内外商品和生产要素的相对价格，从而决定了对外直接投资的流向和规模。我国国内企业的资产主要是人民币资产，因此，人民币汇率的变化在我国对外直接投资中是不可忽视的影响因素。

一要明确企业对外投资的汇率风险管理目标。对以全球化业务为主的企业来说，企业在进行全球化投资布局的过程中，除了考虑政策因素、法律因素、经济发展等因素外，还必须把汇率因素考虑在内，对所面临的汇率波动采取相应的策略，以保证企业最低程度地受其影响，甚至从中受益。企业的外汇风险管理不能只局限在不受损失的角度上。作为企业财务风险管理的重要组成部分，企业在制定外汇风险管理政策的时候，应从企业发展战略的角度对企业面临的汇率风险进行评估、分析并采取相应的管理措施。企业确定风险管理目标时，应从减小企业面临的不确定性为出发点，再结合企业自身的特点，制定与企业发展战略目标相适应的风险管理政策。

二要根据不同情况选择合适的投融资货币。汇率市场变幻莫测，全球化投资要选择易于交易结算的货币。在对外投资交易和支付中，应多使用软货币，而在收汇时则应多使用硬货币；在对外融资中，应争取使用软货币以便减轻债务负担。从目前的国际货币走势来看，美元将会延续强势，而欧元的弱势地位短期内难以改变，人民币也将呈持续贬值趋势。因此，要力争在对外贸易中以人民币作为支付和融资的货币，而以美元作为收入和结算的货币，尤其是用美元计价结算。另外，还要注意保持外币资产与负债的币种匹配。金融危机之后，全球实行宽松的货币政策，尤其是欧美发达资本市场出现了超低利率环境，此时中国企业在境外发行美元债、欧元债能以较低融资成本获得资金，从而实现企业利益最大化。

三要学会利用外汇资产平衡来规避汇率风险。在欧洲与美洲等地设立金融运营公司，利用对冲和债权、债务调整等，从全球化布局的角度考虑，对外汇资产进行管理和平衡，从而减小或避免汇率变化带来的影响。在发达国家，跨国公司利用衍生金融市场的金融工具进行保值操作是规避国际贸易中汇率风险时最常用的方法。汇率保值操作主要有外汇远期、外汇期货以及外汇期权。这些现代衍生金融工具在西方企业的外贸风险控制中得到广泛应用，而我国企业对此还相当陌生。开展全球化投资的企业应当积极主动学习和掌握外汇避险工具。在汇率波动幅度逐渐扩大的情况下培养外汇专业人才，不断积累外汇风险管理能力，以便在汇率发生波动时采取适当措施保全利润，实现企业的投资目标。

四要坚持不把鸡蛋放在一个篮子里的投资理念。要深入研究国家汇率体系和汇率政策，把握人民币汇率发展趋势，坚持不把鸡蛋放在一个篮子里的投资理念。进一步扩大投资布局的领域和范围，配置多种货币资产，尽量拓展在不同国家的业务。由于不同货币的波动并不总是正相关的，不同货币汇率自然波动的差异可以抵消一部分汇率波动的影响，减少汇率波动引起的净头寸的变化，保障企业经营成果的稳定。同时，要努力把在当地的被投资企业的商品和品牌发展成当地市场主流的商品和品牌，这样不仅可以扩大在境外的销售额，建立良好的品牌声誉，还会享受东道国政府对此类企业提供的相关优惠政策。通过企业经营管理能力和经济实力的提升，降低汇率波动对全球化投资和经营的影响。

四　债转股对投资的影响

1. 中国经济高杠杆率及风险

高杠杆是当前中国经济面临的主要风险之一。2008 年之前，我国非金融企业的杠杆率一直稳定在 100% 以内，我国政府杠杆率、金融机构杠杆率不高，还处于可控的范围内，我国居民杠杆率不超过 13%，处于较低水平。但 2008 年之后，随着我国经济政策“加杠杆”的倾向性，我国各部门杠杆率都有了大幅度提高，金融机构杠杆率由 2008 年的 13% 上升至 2015 年的 21%，上升了 8 个百分点；政府部门杠杆率由 2008 年的 41% 升至 2015 年的 57%，上升了 16 个百分点；非金融企业部门杠杆率逐渐上升，由 2008 年的 98% 上升至 2015 年的 166%，上升了 68 个百分点。如此高的杠杆率在世界也实属罕见。

实体经济高杠杆率意味着企业的高负债。企业负债对应企业加大投资，适度的杠杆率会推动企业加大投资力度，可能给企业带来丰厚利润。然而企业的杠杆率持续走高，会使企业的财务成本不断增加，反而会弱化企业的投资能力，对企业长期可持续赢利能力带来较大负面影响。另外，过高的杠杆率可能会使企业面临债务陷阱，并由此引发“债务 - 通缩”现象的发生，偿债成本不断挤占再发展资金，使得企业的违约风险不断加大。

我国杠杆率高的企业主要在煤炭、钢铁、房地产等“加杠杆”比较严重但产能明显过剩的行业。以煤炭行业为例，据中国煤炭工业协会数据，2015 年大型煤炭企业亏损面超过 90%，行业利润总额仅 441 亿元，是 2011 年的 1/10，而负债总额则同比增长 10.4% 至 3.68 万亿元，90 家大型煤炭企业负债总额高达 3.2 万亿元。这部分企业大多依靠政府信用背书获取银行存款，当然也承担着参与社会公益事业、保障民生、推动社会发展的社会责任，除此之外还要养活大量在编人员以及退休工人。

我国多数国有企业已经完成了股份制改造，但是由于国家投入资本金有限，银行贷款仍然是很多企业融资的主要途径。2008 年金融危机后，随着经济增速下降、工业品价格下降、实体企业赢利下降、财政收入增幅下降，我国企业的债务杠杆持续走高，部分企业不得不进行高杠杆融资，引发商业银行不良贷款持续攀升。但一些“产能过剩”行业的企业仍然依靠政府信用背书，财务软约束、“加杠杆”负债循环的状况没有改变，产生大量无效资金需求，不断占用信用资源。我国非银行部门负债率变化如图 6所示。

图 6　我国非银行部门负债率逐年上升

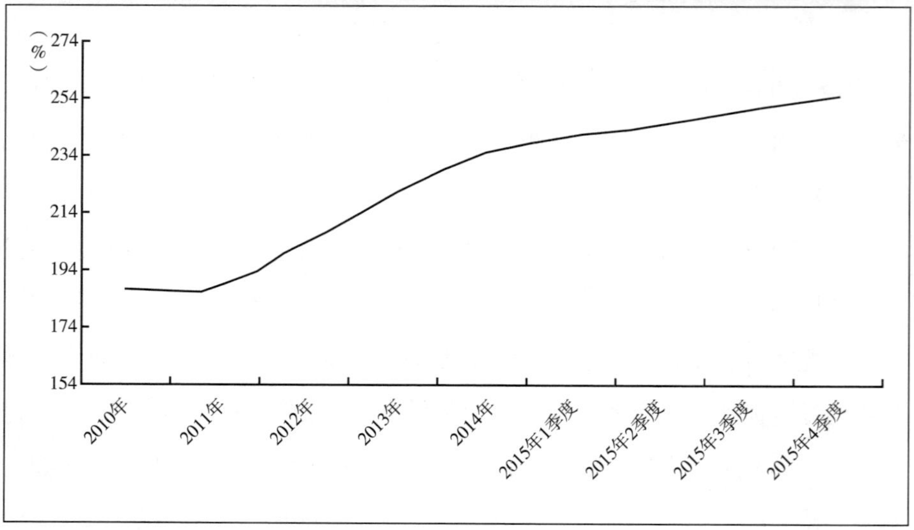

据银监会统计，2015 年末我国商业银行不良贷款额达 12482.75 亿元，较 2014 年末增加 48.61%；不良贷款率 1.65%，较 2014 年上升 0.43 个百分点。2015 年 18 家上市银行累计核销及转让不良贷款 3861 亿元，为 2014 年的 1.67 倍。这只是银行部门自身的统计数据。一些机构认为，中国银行业的不良资产肯定高于银行自身公布的数据。在经济下行压力持续增加的情况下，一旦资产价格下跌引致资金链断裂，债务风险将会被迅速放大并释放，很可能会引发系统性的危机。

2. 新一轮债转股的宏观背景

金融危机以后，我国经济进入“换挡期”，经济增长由高速转变为中高速，这直接导致 2009 年 4 万亿元的经济刺激投资无法找到社会需求支撑，进而使社会企业特别是传统企业，如钢铁、水泥行业出现严重的产能过剩。应该说，中国经济进入新常态之后，高速增长的基础已不存在，过度的货币和投资等刺激政策，不仅无法使中国经济重回高速增长的轨道，而且为此后的产能过剩、库存过多、银行债务增多等风险埋下伏笔。而国有企业的政府信用隐性担保又致使大量资金沉淀在低效部门，经济增速持续下滑。

据统计，目前我国企业偿债率普遍高于 121%，三大产能过剩行业——煤炭、钢铁及有色金属的资产负债率已分别达到 68%、67%、65%。在经济下行压力增大，“去库存、去产能”的大背景下，很多企业已经进入债务违约期。高杠杆企业现金流无法覆盖借贷成本，不得不借新贷还旧贷，还可能会出现资金链断裂、危机、跑路等问题，甚至产生连锁反应，从而导致债务信用风险攀升。若企业违约，银行体系不良资产就会持续攀升，如此恶性循环，衍生的资金流动性风险、安全性风险也会传导至资本市场。企业因财务困难而破产势必会导致银行不良资产上升，银行放贷资金不能回收，其部门杠杆率持续增高，损失最终由银行买单，若银行无力承担损失，这种高杠杆引起的债务链条断裂极有可能对宏观经济造成猛烈冲击。

党的十八届三中全会提出，要进一步深化国有企业改革，发展混合所有制经济。在宏观经济下行、杠杆率高企的背景下，深化国有企业改革、完善治理结构、转变经营机制已经迫在眉睫。实施债转股不仅可以减轻企业债务，而且可以将社会资本、民营资本引入国有企业，实现国有企业资本多元化。市场资本的进入也会给国有企业注入新鲜血液，有利于企业转变经营机制。经过债转股调整后的国有企业产权明晰、分工合理、管理权明确，有利于国有企业降低杠杆率、提升估值水平，进而促进国有企业和国有资本在改革过程中保值增值。通过“去产能、去库存、去杠杆、降成本、补短板”改善供给错配的现状，矫正全社会生产要素的配置结构，推动企业持续赢利和经济的稳定增长。

20 世纪 90 年代，为实现“国有企业三年脱困”的任务，同时也解决国有银行居高不下的不良贷款问题，我国曾经实行过一轮债转股计划，涉及企业 500 多家，涉及银行贷款 4000 多亿元。实施债转股后，国有资本与社会资本交叉融资，完善了企业的治理结构，加快了国有企业建立现代企业制度的步伐。另有部分国有企业通过债转股在投资者和债权人之间建立了贷款损失共担机制，获取可观的收益后长期持有债券或退出市场。这次债转股的成功实施不仅有效防范了银行不良资产率过高可能引发的金融危机，而且避免了国有大型企业因负债沉重而大面积倒闭的局面，对维持宏观经济平稳运行发挥了重要作用。

3. 债转股对资本市场的影响

2016 年 10 月 10 日，国务院发布了《关于积极稳妥降低企业杠杆率的意见》及附件《关于市场化银行债权转股权的指导意见》。这一轮债转股呈现几个特点：政府明确不兜底损失，银行只能借助 AMC 等机构来实现债转股，市场化（债转股由银行及企业自主协商决定，转股价格可以参考股票二级市场交易价格来决定），严禁“僵尸企业”债转股，只支持前景良好但暂时遇到困难的企业实施债转股。除了有利于企业降低杠杆率、优化资产结构外，该政策还有利于促进并购重组和利润增长的加快；对于银行来说，坏账率也能得到或多或少的控制。

与 20 世纪 90 年代那次政策性债转股相比，2016 年实施的轮债转股更加市场化（见表 1）。具体来说，上一轮债转股以国家财政兜底为主，而这次政府不会兜底，而且将更多地引入社会资本，倒逼不良资产市场化定价的形成。本轮集中债转股的企业多为产能过剩行业的国企，如钢铁、水泥、电解铝、船舶制造、多晶硅、煤化工等行业。本次债转股排除了“僵尸企业”，并非完全通过给予银行处置不良的政策实现债转股，而在更大程度上尊重市场化规律，只有那些暂时经营困难但潜力尚在的企业才能成为债转股的对象。

表 1　2016 年债转股与 1999 年债转股的比较

年份	1999	2016
企业范围	国家经贸委推荐后国务院批准，主要以“五个范围”“五个条件”为筛选框架。五个范围：“七五”至“九五”前两年主要依靠商业银行贷款建成投产的、512 户重点企业中因改建扩建致使负债过重的、通过债权转股权后可转亏为盈的工业企业。五个要求：产品需求、工艺装备、环保生产、管理层、重组方案	自主协商，提出“三个鼓励、四个禁止”。鼓励行业主要有：行业周期性波动导致困难但仍有望逆转的企业；财务负担过重的成长型企业特别是战略性新兴产业；居于产能过剩行业前列的关键性企业以及关系国家安全的战略性企业。四个禁止行业是：扭亏无望的“僵尸企业”；有恶意逃废债行为、债权债务关系复杂且不明晰企业；有可能助长过剩产能扩张和增加库存的企业
实施机构	资产管理公司	金融资产管理公司、保险资产管理机构、国有资本投资运营公司；银行充分利用现有符合条件的所属机构；鼓励实施机构引入社会资本发展混合所有制
定价方式	按净资产定价	自行定价，允许参考股票二级市场交易价格确定国有上市公司转股价格，允许参考竞争性市场报价或其他公允价格确定国有非上市公司转股价格
资金来源	财政出资收购银行不良资产，然后剥离到资产管理公司	允许符合条件的企业发行优先股、可转换债券；鼓励各类投资者通过股权投资基金、创业投资基金、产业投资基金等形式参与
退出方式	上市、转让或企业回购	与企业协商；债转股企业为非上市公司的，鼓励利用并购、全国中小企业股份转让系统挂牌、区域性股权市场交易、证券交易所上市等渠道实现转让退出
损失承担	财政兜底	由各参与主体承担

首先，债转股利好商业银行。债转股有利于前瞻性化解商业银行不良风险，降低商业银行的不良资产率，提高商业银行的资产质量和赢利能力。债转股的核心是把商业银行持有的对企业的信贷资产等债权转化为股权类投资，这意味着银行可以一次性收回不良债务（但由于较低的折价率，也会形成当期利润下降的压力），避免不良率进一步上升。与此同时，如果企业将不良债权转给关联投资子公司，还可以通过未来企业价值增值获得额外收益。从国际经验看，债转股对银行来说具有风险投资的性质，在股价上升、市场走好的趋势下，银行持有的这部分资产可能会产生较大的利润。

其次，债转股将利好相关企业。债转股有利于减轻企业债务负担，增强其竞争力。债转股以国有企业为主，减轻国有企业的负担。据测算，四大产能过剩行业的存量有息负债达 5.4 万亿元。按照 2016 年去产能 10% 的比例估算，投资增速将下降 0.6% 左右，GDP 增速将下降 0.3% 左右。“去产能、去杠杆”进程过于激烈将导致债务风险显性化，因此允许银行持股对于化解企业存量债务意义重大。一方面，有利于缓解债务偿还的压力，帮助企业尽快渡过阶段性难关；另一方面，有利于从根本上改善企业资产负债结构，增强其市场再融资能力。本次债转股还特别强调推进企业的兼并重组，并提出鼓励跨地区、跨所有制的兼并重组，推动重点行业的兼并重组，同时引导企业进行业务结构重组，并加大对企业兼并重组的金融支持。这无疑将为二级市场的相关企业带来投资机会。

最后，债转股利好过剩产业龙头信用债。一方面可以优化资产负债结构，另一方面则可以降低融资成本，因此对信用债整体利好，并非是全市场范畴的。由于本轮出台的政策更多针对关乎国计民生或带动地方经济发展的大型企业，并排除了“僵尸企业”，很可能钢铁、煤炭行业龙头企业的信用会因债转股的推行而有所改善，但一些资产负 债率高、已获利息倍数低甚至为负的“僵尸企业”和地方小型企业的处境并不会有明显好转。相反，龙头企业在债务处置后可能更具行业竞争力，对同行业中小企业的挤出效应可能更加明显，因此中小企业信用还会受到负面影响。总体而言，债转股总体利好信用债，但可能会加剧信用分化。

中文摘要

2016 年宏观经济形势分析与 2017 年展望

张璐璐

摘　要： 2016 年，全球经济动荡下行，“黑天鹅”事件频发，但全球经济并未遭受严重冲击，进入低速平稳增长周期。2017 年，全球经济有望在美国和新兴市场国家引领下呈现复苏格局，但增长动能依旧偏弱。2016 年，中国经济在政策推动的力保下，供给侧出现平稳运行态势，较好地实现了全年经济发展目标。2017 年，我国经济仍面临下行压力，若防风险措施得当，改革政策落地，政策显效，则有望实现预期增长。

关键词： 宏观经济　风险　改革

大类资产：货币超发背景下的资产配置

高彦如

摘　要： 2016 年前 3 个季度货币宽松，4 季度开始收紧货币。全年债券市场价格振荡上行，年末转入熊市。股票市场低位振荡，在全球主要股市中表现垫底。商品市场价格大幅上涨。外汇市场美元先弱后强，人民币贬值幅度进一步扩大。房地产市场量价齐升，价格暴涨致年末限购重启。2017 年，在流动性偏紧的情况下，债券市场利率中枢上行，料价格将振荡下行。股票市场趋势性机会难现，转为结构性机会。商品市场分化明显。外汇市场美元继续走强，其他主要货币贬值概率大。房地产市场调在控政策中降温，房价高位趋稳，成交量与投资减少。因此，2017 年建议增加美元、有色金属商品期货配置，降低债券配置，上半年关注原油机会，下半年关注黄金机会，同时关注股票市场结构性行情。

关键词： 货币超发　大类资产　资产配置

资产管理：分化、转型与变局

祝伟清　徐建华　葛　枫

摘　要： 2016年是中国经济结构调整的重要一年，实体经济复苏乏力，证券市场走势低迷，债券市场违约事件频发，资管收益呈下降趋势。监管部门出台了一系列政策法规，旨在降杠杆、堵漏洞、强风控，防范金融风险。2016年资管行业继续保持增长势头，但发展出现分化，未来分化趋势或将继续，主动管理和差异化竞争将成为资管行业发展的方向。

关键词： 资管收益下降　监管　调整分化

投资人群：结构、行为与策略分析

文玉春

摘　要： 受GDP增长、人口红利、资本市场、新兴投资产品等各种因素的推动，我国居民个人财富实现了快速积累，使投资人群数量快速增长，结构上实现了多元化发展。目前，我国家庭财富全球排名第3，高净值人口数量位居全球第2，仅次于美国。投资人群基本上由高净值客户、金融机构、政府、企业海外投资人构成。进入经济新常态，我国高净值人群扩充速度放缓，而超高净值人群呈现快速发展，出现“赢者通吃，大者恒大”的分化格局，催生了一大批机构投资者，其中，国内股权投资已形成“1万家+7万亿元+20万人”的市场规模。产业与资本的加速融合成为当下中国经济发展的一个重要趋势。政府的产业引导基金成为当前产融结合的主要实现路径，步入快速发展期，在规模和行业领域上呈现双拓展趋势。

关键词： 高净值人群　投资引导基金　产业资本　投资行为　投资策略

行业投资：培育经济新动力

邹继征　王　申

摘　要： 我国产业结构处于转型升级的关键期，应关注经济新动能所在的战略性新兴产业和传统产业的升级优化，以及新技术与传统产业的跨界融合带来的投资机遇。展望2017年，投资者重点可关注的产业有：绿色环保产业在PPP大发展背景下投资机会多，重点关注环境监测、土壤治理、海绵城市、VOCs治理、污水处理等；健康养老产业关注养老服务、医疗服务、养老金融等；信息经济产业关注 Fintech、车联网、区块链、人工智能、大数据、信息安全、B2B 电子商务等；文化消费产业关注内容产业、新兴旅游、冰雪产业等；先进制造业关注智能装备、服务型制造、核心基础零部件、绿色制造等。

关键词： 绿色环保　健康养老　信息经济　文化消费　先进制造　产业分析　投资趋势

境外投资：中国资本“走出去”的环境、趋势与策略

万建发　王　申　文玉春　高彦如

摘　要： 增加海外投资和开展全球资产配置已是全球资本流动的重要趋势和特征。本文重点分析中国资本“走出去”的环境、趋势和策略。就 2016 年中国资本海外投资的发展状况，中企海外并购面临的挑战和风险，以及 2017 年的投资趋势进行梳理总结。并且分别就北美、亚太、欧洲三大区域的政治形势、经济发展潜力、营商环境、主导优势产业、重点投资领域等方面展开系统分析，在投资环境利好变化中挖掘价值洼地。

关键词： 海外并购　境外投资　营商环境　多元化

2017 年投资需要关注的几个问题

张志前

摘　要： 2016 年，投资市场被认为是不确定性较多的一年，中国 A 股市场熔断、英国“脱欧”、特朗普当选等一系列事件超乎市场的预期，投资机会变得更加难以把握。展望 2017 年，投资依然存在很多的不确定性。美联储加息，全球货币政策分化；美股泡沫膨胀，中国房地产调控；人民币贬值压力延续，对外投资面临挑战；中国经济高杠杆，债转股将全面推进。所有这些都必须引起投资者的高度重视。做好 2017 年投资，必须要提高学习能力、政策解读能力以及分析判断能力，从种种不确定性中寻找确定性。

关键词： 投资市场　全球经济　宏观政策　策略

英文摘要

Analysis of China's Macroeconomic Performance in 2016 and Outlook in 2017

Zhang Lulu

Abstract: The global economy was turbulent and downward in 2016. Although Black swans happened frequently, the global economy did not suffer serious shock and entered the low speed as well as steady growth cycle. In 2017, the global economy is expected to present the recovery pattern due to the leading of the United States and emerging market countries. But growth momentum is still weak. China's economy met the annual economic development goals under the promotion of policy, and the supply side appeared smooth running in 2016. In 2017, China's economy will still be under the downward pressure. If the risk prevention measures are appropriate and the policy of reform works, it would achieve expected growth.

Key words: Macroeconomics; Risk; Reform

Assets Allocation: in the Context of Currency Excess

Gao Yanru

Abstract: Monetary easing in the first three quarters of 2016 began to tighten in the forth quarter. Throughout the year: the bond market's price swang upward, but at the end turned into a bear market. The stock market continued drifting lower, and behaved bottom of the world's major stock markets. Commodity market price rose sharply. In foreign exchange market, dollar went strong after weak, and RMB further expand the devaluation. Real estate market Rose on Both Volume and Price, price inflation caused the purchase restart. In 2017, the central interest rates goes upward, bonds price shocks down. Trends in the stock market is difficult to see, turns into structural opportunities. The differentiation of commodity market is obvious. In foreign exchange market, dollar continues to strengthen, but other major currencies perform devaluation. The real estate market is cooling under regulation policy, stabilized high prices, and trading volume and investment reduce. Therefore, in 2017, proposed to increase the allocation of the dollar and the non-ferrous metal commodity futures, and reduce bonds. Pay attention to the crude oil opportunity in the first half of the year, and the golden opportunity in the second half. At the same time, pay attention to the stock market's structural opportunity.

Key words: Money over issue; Major assets; Assets allocation

Asset Management: Differentiation, Transformation and Change

Zhu Weiqing Xu Jianhua Ge Feng

Abstract: 2016 is an important year for China's economic restructuring, the real economic recovery is weak, the stock market downturn, the bond market defaults frequent events, asset management income showed a downward trend. The regulator issued a series of policies and regulations aimed at reducing leverage, blocking loopholes, strong wind control, financial risk prevention. 2016 asset management industry continues to maintain growth momentum, but the development of differentiation, the future trend of differentiation or will continue, the proactive management and differentiated competition will become the direction of the development of information management industry.

Key words: Asset management revenue decline; Regulation; Redifferentiation

---

Analysis on the Structure, Behavior and Strategy of Investor

Wen Yuchun

Abstract: Driven by various factors of GDP growth, demographic dividend, capital market, new investment products, personal wealth of Chinese residents to achieve a rapid accumulation, which prompted the investment crowd, the number has been greatly expanded, the structure has diversified development. At present, China's family wealth ranked third in the world, the number of high net worth crowd ranked the world's only second only to the United States after the number of second. Investment groups are basically composed of high net worth clients, financial institutions, governments, enterprises, overseas investors. In the new economic norm, China's high net worth population development speed in slow, and ultra high net worth population showed a rapid development, "the winner, the bigger" differentiation tendency. A large number of institutional investors come into birth, of which, the domestic equity investment has formed 10 thousand home + 7 trillion yuan + 20 million market size. Accelerate the integration of industry and capital, China's economic development has become an important trend. The government's industrial guidance fund has become the main path to realize the combination of industry and finance, and entered a period of rapid development.

Key words: High net worth population; Investment guidance fund; Industrial capital; Investment behavior; Investment strategy

Industry Investment: Fostering New Economic Impetus

Zou Jizheng Wang Shen

Abstract: The industrial structure of our country is in a critical period of transformation and upgrading. Investors should focus on strategic emerging industries which fostering new economic impetus, the upgrading of traditional industries, and the cross-border integration of the new technology and traditional industrial. These investment areas will brings more investment opportunities. Outlook 2017, the industry investment should focus on: in the context of the development of PPP investment opportunities, the investment of environmental protection industry should focus on environmental monitoring, soil management, sponge City, VOCs, sewage treatment, etc. ; in health care industry, focusing on pension services, health care, pension finance; in Information industry, focusing on Fintech, car networking, block chain, artificial intelligence, the big data, information security, B2B e-commerce; in cultural consumption industry, focusing on the content industry, new tourism, ice and snow industry; in advanced manufacturing industry, focusing on intelligent equipment, service-oriented manufacturing, the core of basic components, green manufacturing, etc. .

Key words: Environmental Protection, Health Endowment, Information Economy, Culture Consumption, Advanced Manufacturing, Industry Analysis, Investment Trend

---

Overseas Investment: the Environment, Trend and Strategy of Chinese Capital Going out

Wan Jianfa Wang Shen Wen Yuchun Gao Yanru

Abstract: Increasing overseas investment and global asset allocation is an important trend and characteristic of global capital flows. This chapter focuses on the analysis of the environment, trend and strategy of Chinese capital. The development situation of China capital overseas investment in 2016, facing the challenges and risks of enterprises overseas acquisitions, and in 2017 the investment trend summary. And analyze the system respectively in North America, Asia Pacific, Europe's three largest regional political situation, economic development potential and business environment, the dominant industry, the key investment areas, mining the value of depression in the positive changes in the investment environment.

Key words: Overseas mergers and acquisitions; Overseas investment; Business environment; Diversification

Investors Need to Pay Attention to Several Issues in 2017

Zhang Zhiqian

Abstract: The investment market in 2016 is considered to be a year of uncertainty. China's A-share market A fuse, the British left the EU, Trump was elected president of the United States, and so a series of events, beyond the market expectations. Investment becomes more difficult to grasp. Outlook 2017, investment is still facing a lot of uncertainty. The Fed rate hike, global monetary policy differentiation; stocks bubble, China real estate regulation; RMB devaluation pressures continue, foreign investment challenges; Chinese economic leverage, debt to equity swap. All of these must be highly valued by investors. Do a good job in 2017 investment, we must rely on improving learning ability, policy interpretation, as well as the ability to analyze and judge, from a variety of uncertainties in the search for certainty.

Key words: Investment market; Global economy; Macroeconomic policy; Investment strategy

图书在版编目（CIP）数据

中国投资发展报告．2017／中国建银投资有限责任公司投资研究院主编．--北京：社会科学文献出版社，2017.3

（中国建投研究丛书．报告系列）

ISBN 978-7-5201-0528-6

Ⅰ.①中… Ⅱ.①中… Ⅲ.①投资-研究报告-中国-2017 Ⅳ.①F832.48

中国版本图书馆CIP数据核字（2017）第052923号

·中国建投研究丛书·报告系列·

中国投资发展报告（2017）

主　　编／中国建银投资有限责任公司投资研究院

出 版 人／谢寿光
项目统筹／王婧怡　许秀江
责任编辑／陈　欣

出　　版／社会科学文献出版社·经济与管理出版分社（010）59367226
地址：北京市北三环中路甲29号院华龙大厦　邮编：100029
网址：www.ssap.com.cn
发　　行／市场营销中心（010）59367081　59367018
印　　装／三河市东方印刷有限公司

规　　格／开　本：787mm×1092mm　1/16
印　张：21　字　数：296千字
版　　次／2017年3月第1版　2017年3月第1次印刷
书　　号／ISBN 978-7-5201-0528-6
定　　价／98.00元